KB172235

그랜드 퀘스트

일러두기
1. 본 출판물은 SBS문화재단의 지원을 바탕으로 제작되었습니다.
2. 각 장의 후반부에 덧붙인 대담은 '그랜드 퀘스트' 오픈 포럼 참석자들과의 질의응답을
   바탕으로 재구성되었습니다.

GRAND

2024

그랜드

퀘스트

QUESTS

서울대학교 국가미래전략원 지음

대한민국 과학기술과 산업의 미래에 '질문'을 던지다

포르체

대한민국은 지구상의 어느 나라도 해내지 못한 놀라운 발전의 역사를 써 내려왔습니다. 한국전쟁 이후 변변치 못한 과학기술 인프라는 말할 것도 없고, 제대로 교육받은 과학기술 인재조차 찾아보기 힘든 상황이었습니다. 수입된 교과서와 무상으로 원조 받은 실험 장비가 전부였습니다. 학계뿐만 아니라 산업계도 어렵기는 마찬가지였습니다. 이렇다 할 기술적 기반도 없이 선진국의 제품을 모방하기에 급급하였습니다.

지금 대한민국의 과학기술은 다른 수준에 이르렀습니다. 각 분야에서 세계 최고 수준을 뛰어넘는 성과들이 속속 등장하고 있습니다. 반도체와 배터리, 휴대전화 등 잘 알려진 주력 산업의 성과뿐만 아니라 수학, 생물학 등 기초과학의 여러 분야에서도 세계 최고 수준의 연구 성과들이 적지 않게 나오고 있습니다. 국제 특허 출원으로 미국, 일본, 독일에 이어 세계 4위를 계속 지키고 있고, 그 증가율은 세계 1위를 기록하고 있으며, 국제 학술지 논문 편수도 10위권을 유지하고 있습니다. 상전벽해(桑田碧海)라는 말이 딱 어울리는 변화입니다.

그러나 지금의 성과에 만족할 수 없습니다. 한국의 과학기술이 가야 할 다음 단계가 남아 있기 때문입니다. 정해진 로드맵을 따라가는 것이 아니라 로드맵을 만들어 가고, 더 열심히 노력하면 해답을 찾을 수 있는 문제를 넘어 아직까지 그 누구도 해답을 찾지 못한 문제에 도전하는 단계를 의미합니다. 단기적인 성과는 보장할 수 없지만, 장기적으로 지향해야 할 문제에 천착하는 것이며, 이해득실을 넘어 인류와 지구의 미래를 향한 비전을 만들고 주도하는 일에 뛰어드는 눈높이를 말하는 것입니다.

한국의 과학기술이 주어진 벤치마크를 목표로 남들보다 더 열심히 노력하는 단계를 벗어나 스스로 지도를 만들어 탐험에 나설 때 진정한 과학기술 선진국이 될 것입니다. 그 첫 단추는 도전적인 질문을 던지는 것입니다. 주어진 교과서를 벗어나고자 하는 의지, 전례 없는 일에 도전하고자 하는 의지를 담은 최초의 질문, 그 자체가 혁신적 과학기술이 탄생하는 출발점입니다. 도전적인 질문이 있어야 시행착오를 각오하고 해법을 찾아보겠다는 가슴 뛰는 시도가 있을 수 있습니다.

서울대학교 국가미래전략원은 각 분야의 도전적인 문제, 즉 '질문'을 찾고자 프로젝트를 기획하였습니다. 도전의 뜻을 담아 프로젝트의 이름을 '그랜드 퀘스트(Grand Quests)'라고 하였습니다. 그랜드 퀘스트는 다음 원칙하에 도출되었습니다.

- 아직까지 구체적인 해답이 없으나 반드시 도전이 필요한 질문
- 장기적으로 해답을 구한다면 해당 분야의 패러다임을 바꿀 것으로 기대되는 질문
- 분야 간 융합적 노력이 더해져야 해답이 도출될 수 있는 질문

상기와 같은 기준으로 여러 후보들 중에 10년에서 20년의 기간 내에 희미한 해답의 단초가 있을 것으로 기대되는 도전적

질문들이 무엇일지 고민하였습니다.

해법이 아니라 문제를 도출하는 것은 우리에게 비교적 낯선 일입니다. 그랜드 퀘스트를 도출하는 과정 자체가 도전이었습니다. 많은 분들이 그랜드 퀘스트의 분야를 선별하고, 도전적 질문을 도출하는 데 기꺼이 시간을 내어 주었습니다. 2022년 여름부터 여러 전문가분들과 파일럿 테스트를 수행하였고, 2023년부터 총괄위원회와 분과위원회를 번갈아가며 논의를 거듭하였습니다. 각 분야별로 전문가 두 분이 허심탄회하게 진지한 대화를 나누면서 질문을 도출하였고, 학부 및 대학원생뿐만 아니라 해당 분야 연구자와 기업 관계자들이 참여한 가운데 오픈 포럼을 열어 열띤 토론의 시간을 가졌습니다. 이 노력의 결과가 《그랜드 퀘스트 2024》입니다. 질문이 탄생하는 과정을 지켜보면서, 새로운 분야를 개척하기 위해 분투하는 고수들의 아우라를 느낄 수 있었습니다. 또한 오픈 포럼에 참여했던 청년 과학기술자들의 날카로우면서도 패기 넘치는 목소리를 접하면서, 한국의 과학기술이 머지 않은 미래에 스스로 길을 만드는 진정한 선진국의 단계에 올라설 수 있으리라는 확신을 가지게 되었습니다.

이번 그랜드 퀘스트는 2024년을 염두에 두고 10개의 분야에 걸쳐 도출된 것입니다. 이번에 선정된 10개 외에도 도전적인 질문들이 가득한 분야가 많이 있습니다. 앞으로 매년 10개의 문제들을 찾아 제시하고자 합니다. 또한 서울대학교의 경계를 넘어 전 세계의 전문가들과 함께 도전적 문제들을 출제해 나갈 계획입니다. 그랜드 퀘스트를 추구하는 도전 정신은 단지 과학기술계에만 필요한 것이 아닙니다. 산업계를 포함하여 사회 각 분야에서 또 다른 그랜드 퀘스트가 발굴되기를 기다리고 있습니다. 다양한 그랜드 퀘스트가 던져지고, 많은 사람들이 나름의 모습으로 서로를 떠받치며 도전하는 그런 대한민국이 되기를 희망합니다.

《그랜드 퀘스트 2024》에 제시된 질문들이 한국의 과학기술, 그리고 한국 사회의 도전 의식을 일깨우는 촉매가 되기를 기대합니다. 나아가 더 나은 인류의 삶과 지속 가능한 지구를 위한 한국 과학기술계의 원대한 첫 발걸음이 될 수 있을 것으로 기대합니다.

《그랜드 퀘스트 2024》 참여자들을 대표하여,
서울대학교 국가미래전략원 '과학과 기술의 미래' 연구책임자
이정동 교수(총괄기획)

서울대학교 국가미래전략원은 대한민국의 미래를 바라봅니다. 그 미래의 상당 부분은 과학기술의 발전에 달려 있습니다. 국가미래전략원 산하 '과학과 기술의 미래' 클러스터는 대한민국의 과학 발전을 위해 무엇이 필요한지에 대해 많은 고민을 해 왔습니다. 그 고민의 중간 결과물이 '그랜드 퀘스트'입니다.

오늘날 한국의 과학기술 수준은 양적으로나 질적으로나 세계적인 수준과 견주어 손색이 없는 단계에 이르렀습니다. 그러나 아직도 많은 분야에서 불확실한 미래에 도전하기보다 알려진 길에서 남들보다 더 열심히 성과를 올리는 데 역점을 두고 있다는 비판이 있습니다. 이제는 우리도 기술 선진국의 눈높이에서 알려지지 않은 길을 향해 과감히 도전해야 할 때입니다. 그 첫걸음은 단기적인 성공만을 바라보지 않고, 미래의 잠재력을 믿고 용감하게 손을 들어 질문하는 것에서 비롯됩니다.

《그랜드 퀘스트 2024》는 과학기술의 각 분야에서 도전적인 질문들을 모아 놓은 책입니다. '해법'이 아니라 '질문'을 던지는 것은 우리의 상상력을 제한하지 않기 위함입니다. 이 질문들이 과학기술에 대한 미래세대의 도전 의식을 깨우고, 한국 사회의 추격 관성을 타파하는 계기가 되기를 기대합니다.

국가미래전략원 원장
김병연 교수

목차

1장

대한민국의 미래를 열 질문, 그랜드 퀘스트

이정동 서울대학교 공학전문대학원 교수

서울대학교 공과대학에서 학사·석사·박사 학위를 받고, 현재 서울대학교 공학전문대학원 및 대학원협동과정 기술경영경제정책전공 교수로 재직 중이다. 한국과학기술한림원 정회원(2020~), 한국공학한림원 정회원(2018~)이며 한국생산성학회 회장(2011)과 한국기업경영학회 회장(2017)을 역임했다. 2018년부터는 기술혁신 분야를 대표하는 국제 학술지 《Science and Public Policy》(옥스퍼드대학 출판부)의 공동 편집장으로 있으며, 대통령 비서실 경제과학특별보좌관(2019~2021)으로 국가정책의 수립에 기여했다. 《축적의 시간》(2015), 《축적의 길》(2017), 《최초의 질문》(2022)을 펴내면서 한국 사회에 큰 반향을 불러일으켰고, 2023년 1월 KBS 다큐멘터리 〈최초의 질문〉을 통해 혁신을 위한 도전적 질문의 중요성에 대한 통찰을 전한 바 있다. '그랜드 퀘스트' 프로젝트를 제안하고, 전 과정을 총괄하였다.

이정동 교수

혁신적 기술의 탄생 원리

추격의 끝: 문제 해결자에서 문제 출제자로

주어진 문제를 탁월하게 해결하는 사람과 문제 자체를 출제하는 사람은 세상을 보는 시야가 다르다. 이미 만들어진 지도를 들고 목적지를 찾아가는 사람과 미지의 땅을 탐험하면서 지도를 만들어 내는 사람 역시 안목이 다를 수밖에 없다. 한국의 과학기술은 지금껏 눈부신 성장을 기록해 왔다. 그 어떤 나라보다 부지런히, 밤낮없이 노력했고, 이는 선진국으로서 대한민국의 현재 모습을 이룩하는 데 초석이 되었다. 이제 한국의 과학기술은 다음 단계로 넘어가기 위한 마지막 탈피의 단계에 접어들었다. 문제 해결자에서 문제 출제자로의 전환이 바로 그 탈피의 정체다.

혁신적 과학기술의 모습은 분야마다 각양각색이지만, 그 탄생 원리는 크게 다르지 않다. 먼저 무언가 다르게 생각하고자 하는 도전적 문제가 선행한다. 기존의 로드맵과 패러다임에서 풀리지 않는 문제를 다르게 풀어 보겠다고 나서는 호기심, 한계로 인식되는 장벽을 넘어 보겠다는 의지, 혹은 다른 세상을 열고 싶다는 비전을 담은 도전적 질문이 먼저 온다. 뒤이어 그 질문을 해결해 보겠다는 치열한 시도들이 따라온다. 처음 제기된 질문이니 첫 시도부터 완성된 해답이 찾아질 리 만무하다. 실패하고, 다시 털고 일어나 또 시도하는 치열한 시행착오의 축적이 계속된다. 그 와중에 처음의 질문은 지향을 바꾸어 가며 예리하게 다듬어지고, 필요했던 보완적 지식을 만나거나 결정적인 응용 분야가 나타나면 마침내 희미한 해법의 단초가 마련된다. 그 작은 성공을 계단 삼아 다음 단계의 질문을 던지고, 또 그렇게 시도를 거듭하다 보면, 어느덧 새로운 혁신적 기술이 탄생한다. 어떤 천재가 번뜩이는 통찰로 탁월한 결과를 내놓는다는 것은 미신에 불과하다.

혁신의 시작을 보면 이 과정의 발원지에 도전적인 질문이 있다. 최초의 도전적 질문은 의지와 희망이 가득하지만 가능성은 희미하고, 실타래처럼 엉켜 있어 어디서 시작해야 할지 막막하기만 한 상태에서 던져진다. 한 부분을 해결하면 다른 부분이 나빠지고, 조금만 들어가도 생각지도 못한 난관이 등장한다. 그 막막함에도 불구하고, 이 도전적 질문이 없으면 새로운 길을 만드는 혁신의 수레바퀴는 돌아가지 않는다. 거대한 분야로 성장할 최초의 씨앗이 되는 도전적 문제를 우리는 '그랜드 퀘스트'라고 부른다.

'그랜드 퀘스트' 프로젝트는 10개 과학기술 주제에 걸쳐 도전적 질문을 도출하는 것을 목표로 하였다. 이를 위해 각 분야에서 두 사람의 전문가를 초빙하였다. 두 전문가 사이에 깊이 있는 토론을 하면서 문제를 도출하고자 요청한 것은 서로 다른 관점과 지식 기반이 엇갈려 만나는 지점에서 도전적 질문이 탄생할 것이라는 믿음 때문이다. 이 점은 '그랜드 퀘스트' 프로젝트를 시작하면서 수차례에 걸쳐 진행된 파일럿 작업에서 얻은 가장 큰 교훈이었다. 그 결과 다음과 같은 10개의 도전적 문제를 도출하였다. 각 문제의 개요는 본 장의 마지막에 정리하였다.

- 초미세·초저전력이면서 아날로그 방식의 계산도 수행할 수 있는 차세대 반도체를 만들 수 있을까?
- 한 번 충전에 10,000km, 10년 가는 배터리를 만들 수 있을까?
- 수소 생산을 위해 인체 내 효소처럼 활성과 선택성 및 안정성이 뛰어난 금속촉매를 만들 수 있을까?
- 변화된 환경을 인지하고, 이에 맞추어 행동을 적응시켜 나갈 수 있는 로봇을 만들 수 있을까?
- 인간의 뇌와 같이 동적인 환경과 상호 작용하고, 인지 구조를 형성하면서 성장해 나가는 새로운 인공지능 패러다임을 구현할 수 있을까?
- 인간이 납득할 만한 인과관계를 추론하고 설명을 제시할 수 있는 인공지능 알고리즘을 만들 수 있을까?
- 암호화된 상태의 데이터로 인공지능을 학습시킨 뒤, 암호화된 질문으로 암호화된 답변을 받을 수 있는 궁극의 동형암호를 만들 수 있을까?
- 노화 세포가 인체 각 조직에 노화를 전파하는 메커니즘을 이해하고 제어할 수 있을까?

- 단백질 구조를 예측하는 것을 넘어 항체를 설계하고 생명체의 적응 면역계를 이해하는 인공지능을 만들 수 있을까?
- 양자 큐비트의 조작 가능성과 계산의 신뢰성을 동시에 만족시키면서, 한국의 강점인 반도체 집적회로 기술을 기반으로 양자 컴퓨팅 플랫폼을 만들 수 있을까?

좋은 질문의 첫 번째 조건: 융합

10개의 '그랜드 퀘스트'가 도출되는 과정을 지켜보면서 좋은 질문이 만들어지는 몇 가지 공통점을 발견할 수 있었다.

첫째, 탁월한 질문들은 기초과학과 응용 기술의 접점에서 탄생한다. 수학과 컴퓨터가 만나 암호화된 인공지능의 구현 가능성이라는 질문이 던져진다. 통계학과 인공지능의 접점에서 신뢰 기반 인공지능에 대한 질문이 만들어지고, 물리학과 반도체공학의 교집합 속에서 양자컴퓨터의 새로운 가능성에 대한 질문이 탄생한다. 이 질문들을 추구해 나가는 과정에서 기초과학에서 연구해야 할 중요한 주제들이 모습을 드러내고, 다른 한편 산업적 응용을 위한 구체적 난제들이 나타난다. 학문 간 접점은 과학기술과 인문사회 분야 간에도 존재한다. 철학, 뇌과학, 소프트웨어공학의 접점에서 인간의 인지 구조를 체화할 수 있는 인공지능의 새로운 패러다임을 상상하는 질문이 탄생하듯이 말이다.

분야와 상관없이 관심과 전공이 조금씩 다른 사람들이 만나야 탁월한 지식이 스며 나온다는 것도 융합이라는 관점에서 볼 수 있다. 나노과학과 전기화학의 전문가들이 모여 새로운 촉매를 꿈꾸고, 항체와 항원의 결합 특성을 데이터로 생성하는 사람과 그 데이터를 받아 인공지능을 학습시키는 사람 사이에서 항체를 설계하는 인공지능이라는 질문이 생겨난다. 소재를 연구하는 사람과 반도체 아키텍처를 연구하는 전문가의 조합, 노화 세포의 기전을 연구하는 전문가와 노화 임상을 담당하고 있는 의사의 조합, 수학자와 컴퓨터 아키텍처 전문가의 조합 등 각 분야를 통달한 고수들의 만남은 그 자체로 탁월한 질문의 배양실이다.

최근의 추세를 반영하여 인공지능과 여러 분야의 과학기술 지식이 접하는 융합 영역에서도 탁월한 질문들이 쏟아질 수 있다. 로봇공학과 인공지능이 서로 영향을 주고받으면서 적응적인 소프트 로봇의 가능성을 탐색하고, 항체 면역이라는 생물학의 고유분야가 인공지능과 함께할 때 인공지능으로 항체를 설계할 수 있을까라는 미래적 질문이 가능하게 된다. 질문의 모양은 다르지만 분야간 지식의 교차점에서, 즉 융합에서 새로운 질문의 싹이 튼다는 점은 변함이 없다.

좋은 질문의 두 번째 조건: 한국의 장점

'그랜드 퀘스트'에 제시된 아이디어는 흥미롭게도 모두 한국의 강점을 잘 살려 해법을 구해 나갈 수 있는 것들이다. 이것이 좋은 질문의 두 번째 조건이다. 한국이 역량을 쌓아 온 집적 회로기술을 양자컴퓨터에 활용할 수 있다는 제안이 대표적인 사례다. 남들이 모두 다 좋다고 하는 유망 기술을 무작정 따라가기보다, 산이 높고, 갈 길이 멀어 보이긴 하지만, 우리의 역량을 잘 발휘할 수 있는 지향을 찾아 목표를 정하는 전략적 마인드가 그랜드 퀘스트에 내포되어 있다.

다행스럽게도 한국은 철강에서부터 인터넷 포탈까지 전방위적인 산업 포트폴리오를 가진 전 세계에 몇 없는 나라다. 미국, 일본, 독일, 중국 정도가 넓은 산업 영역을 고루 포괄하고 있는 국가로 손꼽히지만 한국은 이들에 뒤처지지 않을 뿐 아니라, 심지어 이들 국가가 가지지 않고 있는 산업 영역도 적지 않다. 이와 유사하게, 과학기술 분야에서도 기초과학에서부터 응용 기술까지 거의 전 분야에 걸쳐 세계적인 특허를 출원할 정도로 넓은 분포의 과학기술 기반을 가지고 있다.

이는 그랜드 퀘스트를 추구해 나갈 때 여러 과학기술 분야와 각 산업 분야에서 축적된 역량을 동원하고 조합할 수 있는 가능성이 그 어느 곳보다 크다는 것을 의미한다. 인공지능 항체 설계의 경우에도 면역계에 대한 기초 연구 분야가 필요하고, 항체와 항원의 결합 특성을 빠르게 분석할 수 있는 하드웨어 역량, 그리고 인공지능에 관한 연구 역량이 결합되어야 하는데, 그간 우리가 쌓은 과학기술과 산업의 축적된 역량으로부터 이와 관련된 지식의 포트폴리오를 거의 모두 조합해 낼 수 있다. 그 위에 국제적 지식의 네트워크를 연결한다면, 한국은 그랜드 퀘스트의 해답을 만들 가능성이 그 어느 나라보다도 크다고 할 수 있다. 한국의 강점을 잘 살려낼 수 있는 도전적인 질문들이 곳곳에서 쏟아지기를 기대하는 이유다.

좋은 질문의 세 번째 조건: 우연과 가능성의 공간

탁월한 질문의 이면에서 발견할 수 있는 세 번째 특징은 우연한 조우다. 질문을 출제하기 위해 나선 전문가들은 다른 분야를 고민하던 중 우연히 도출한 질문과 연관된 분야에 관심을 갖게 된 경우가 많았다. 비유하자면 A 분야를 전공하다가 공교롭게도 좋은 학문적 파트너를 만나거나, 혹은 우연히 새로운 수요를 접하게 되어 B 주제에 관심을 갖게 되었고, 그 결과 도전적 질문인 C를 생각하는 식이다. 질문의 진화는 다른 관점에서 보면, A 질문을 위해 노력하여 얻게 된 지식이 정작 A가 아니라 B 질문을 해결하는 데 결정적인 도움을 주게 되는 경우로도 볼 수 있다. 이 과정에서 질문 자체가 조금씩 바뀌어 왔다는 것이 중요하다. 달리 표현하자면 지금의 질문은 하늘에서 떨어지듯 등장한 것이 아니라 지금까지 쌓여 온 도전의 끝에 놓여 있음을 시사하기도 한다. 마치 강물이 우연히 낭떠러지를 만나 폭포가 되고, 예상치 못한 바위 앞에서 에돌아가면서 나무가지 같은 물길을 내듯 질문도 그렇게 진화해 나간다.

질문이 진화해 나가는 넓은 대지가 바로 '가능성의 공간 (space of possibilities)'이다. 기술 선진국이란 이 가능성의 공간이 넓게 펼쳐진 곳이다. 이 공간이 넓을수록, 즉 어떤 질문이든 던져 볼 수 있는 환경일수록 탁월한 질문이 탄생할 가능성이 높다. 뿐만 아니라 새로운 물줄기를 만나 힘을 얻듯 다른 종류의 지식과 경험을 적용해 볼 수 있는 응용 분야가 많을수록 질문은 빠르게, 더 높은 수준으로 진화한다.

그랜드 퀘스트에서 제시된 질문도 이런 진화의 과정을 거쳐 탄생했다. 지금 제시된 도전적 질문 역시 앞으로도 해답을 찾는 과정에서 또 다른 질문으로 진화해 나갈 것이다. 그랜드 퀘스트는 한국 혁신 생태계를 뒷받침하는 '가능성의 공간'을 한 뼘 더 늘리기 위한 노력의 결과다.

질문이 성장하기 위해 넘어야 할 죽음의 계곡: 스케일 업

'그랜드 퀘스트'의 해답은 쉽게, 그리고 금방 제시되기 어려울 것이다. 설사 희미한 해법의 단초가 있다고 하더라도 여전히 풀어야 할 세부적인 과제들이 산적해 있어 개선의 여지가 많다. 이 희미한 초기의 아이디어가 혁신 기술로 열매를 맺기 위해서는 스케일 업이라는 힘겨운 단계를 거쳐야 한다. 희미한 아이디어를 적용해 보고 그 과정에서 새롭게 알게 된 문제를 해결해서 두 번째의 해법을 만들고, 다시 또 적용해 보는 과정을 끊임없이 반복해야 한다. 이 과정은 시행착오로 가득하고, 시시때때로 좌절과 작은 성취가 반복되는 암중모색의 연속이다.

이 스케일 업 과정은 질문을 만들어 내는 과정과 다른 종류의 지식과 경험을 요구한다. 효소를 닮은 탁월한 금속촉매의 성능을 실험실에서 확인하는 것과 온갖 변수들이 영향을 미치는 복잡한 현장에서 쓸 수 있도록 만드는 것은 전혀 다른 이야기다. 이론적으로 탁월한 암호체계를 만들었다 하더라도 이를 인공지능에 적용하기 위해서는 별도의 물리적 시스템을 구축하고, 이를 위한 알고리즘을 구축해야 하는데, 이는 앞서의 이론적 문제와 완전히 다른 영역의 문제다. 많은 초기의 해법들이 이 과정을 거치지 못하고 사그러들기 때문에 스케일 업을 다른 이름으로 '죽음의 계곡'이라고도 부른다.

산업계가 결정적으로 기여할 수 있는 영역이 바로 스케일 업 영역이다. 실제 현장의 복잡한 변수들을 고려해서 첫 번째 버전을 직접 만들어 보고, 새롭게 등장하는 현실적 문제들을 풀어가는 경험을 축적해야 한다. 안타깝게도 우리 산업계에는 아직까지 스케일 업의 경험이 많이 축적되어 있지 않다. 이는 낮은 비용으로 더 높은 효율을 낼 수 있도록 기술 선진국에서 이미 스케일 업의 과정을 거친 해법이나 완성 모델을 벤치마킹하고, 조금 다른 모델로 적용하면서 성장해 온 성공의 그림자다. 이것이 선진국의 외형을 갖춘 한국의 산업계가 스케일 업의 루틴을 갖추지 못한 이유다. 한국에서 진정한 기술 챔피언 기업이 탄생하려면 많은 도전적 질문들을 채택하고, 시행착오를 축적하면서 질문을 진화시키는 루틴이 정립되어야 한다. 2024년에는 우리 산업계에 스케일 업 전략이 가장 중요한 키워드가 되기를 기대한다.

스케일 업에서 결정적인 또 다른 발판은 초기 시장이다. 그랜드 퀘스트의 해법들은 그 자체로 완성되어 있지 않으므로, 처음부터 기존의 주류 기술을 대체하거나 전면적으로 채택되기를 기대할 수 없다. 따라서 넓은 시장에 적용되기를 기대하기보다, 규모가 작고 특화된 영역이더라도 초기 아이디어가 적용될 시장을 찾는다면 스케일 업의 징검다리 역할을 톡톡히 할 수 있다.

흥미로운 것은 그랜드 퀘스트의 질문들이 모두 국가적 수요와 연계되어 있다는 점이다. 노화 문제는 고령화와 관련되어 있고, 적응적 소프트 로봇은 열악한 산업 현장 혹은 재난 구조와 관련이 있다. 암호 문제는 의료 및 금융 정보와 같은 개인 정보 보호와 관련이 있고, 항체 설계는 팬데믹 상황에서 국민들의 생명과 관련되어 있다. 이를 고려한다면, 국가적 수요가 있는 분야에서 먼저 혁신적 아이디어를 수용할 수 있는 초기 시장을 제공할 여지가 있다. 국방이나 보건 등 국가적 수요를 혁신 기술의 초기 아이디어 적용의 장으로 제공하면서 혁신적 기술의 싹을 키워 온 미국의 사례를 쉽게 참조할 수 있다. 그랜드 퀘스트와 국가적 수요를 연계하면 혁신 기술을 키우면서 국가 편익도 증진시킬 수 있기에, 정부의 적극적인 역할이 요구된다.

그랜드 퀘스트를 지탱하는 사회

'그랜드 퀘스트'는 경계를 알 수 없는 넓은 가능성의 공간에서 탄생하여 진화한다. 질문을 제시한 전문가들은 한 목소리로 '그게 되겠어?'라는 의문이 들 법한 연구를 많이 해야 한다고 주장한다. 해법을 구할 전망이 가물가물하고, 오리무중이라 이런저런 시도를 하면서 깨지기를 거듭하는 연구가 많을 때, 그 아이디어들이 혁신적 기술을 만드는 탁월한 재료가 되기 때문이다. 그러려면 무엇보다 중장기적인 시각으로 단기적인 성과에 집착하지 않고 꾸준한 국가 연구 개발 투자가 필요하다. 기술 선진국이라 불리는 모든 나라들이 기초과학에 대한 투자를 늘리는 이유와 이에 대해 상대평가를 하거나 단기적 성과를 독촉하지 않는 이유도 분명하다. 새로운 분야를 창출할 가능성이 있는 그랜드 퀘스트들은 본질적으로 단기적으로 해법이 나오기 어려울 뿐만 아니라 해법을 구하는 과정에서 질문 자체가 진화하기 때문이다. 한국도 모름지기 진정한 기술 선진국이 되기를 추구한다면, 도전적인 목표를 가지고 중장기적인 시각으로 꾸준히 과학기술에 투자하는 사회 분위기와 국가 정책 방향이 필요하다.

그랜드 퀘스트는 결국 사람이 던지고, 사람이 풀어야 한다. 이런 도전적 문제를 던지는 선험자와 그 문제를 풀기 위해 뛰어드는 후속 세대가 손을 잡고 나가지 않으면 새로운 과학기술의 패러다임을 열겠다는 한국의 비전은 무의미하다. 안타깝게도 과학기술 분야에 있는 많은 기성 연구자들은 단기 성과를 내기 위해 눈을 가린 말처럼 뛰어가느라 도전적 질문을 생각할 여지가 없다. 심각한 문제는 과학기술의 후속 세대가 자라야 할 환경이 황무지처럼 척박하게 변해가고 있다는 점이다. 이공계 대학과 대학원 전반에 전공하려는 학생들 숫자가 줄어들고 있는 것뿐만 아니라 의지를 품고 연구 과정에 돌입한 젊은 연구자들도 날로 어깨에 힘이 빠진다는 하소연이 가득하다. 이 후속 세대들은 세계 질서를 재편하고 대한민국의 위상을 만들어 갈 바로 그 주인공들이다. 이들을 사회적으로 대우하고, 물심양면으로 후원하면서 귀하게 키우지 않으면 대한민국의 미래는 더 이상 없다.

그랜드 퀘스트를 대외적으로 소개하고 학문 후속 세대의 도전을 촉발하기 위해 오픈 포럼을 개최했다. 포럼의 마지막 날 마이크를 들었던 한 대학원생의 목소리가 아직도 귀에 생생하다.

"그랜드 퀘스트의 도전적 질문을 들으면서 가슴이 뛴다는 것을 느끼지만, 이공계 대학원생들은 불안한 미래와 척박한 현실에 좌절하고 있다. 우리들이 힘을 낼 수 있는 조언을 해줄 수 있는가". 대한민국이 이들을 진정 귀하게 보듬고 있는가를 자문하는 동시에 미안했고, 그 탓에 대답을 제대로 하지 못했다. 젊은 세대가 과학기술의 새 장을 열겠다는 각오로 신나게 도전할 수 있는 환경을 만들지 않으면 한국의 미래가 없다는 점을 꼭 책에 기록하겠다는 말을 겨우 꺼냈다. 그랜드 퀘스트를 던지면서, 다시금 젊은 세대의 도전을 지원하기 위해 국가와 사회 모두 팔을 걷어붙이고 나서자는 제안을 한다.

그랜드 퀘스트는 나비의 날갯짓과 다름없다. 《그랜드 퀘스트 2024》에 담긴 날갯짓을 시작으로, 과학기술계와 산업계뿐만 아니라 한국 사회 곳곳에 또 다른 그랜드 퀘스트들이 쏟아지기를 기대한다. 이를 기점으로 도전적 질문이 가득하고 수많은 시행착오와 치열한 스케일 업으로 북적이는 기술 선진국이 될 대한민국의 모습을 상상한다.

10대 도전적 질문의 개요

- IT 산업의 패러다임을 바꿀 초미세·초저전력 반도체를 만들 수 있을까?

인공지능, 빅데이터 등 현재 컴퓨팅 서비스들이 요구하는 반도체 계산량과 에너지 소모량이 기하급수적으로 늘고 있다. 그러므로 현 세대의 반도체가 아닌 새로운 반도체가 개발되어야 한다. 신개념 반도체는 지금보다 매우 작아져야 하고, 동시에 전력 소모량도 함께 줄어야 하며, 반도체의 정보 계산 및 저장 원리로 기존의 디지털 방식뿐만 아니라 아날로그 방식까지 적용해야 한다. 이런 반도체를 개발할 수 있을까?

- 한 번 충전에 10,000km, 10년 가는 배터리를 만들 수 있을까?

이차전지의 에너지 밀도와 긴 수명은 상충관계이다. 에너지 밀도가 높으면서 수명을 길게 하려면 극단적으로 가벼운 소재에 기반하면서도 가역적인 전기화학 반응이 가능한 시스템을 찾아야 한다. 현재의 리튬이온배터리 기술의 한계는 어디일까? 리튬을 대체할 다른 금속을 주기율표에서 다시 찾을 수 있을까?

- 효소처럼 뛰어난 수소생산촉매를 만들 수 있을까?

효율적인 촉매 없이는 물을 전기 분해해서 수소를 대량으로 얻을 수 없다. 지구상에 가장 효율적인 수소생산촉매는 인체 내의 효소다. 효소가 탁월한 촉매의 역할을 하는 메커니즘은 아직 이해하지 못하고 있다. 그럼에도 불구하고 효소처럼 효율적으로 작용하는 금속촉매를 만들 수 있을까?

- 변화하는 환경에 적응하는 로봇을 만들 수 있을까?

제한된 환경에서 주어진 명령만을 수행하는 로봇은 재난 상황처럼 복잡하고 끊임없이 변화하는 환경에서는 쓸 수 없다. 변화된 환경을 인지하고, 이에 맞추어 행동을 적응시키면서 임무를 수행하는 로봇을 만들 수 있을까?

- 뇌와 같이 인지 구조를 적응적으로 생성하고 활용하는 인공지능을 만들 수 있을까?

닫힌 환경의 한정된 데이터 기반으로 학습하는 현재의 인공지능은 끊임없이 변화하는 불확실한 환경과 문제에 스스로 대응하지 못한다. 반면, 사람의 뇌는 발달 과정에서 경험을 통해 인지 구조를 변형하고 성장시키면서 적응한다. 인간의 뇌와 같이 동적인 환경과 상호 작용하며 인지 구조를 형성하며 발달해 나가는 아기의 마음를 가진 인공지능을 구현할 수 있을까?

- 인과관계를 완전히 추론하는 인공지능을 만들 수 있을까?

대답과 함께 그 이유를 설명하지 못한다면 인공지능을 믿고 쓸 수 없다. 신뢰할 수 있는 인공지능은 인과관계를 설명할 수 있어야 하지만 현재의 인공지능 패러다임에서는 인과관계 추론이 불가능하다. 인간이 납득할 수 있는 인과관계를 추론하고 제시할 수 있는 인공지능 알고리즘을 만들 수 있을까?

- 암호화된 데이터로 인공지능과 소통할 수 있을까?

개인이나 조직의 중요한 정보를 인공지능에게 제공하지 않으면서도 인공지능을 활용할 수 있는 방법은 없을까? 암호화된 상태의 데이터로 인공지능을 학습시키고, 암호화된 질문과 답변을 주고받을 수 있는 궁극의 동형암호체계를 만들 수 있을까?

• 노화 세포를 탐색하고, 제어할 수 있을까?

노화 세포가 인체 각 조직에 노화를 전파하는 메커니즘을 이해하고 제어할 수 있다면 노화와 관련된 많은 질환을 치료할 수 있는 새로운 돌파구가 열릴 수 있다. 노화 전파의 메커니즘을 과학적, 실험적으로 해석할 수 있을까?

• 단백질 구조 예측 인공지능을 넘어 항체를 설계하고 생명체의 적응 면역계를 이해하는 인공지능을 만들 수 있을까?

인류는 아직 적응 면역계의 메커니즘을 정확히 이해하지 못하고 있다. 이 메커니즘을 완전히 이해한다면 수많은 질병에 대해 맞춤형 신약을 만들 수 있다. 획기적인 규모의 항체 데이터베이스를 구축하고, 이를 학습하는 인공지능 알고리즘을 만들 수 있을까? 이를 통해 인간의 적응 면역계 작동 메커니즘을 새롭게 해석하는 것이 가능할까?

• 반도체 집적 회로 기술로 양자 컴퓨팅을 구현할 수 있을까?

양자 컴퓨팅을 실용적으로 쓸 수 있으려면 고전 컴퓨터만큼 오류가 낮아야 한다. 큐비트의 조작 가능성과 계산의 신뢰성을 동시에 만족시키면서 반도체 집적 회로 분야에서 축적된 한국의 역량을 활용할 수 있는 방법이 무엇일까? 집적 회로 기반의 양자 컴퓨팅 플랫폼을 만들기 위해 풀어야 할 문제가 무엇일까?

인공지능, 빅데이터 등 현재 인류 사회를 선도하는 컴퓨팅 서비스들이 요구하는 반도체 계산량과 이에 따른 에너지 소모는 기하급수적으로 늘고 있다. 앞으로는 현세대의 기술이 아닌 새로운 반도체가 개발되어야 한다. 미래에 등장할 신개념 반도체는 반도체 크기가 지금보다 매우 작아져야 하고, 반도체의 전력 소모량도 크기와 함께 작아져야 하며, 반도체가 계산하고 정보를 저장하는 원리의 대안으로 기존 디지털 방식뿐만 아니라 아날로그 방식을 적용할 필요가 있다. 이런 반도체를 개발할 수 있을까?

2장

초미세·초저전력 반도체:

미래 IT 산업의 패러다임을 바꿀 초미세·초저전력 반도체를 만들 수 있을까?

김장우 서울대학교 전기정보공학부 교수

CPU, 서버, 데이터센터 등 컴퓨터 시스템 설계 분야 전반에 걸쳐 연구를 하고 있다. 서울대학교 부임 전 미국 선 마이크로시스템(Sun Microsystems), 오라클(Oracle Corporation) 연구원 및 포항공과대학교 교수로서 연구를 수행했다. 우수한 연구성과를 바탕으로 International Symposium on Computer Architecture(ISCA), International Symposium on Microarchitecture(MICRO) 등 컴퓨터 아키텍처 분야 최우수 학술대회의 명예의 전당에 이름을 올렸다. 차세대 컴퓨터 데이터처리가속기(DPU)를 개발하는 시스템 반도체 분야 스타트업 망고부스트를 창업하여 산학의 경계를 넘나들며 반도체와 컴퓨터 시스템 분야 연구와 인재 양성을 지속하고 있다.

김상범 서울대학교 재료공학부 교수

스탠퍼드 대학에서 전기공학과 박사학위를 받은 후 미국 IBM Thomas J. Watson Research Center에서 8년간 인공지능 반도체를 연구하였다. 이후 학계에서 차세대 반도체의 하나로 뇌의 구조와 기능을 모방하여 인공지능 연산을 수행하는 뉴로모픽(Neuromorphic) 반도체를 연구하고 있으며, 2023년 '반도체 국가 전략' 비상 경제민생회의에 참석하여 반도체 분야의 발전 전략을 제시하기도 했다.

김장우 교수

차세대 초전도 반도체

CPU, GPU, 메모리 등의 반도체는 짧은 기간 동안 눈부신 발전을 이뤘지만 기술적인 한계에 거의 도달했기에 새로운 돌파구를 찾지 않으면 안 되는 단계가 되었다. 하드웨어에서부터 소프트웨어까지 모든 것을 아울러 사용자가 쓸 수 있는 컴퓨터를 설계하는 컴퓨터 아키텍처 전공자의 관점에서 현재 반도체의 한계가 무엇이며, 이를 돌파하기 위한 난제가 무엇인지를 소개하고자 한다.

반도체의 핵심: 스위치

CPU나 GPU 등 아무리 복잡한 반도체라도 이를 구성하는 가장 기본적인 부분은 두 종류의 스위치 조합이다. 두 스위치 구

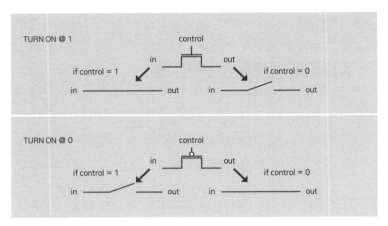

▶ 두 종류의 스위치 구조

조는 상단 그림처럼 간단히 표현할 수 있다. 일상생활에서 스위치를 끄고 켜듯 전압을 주거나(입력=1) 주지 않으면(입력=0) 이에 따른 출력값으로써 회로가 연결되거나(출력=1) 끊어지는(출력=0) 동작을 한다.

　이번엔 오른쪽의 그림과 같이 입력으로 1을 주면 통과되고 0을 주면 끊어지는 스위치와 1을 주면 끊어지고 0을 주면 연결이 되는 스위치를 직렬로 연결하는 구조를 생각해 보자. 이렇게 두 개의 다른 스위치를 결합하면 인버터(inverter)라는 게이트를 만들 수가 있다. 이 인버터 게이트는 입력값으로 0을 넣으면 결괏값으로 1이 나오고, 입력값으로 1을 넣으면 결괏값으로 0이 나오는 방식으로 작동한다.

　이런 방식으로 두 종류의 스위치들을 조합하면 낸드(NAND) 게이트도 만들 수 있다. 낸드 게이트는 네 개의 스위치를 사용하

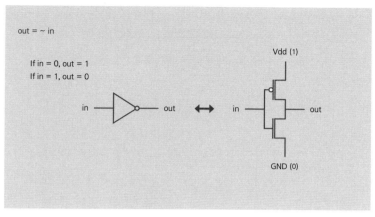

두 스위치로 구성된 인버터 게이트 구조

여 두 개의 입력값을 가지도록 구성되는데, 두 입력값의 조합을 00, 01, 10, 11로 주었을 때 입력이 11인 경우에만 0이 나오고 나머지는 모두 1이 나오도록 작동한다. 앞선 예시에서 인버터 게이트는 두 개의 스위치로 구성되지만 낸드 게이트는 네 개의 스위치로 구성된다. 우리에게 더 친숙한 앤드(AND) 게이트를 만들고 싶다면 낸드 게이트의 출력을 인버터의 인풋으로 연결하여 낸드 게이트 결과를 반전시키면 된다. 그러므로 앤드 게이트는 여섯 개의 스위치를 사용하게 된다.

한편, 두 종류의 스위치들을 연결하여 데이터를 저장하는 메모리 회로도 설계할 수 있다. 1-비트(bit) 메모리는 0 또는 1을 저장하는 메모리인데, 다음 페이지의 그림은 두 개의 인버터가 꼬리를 물고 있는 형태로 구성된 1-비트 메모리 구조를 보여 준다.

이 구조에서 상단 인버터의 입력으로 0을 주면 출력으로

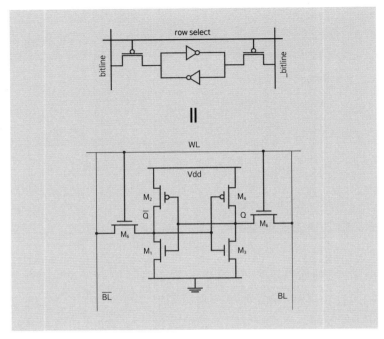

▶ 여섯 개의 스위치로 구성되는 1-비트 메모리 구조

1이 나오고, 그 1이 하단 인버터에 입력되므로 하단 인버터의 출력은 0이 될 것이다. 이런 형태가 되면 왼쪽에는 0, 오른쪽에는 1의 형태로 정보가 유지된다. 반면, 상단 인버터의 입력으로 1을 주면 하단 인버터의 입력이 0이 되므로 왼쪽에는 1, 오른쪽에는 0의 형태로 정보가 유지된다. 그렇다면 우리는 두 상황 중 하나를 0을 저장한 메모리, 다른 상황을 1을 저장한 메모리라고 주장할 수 있다. 그러면 1-MB 크기의 메모리를 만들어 보자. 1MB면 1-바이트가 100만 개 필요하며, 1-바이트가 8-비트이므로 총

800만 개의 1-비트 메모리가 필요하다. 그리고 1-비트 메모리는 여섯 개의 스위치로 구성되므로 총 4,800만 개의 스위치가 필요하게 된다.

정리하자면 성격이 반대인 두 개의 스위치만 있다면 어떤 게이트도 만들 수 있고, 이 게이트들로 어떤 회로도 만들 수 있으므로 우리에게 필요한 자원은 결국 무수히 많은 스위치인 것이다. 그리고 스위치의 물리적 크기가 작을수록 더 복잡한 반도체를 만들고, 스위치를 켜고 끄는 속도가 빠를수록 더 빠른 반도체를 만들 수 있다.

그런데 실제로 스위치를 물리적으로 만드는 것은 전자공학, 재료공학, 화학공학, 물리학 등 여러 분야가 긴밀하게 연관되어 매우 복잡하다. 이해를 돕기 위해 단순하게 설명하자면, 다음 페이지의 그림은 게이트(gate)에 0(낮은 전압)을 입력으로 주면 소스(source)와 드레인(drain)에 전류가 흐르는 NMOS(N-channel Metal-oxide Semiconductor) 트랜지스터 기호와 물리적 형태를 보여 준다. 소스와 드레인은 마이너스(n) 물질로 구성되어 있는데, 게이트에 0을 주면 소스와 드레인 사이에 플러스(p) 물질들이 생성되어 소스와 드레인 사이에 전류가 흐르지 않아 트랜지스터가 꺼진다. 그러나 게이트에 1을 주면 소스와 드레인 사이에 마이너스 물질이 생성되어 마이너스 물질들로만 구성된 전류의 통로(N-channel)가 생성되어 전류가 흐르며 트랜지스터가 켜지게 된다.

여기에서 마이너스 물질과 플러스 물질의 위치를 서로 바꾸면 게이트에 1을 줬을 때 채널이 생성되는 PMOS(P-channel Metal-oxide Semiconductor) 트랜지스터를 만들 수 있다. 보통 NMOS

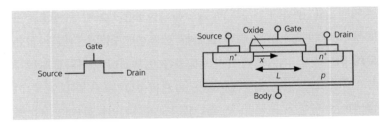

▶ CMOS 기반 트랜지스터 방식으로 만들어진 스위치

와 PMOS 반도체는 동시에 제조되기 때문에 CMOS(Complementary metal-oxide Semiconductor) 반도체로 불린다. 현세대의 반도체들은 이렇게 NMOS와 PMOS의 두 종류 트랜지스터를 이용한 CMOS 방식으로 제조되고 있다.

얼마나 많은 트랜지스터, 얼마나 작은 트랜지스터가 필요한가

이 과정을 거쳐 만들어진 스위치, 즉 트랜지스터가 많이 들어갈수록 더 큰 메모리를 만들어 더 많은 계산을 할 수 있다. 그런데 트랜지스터를 넣을 수 있는 면적이 물리적으로 제한되어 있다면 어떻게 해야 할까? 그럴 땐 무조건 작게 만들어야 한다.

이 과정은 마치 판화를 만드는 과정과 유사하다. 칼로 홈집을 내서 잉크를 칠하고 그림을 찍어 내는 것처럼 반도체도 판화와 비슷한 원리로 만들어진다. 더 세밀한 패턴으로 판화를 그려서 찍어 내려면 칼날이 점점 더 예리해지고 잉크 입자도 더 작아져야 할 것이다. 그러나 칼날이 예리할수록 그려진 선의 폭이 좁아져서 거기에 잉크를 묻히면, 선이 잘못 연결되거나 그림이 일관되게 찍히지 않는 문제가 생길 수 있다. 그렇게 되면 똑같이 판화를 찍어 내더라도 원래 구상과 다른 그림이 나오거나, 심지어 매번 다른 그림이 나올 수도 있다. 반도체를 작게 만드는 과정도 이와 유사해서 그 크기가 작을수록 만들기가 점점 어려워진다.

그렇다면 현실적으로 트랜지스터는 얼마나 작아야 되는가? 인텔(Intel)과 같은 회사에서 제조하는 고성능 CPU를 살펴보면 손톱만 한 칩에 수십억 개의 트랜지스터들이 들어가 있다. 그러다 보니 트랜지스터를 새기는 선폭이 예전에는 100nm(나노미터)였다면 지금은 2~3nm까지 작아졌다. 판화로 비유하면 점점 더 작은 칼을 쓰고, 더 좋은 잉크를 쓰고, 더 좋은 공장을 쓰면서 그만큼 작아지게 된 것이다. 실제로 무어의 법칙(Moore's law)에 따라 1.5년~2년마다 같은 면적의 칩에 들어가는 트랜지스터의 수가 거의 두 배씩 증가했다. 그러나 이제는 트랜지스터를 더 이상 작게 만들 수 없다는 한계에 봉착했다. 그것이 바로 우리가 마주하고 있는 근본적인 난제다.

트랜지스터를 더 작게 만들 수 없는 이유

사실 트랜지스터를 물리적으로 작게만 만드는 것은 가능하다. 그러므로 트랜지스터를 더 작게 만들지 못하는 실질적인 이

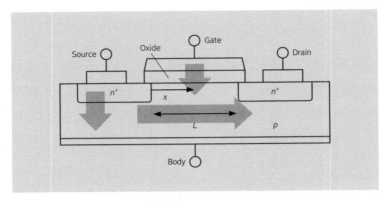

▶ 트랜지스터 내부 누설전류 발생 상황

유를 이해하려면 다음 두 가지 내용을 이해해야 한다.

첫째, 트랜지스터를 작게 만들면 전류가 흐르지 않아야 하는 영역에서조차 전류가 흐르게 되는 누설전류 상황이 발생하게 된다. 원래 트랜지스터는 게이트에 주는 전압에 따라 마이너스 물질과 플러스 물질이 이동하여 전류가 흐를 수 있는 채널이 형성되며, 이 채널을 통해서만 전류가 흘러야 한다. 그러나 트랜지스터 내 영역들의 사이 간격이 너무 좁아지면 외부에서 전압을 주지 않더라도 트랜지스터 내부 영역들 사이에 의도치 않은 전류가 흘러 전력의 낭비를 초래하게 된다. 더구나 트랜지스터가 작아질수록 이 누설전류 문제는 더욱 심각해진다.

둘째, 트랜지스터가 작아지면 동일 면적의 칩에 들어가는 트랜지스터의 수는 증가하게 되는데, 이 상황에서도 칩이 사용하는 전력은 유지되어야 한다. 예를 들어 동일 면적 칩에 들어가는 트랜지스터가 작아져서 그 수가 두 배로 증가한다면, 칩의 전체 전력 소모량을 유지하기 위해 개별 트랜지스터의 전력 소모량은 반으로 감소해야 한다. 그리고 트랜지스터의 전력 소모를 감소시키려면 해당 트랜지스터 게이트의 1에 해당하는 전압을 더 낮게 잡아야 한다. 이전에 큰 트랜지스터는 게이트에 1V의 전압을 가해 작동시켰다면, 작은 트랜지스터는 0.8V의 전압을 가해 작동시켜야 하는 것이다. 참고로 트랜지스터의 전력 소모 감소도는 입력 전압 감소도의 제곱에 비례한다. 그런데 칩의 전력 소모량을 유지하기 위해 각 트랜지스터의 게이트 전압을 낮추면 누설전류가 기하급수적으로 증가하게 된다.

이를 요약하자면, 트랜지스터가 작아지게 되면 칩의 전체 전력 소모량을 유지하기 위해 트랜지스터의 입력 전압을 낮춰야 하는데, 입력 전압을 낮추면 누설전류가 심각하게 증가한다. 그래서 트랜지스터의 효용성을 유지하면서 물리적으로 작게 만들기가 현실적으로 쉽지 않다.

그러나 CPU, GPU 등 고성능 반도체에 요구되는 성능은 나날이 증가하고 있으므로 이 목표를 달성하려면 많은 트랜지스터를 포용하기 위해 칩을 크게 만들거나, 복수의 작은 칩을 연결해야 한다. 그래서 수십 개의 코어를 가진 CPU나 수백~수천 개의 코어를 가진 GPU가 활용되고 있으며, 하나의 서버에 이런 칩들을 다수 탑재하는 고성능 서버 구조가 탄생하게 되었다.

인공지능과 반도체의 경계에서 직면하고 있는 난제

　요즘 인공지능 시대가 본격화되면서 더 작고 빠른 칩을 만들 수 없다는 반도체의 한계가 더 심각한 문제로 부각되고 있다. 인공지능 애플리케이션을 고속으로 수행하는 인공지능 반도체의 구조는 매우 단순한데, 현재 인공지능 가속기 시장을 선도하고 있는 GPU와 유사한 점이 있다. 원래 GPU는 비디오 게임에서 요구되는 3차원 그래픽 처리에 강점을 가진 반도체다. GPU는 사용자 시점에 보이는 부분을 파악하기 위하여 3차원 물체의 위치와 각 점의 색깔 정보를 다차원 행렬 정보로 변환한 후, 다양한 행렬 연산을 통해 고속의 대량 연산을 수행하는 반도체다. 인공지능 연산도 그 계산 과정만을 보면 3차원 그래픽 처리 과정과 매우 비슷하다. 인공지능도 대량의 정보를 행렬로 변환해서 그 행렬들을 곱하거나 더하는 등 병렬 연산을 한다. 그래서 행렬의 크기가 커질수록 계산해야 하는 양이 많아지므로 많은 계산기가 필요해 게임 처리를 위해 앞서 개발되어 있었던 GPU와 잘 맞았던 것이다. GPU는 계산기가 많으면 많을수록 좋으므로, 수많은 계산기를 가지기 위해 칩 한 개 내에 수백억 개 수준의 트랜지스터들이 내포되어 있다.

　구글(Google)이 사용하고 있는 인공지능 가속기도 엄청나게 많은 트랜지스터를 사용하여 만들어져 있으며, 이런 가속기들을 수천, 수만 대씩 연결하는 인공지능 처리 전용 슈퍼컴퓨터를 개발해서 활용하고 있다. 결국 인공지능 가속기를 만들 때도 기존의 반도체 크기를 줄이고 계산을 빠르게 만들기 어려우니, 기기 숫자를 늘릴 수밖에 없는 것이다.

구글뿐만이 아니다. 우리가 사용하는 애플리케이션들은 대기업에서 운영하는 데이터센터에서 수행되는데, 데이터센터 한곳에 몇십만 대의 컴퓨터가 모여 있기도 한다. 그렇게 되면 한 데이터센터의 크기가 축구장 면적에 필적하게 되며, 이렇게 많은 컴퓨터를 운영하며 냉각하기 위해 전기를 엄청나게 사용해야 한다. 그래서 대규모 데이터센터는 수 기가와트(10억 와트) 급의 발전 시설까지 요구하며, 물을 이용하여 냉각하기 위해 보통 강 옆에 위치한다. 이 문제로 인해 마이크로소프트(Microsoft)는 데이터센터를 바닷속에서 운영하는 시도를 감행하기도 했다.

최근의 기술 동향을 보면 그럴 수밖에 없는 것이 챗GPT 같은 대규모 인공지능 모델은 수천 개에서 수만 개의 GPU의 동시 활용을 요구하는 수준에 이르렀기에 GPU를 대량으로 탑재한 대규모 데이터센터가 필수적으로 요구된다. 그래서 GPU가 많이 수반된 데이터센터들은 도시 수준의 전력 소모를 피할 수 없게 되어, 우리나라만 해도 수도권에 위치한 데이터센터에서 사용하는 전기 용량만 계산해도 몇십 기가와트에 이르고 있다.

그러나 인공지능이 발전하는 만큼 컴퓨터 성능은 높아져야 하는데 반도체의 크기와 전력 소모량을 같이 줄일 수 없으니, 현재의 반도체기술로는 이 문제를 해결할 수 없는 상황이다. 그래서 새로운 패러다임의 반도체가 필요하다.

난제 해결을 위한 아이디어:
트랜지스터의 온도를 낮춰야 한다

반도체가 가진 문제를 해결하기 위해 새로운 물질에 기반한 새로운 소자를 발견하고 이를 활용하는 새로운 반도체를 제조하기는 지극히 어려운 문제다. 그래서 현재의 반도체 소자와 제조 기술에 기반하면서도 크기를 줄이고 전력을 적게 소모하는 반도체 개발 방법을 모색해야 한다.

가장 먼저 해결해야 하는 문제는 트랜지스터의 발열 문제로, 이를 해결하기 위해 트랜지스터의 작동 온도를 강제적으로 낮추는 방법을 생각해 볼 수 있다. 트랜지스터의 작동 온도를 낮추게 되면 두 가지의 장점을 얻게 된다.

첫째, 낮은 전압으로 작동하는 미세 반도체를 만드는 과정에서 발생하는 누설전류 문제가 저온에서는 크게 감소한다. 그래서 반도체의 작동 온도를 낮추면 반도체의 크기를 전력 효율적으로 감소시키는 것이 가능하다.

둘째, 저온에서는 반도체 물질 내에 존재하는 전류 흐름 저항성도 크게 감소한다. 전류의 저항성이 낮아지면 CPU, GPU와 같은 기존 반도체의 성능을 수십 배 가량 향상시킬 수 있게 된다.

초저온 반도체와 초전도 반도체

반도체의 작동 온도를 낮추기 위해 제시된 방법 중 하나는 냉매를 사용해서 트랜지스터의 작동 온도를 극단적으로 낮춰 버리는 것이다. 반도체의 작동 온도를 낮추는 방법으로는 액체 질소를 사용해서 77K(영하 196도)로 낮추는 것과 액체 헬륨을 사용해서 절대온도에 가까운 4K(영하 269도)까지 낮출 수 있다. 흔히 77K 온도에서 작동하는 반도체를 초저온 반도체, 4K 이하 온도에서 작동하는 반도체를 초전도 반도체라고 지칭한다. 초전도까지는 아니더라도 77K까지만 되어도 전류 저항성을 유의미하게 낮출 수 있다. 이렇게 저항이 사라지면 지금 3GHz 수준으로 작동하는 CPU의 속도를 30GHz 혹은 100GHz까지 올리며 성능을 수십 배 올릴 수 있게 된다.

77K 온도에서는 기존 CMOS 반도체가 정상적으로 작동을 한다. 77K 온도를 유지하기 위해 사용되는 액체 질소는 가격도 저렴해서 초저온 반도체는 비교적 쉽게 구현할 수 있다. 다만 기존의 반도체를 그대로 적용하기보다는 기존의 CMOS 반도체 제조 과정을 따라가면서도 플러스 물질과 마이너스 물질의 농도를 초저온 작동 온도에 따라 적절히 조정하여 77K 온도에서 최적의 성능과 전력 효율을 얻는 반도체를 제조할 수 있다.

77K 온도와 달리, 4K 온도를 유지하기 위해 사용되는 액체 헬륨은 매우 비싸서 비용 측면에서 부담이 크다. 게다가 4K 온도에서는 기존 CMOS 반도체가 정상적으로 작동하지 않기 때문에 양자역학에 기반한 새로운 반도체기술을 적용하여 스위치를 개발해야 한다는 부담도 생긴다. 그러나 반도체 온도가 낮아질수록 성능이 더 높아질 수 있기에 냉각 비용과 목표 성능 간에 적정선을 찾는 것도 중요한 문제이다.

특히 4K 온도에서 작동하는 초전도 반도체를 설계 및 제조하기 위해서는 양자역학 지식이 활용되어야 하므로 매우 어렵다. 초전도 반도체 스위치의 구조와 작동 방법을 간단히 설명하면 다음과 같다. 초전도 반도체는 원형 고리 형태의 스위치를 사용하게 되는데, 이 고리에 전달되는 펄스(pulse) 형태의 전류를 입력으로 받아서 그 정도가 임계점을 넘으면 펄스를 발생시켜 그 옆 고리에 전달한다. 만약 고리에 전달되는 펄스가 없거나 약하여 새로운 펄스 발생 임계점에 도달하지 못하면 새로운 펄스가 발생하지 않는다. 이런 펄스 전달 여부를 스위치의 켜짐과 꺼짐의 여부로 판단할 수 있으므로, 반도체를 구성하는 스위치 역할을 할 수 있는 것이다.

초전도 반도체 개발의 어려움

4K 온도에서 작동하는 초전도 반도체를 실제로 개발하기까지는 많은 문제가 존재하므로, 이것이 인류가 차세대 반도체를 얻기 위해 매진해야 하는 중요한 연구 주제 중 하나인 것이다. 반도체 연구자들은 아직까지 초전도 반도체 스위치를 이용하여 CPU, GPU, 메모리와 같은 복잡한 회로를 성공적으로 설계하고 제조하는 방법을 확보하지 못했다. 예를 들어 수십억 개의 스위치를 연결해 복잡한 반도체를 설계하려면 설계자가 사용할 수 있는 설계용 프로그램이 존재해야 하는데 초전도 반도체 설계용 프로그램마저 아직 존재하지 않은 상황이다.

또 다른 주요 난제는 초전도 온도를 유지하는 데 엄청난 비용이 들어간다는 점이다. 예를 들어 77K 온도를 유지하기 위해서는 상온에서 작동하는 반도체에 비해 10배 이상의 냉각 비용이 요구된다. 그리고 이 비용은 온도를 낮출수록 빠르게 증가하기 때문에 4K 온도에서 작동하는 컴퓨터를 효율적으로 개발 및 운영하려면 지금보다 훨씬 비용 효율이 좋은 냉각기술을 개발해야 할 것이다. 그러다 보니 초전도 반도체에 기반한 컴퓨터를 개발한 후 인공위성에 탑재해 자연 냉각이 이뤄지는 우주에서 운영하자는 방안까지 논의되고 있다.

초전도 반도체를 이용한 차세대 양자컴퓨터 개발

초전도 반도체는 차세대 양자컴퓨터 개발을 성공시키는 데에도 깊은 관련이 있다. 현재 가장 널리 사용되고 있는 양자컴퓨터들은 초전도 온도에서 작동하는 양자들을 만들어 운용하는 형태로 설계되어 있기에 이 안에 초전도 양자들을 제어하고 작동시키는 양자 제어 프로세서(QCP, Quantum Control Processor)와 양자 제어 인터페이스(QCI, Quantum Classical Interface)가 탑재되어야 한다. 다음 페이지의 그림은 QCP와 QCI가 탑재된 양자컴퓨터 시스템을 보여준다.

양자 제어 프로세서와 양자 제어 인터페이스는 초전도 양자들 가까이에 위치할수록 양자컴퓨터의 전체적인 성능 향상 및 전력 효율 달성에 유리하다. 특히 수십만, 수백만 개의 양자를

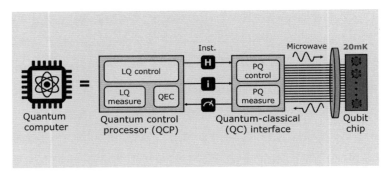

▶ 초전도 양자컴퓨터 시스템

제어해야 하는 차세대 양자컴퓨터 환경에서는 초전도 반도체 기반의 양자 제어 프로세서와 양자 제어 인터페이스를 적용하는 것이 필수 사항이 될 것이다. 그러므로 초전도 반도체 개발이라는 과제는 차세대 반도체의 패러다임을 바꾸는 것 이외에도 차세대 양자컴퓨터 개발을 이끌 중요한 숙제이다.

김상범 교수

반도체 패러다임을 바꿀 수 있는 아날로그 컴퓨팅

반도체에서 스위치를 이용하는 것은 기본적으로 디지털 컴퓨터를 만들기 위해서다. 스위치 조절 단자에 신호를 가하여 켜거나 끌 수 있는 스위치로 로직 게이트를 만들고, 이를 이용해 메모리뿐만 아니라 임의의 모든 디지털 연산을 할 수 있게 하는 장치들을 만들 수 있기 때문에 결국 스위치의 역할이 중요하다. 바로 이 스위치를 값싸고 작게, 그리고 전력을 덜 소모하면서도 빠르게 동작하도록 만드는 것이 반도체 업계에서 가장 핵심적인 이슈다. 스위치를 만드는 방법은 다양하지만 현재 대부분의 반도체 제품에는 트랜지스터가 스위치로 사용된다.

더 작은 스위치의 연구·개발 현황

2023년 삼성과 TSMC, 그리고 인텔을 비롯하여 전 세계에서 트랜지스터를 가장 잘 만드는 회사들의 연구 담당 임원들과 연구자들이 〈네이처(Nature)〉지에 "미래의 반도체(The future transistors)"라는 제목의 논문을 발표하였다. 치열한 경쟁 관계에 있는 반도체 기업들도 향후 반도체기술이 어떻게 발전할 것인지를 전망할 때는 서로 협력한다는 점이 흥미롭다. 그만큼 트랜지스터를 지속적으로 발전시키는 것이 중요하면서도 어려운 일이라는 점을 시사한다. 해당 논문을 보면 반도체 스위치, 즉 트랜지스터의 발전 과정과 현재 트랜지스터를 대체할 기술의 연구 현황 등, 스위치의 미래 전망에 대한 설명이 매우 잘 나와 있다. 재료공학 관점에서 보면 트랜지스터 성능을 발전시키기 위해 지속적으로 새로운 소재와 재료들이 도입되었으며 앞으로도 그럴 것이다. 예를 들어 기존에 사용되던 실리콘 옥사이드 유전막과 폴리 실리콘 게이트는 유전율이 높은 하이-케이 메탈 게이트(HKMG, High-k metal gate)로 대체되었으며, 전류가 흐르는 채널에 기계적 스트레스를 가하여 트랜지스터 성능을 향상시키는 방식이 도입되었다. 트랜지스터의 구조 측면에서는 3D 수직 구조인 핀펫 구조를 도입하여 소자의 크기를 줄임과 동시에 누설전류도 감소시킬 수 있었다. 이런 꾸준한 기술 발전 덕분에 80년대부터는 CMOS 트랜지스터가 대표적인 기술 플랫폼으로 사용될 수 있었다.

꾸준한 발전을 통해 같은 비용으로 만들 수 있는 트랜지스터의 개수가 지수적으로 증가한다는 무어의 법칙이 50년 넘게 지켜지면서 집적도가 100만 배 이상 향상되는 기적이 일어났다. 하지만 트랜지스터 크기가 수십 nm에 이르게 되면서 집적도의 향상이 한계에 이르렀다는 인식이 더욱 확산되었으며 곧 절대 넘을 수 없는 미세화의 한계에 도달한다는 것이 기정사실로 받아들여지고 있다.

이 한계를 돌파하기 위해 세계적인 반도체 기업들이 치밀하게 마련한 장기 기술 발전 로드맵에 따라 천문학적인 금액을 투자하여 기술을 개발하고 있으며, 해당 연구 주제들은 10년 내에 어느 정도 가시적인 성과가 나타날 것으로 예상되고 있다. 그러므로 해당 문제는 완전히 새로운 도전을 필요로 하는 난제라고 볼 수는 없다. 그러나 반도체기술에 관심을 갖고 있는 연구자라면 기업들이 기술 개발 방향을 살펴볼 필요가 있다.

오늘날 쓰이고 있는 트랜지스터 스위치의 동작 원리는 대부분 그 종류와 무관하게 동일하다. 게이트 단자에 특정 조건을 만족하는 전압을 가하면 트랜지스터 스위치가 켜지면서 소스와 드레인 사이에 전류가 흐르게 된다. 가장 최첨단 반도체 제품에 들어가는 트랜지스터 모양을 보면 마치 물고기의 등지느러미처럼 생겼다고 해서 핀펫(FinFET)이라고 부른다.

최근에는 기존의 실리콘(Si) 물질을 계속 사용하면서도 핀펫 성능을 개선하기 위해 지느러미 모양의 채널을 층별로 분리시켜서 나노 와이어 여러 개가 수직 방향으로 배열되는 형태로 만들거나 각각의 나노 와이어를 종이처럼 얇은 면 모양(시트) 형태로 제작한 나노 시트 방식을 도입하는 등의 노력을 하고 있다. 최근 삼성이 세계 최초로 이 기술들을 상용화하여 3나노기술을 선보이기도 했다.

장기적으로 보면 소스와 드레인의 간격을 더 이상 줄이는 것이 불가능하기 때문에, 소스와 드레인이 수직 방향으로 연결되도록 하여 트랜지스터가 차지하는 면적을 줄이는 기술도 개발하는 중이다. 또한 실리콘을 그래핀(graphene)과 같은 2차원 소재로 대체하는 기술에 대한 연구도 활발히 이뤄지고 있다.

이처럼 다양한 구조 및 실리콘 대체 물질에 대한 고민을 바탕으로 세계적인 반도체 회사들은 상당히 정교한 미래 기술 로드맵을 만들어 두었다. 물론 현재로서는 연구 개발 초기 단계에 있으므로 매우 어려운 과제인 것은 사실이다. 그럼에도 불구하고, 이를 해결하기 위해 많은 반도체 대기업과 석학들이 치열하게 노력하고 투자하고 있기 때문에 상당 부분 10년 안에는 해결이 될 것으로 기대된다.

스위치의 작동 원리 관점에서도 새로운 물리 현상을 이용하려는 시도도 이뤄지고 있다. 현재 많이 사용하고 있는 모스펫(MOSFET) 트랜지스터는 앞서 설명한 것과 같이 전계 효과를 이용하여 전류가 흐를 수 있는 채널을 형성하는 방법을 사용하는데, 그 외에도 스핀트로닉스, 터널링, 기계식접촉 원리 등을 이용한 스위치를 구현하는 방법에 대한 아이디어도 나와 있다. 그 외에도 아무도 시도하지 않았거나 현재로서는 구현 방법이 막막한 동작 원리에 기반한 스위치에 대해서도 이론적으로 탐구하면서 다양한 종류의 신개념 트랜지스터에 대해 연구하는 상황이다.

아예 컴퓨팅을 다른 방식으로 하면 어떨까:
아날로그 컴퓨팅

더 효율적인 스위치를 만들려는 모든 시도는 결국 디지털 컴퓨팅을 하기 위한 목적을 가지고 있다. 따라서 더 이상 스위치를 개선할 수 없게 되면 컴퓨팅의 성능을 개선하는 것이 불가능해진다. 그렇다면 아예 컴퓨팅 자체를 디지털이 아닌 다른 방식으로 하면 어떨까? 예를 들어 아날로그 방식의 컴퓨팅이나 두뇌의 동작 원리를 적용한 뉴로모픽(Neuromorphic) 컴퓨팅이나 양자 컴퓨팅 등 굳이 스위치를 사용할 필요가 없는 방향으로 패러다임을 바꾸는 것도 컴퓨팅을 발전시키는 하나의 방법이 될 수 있다. 그중에서도 아날로그 컴퓨팅을 중심으로 그 구현 가능성을 논의하고자 한다.

사실 아날로그 컴퓨팅도 디지털 컴퓨팅 전체를 대체한다기보다 일부 연산을 대체하는 것을 목표로 하고 있다. 그 이유는 아날로그 컴퓨팅은 태생적으로 유연성이 크게 떨어지기 때문에 한 종류의 아날로그 회로로 우리가 필요로 하는 다양한 연산을 수행하는 것이 불가능하기 때문이다. 그렇다면 아날로그 컴퓨팅을 통해 어떤 연산을 수행하는 것을 목표로 해야 할까? 현재 아날로그 컴퓨팅 적용 가능성이 가장 높다고 평가받는 분야는 바로 인공지능 딥러닝 연산이다. 딥러닝 연산의 현황을 살펴보면 무어의 법칙조차 따라가지 못할 만큼 매우 빠른 속도로 연산량이 증가하고 있다. 대략적으로 이야기하자면 인공지능 연산에서 필요로 하는 컴퓨터의 성능이 서너 달 만에 두 배씩 늘어나고 있기 때문에 설령 무어의 법칙이 지속적으로 적용된다고 하더라도 앞으로는 필요한 연산량의 증가 속도를 따라갈 수 없다. 결국 근본적으로 연산 알고리즘의 패러다임을 바꾸지 않은 채 연산량을 증가시키는 방법만으로는 인공지능을 발전시킬 수 없는 상황인 것이다. 특히 챗GPT와 같은 초거대 인공지능의 등장은 필요한 연산량을 폭증시킴으로써 현재의 상황을 결정적으로 악화시킨 대사건이라고 할 수 있다.

이러한 문제 해결 방안 중 하나로 제시된 것이 바로 아날로그 컴퓨팅이다. 지금은 디지털 컴퓨팅이 상식이 되어 있지만, 컴퓨터 개발 초창기에는 아날로그 컴퓨팅에 대한 고민이 많이 있었다. 예를 들어 강에 물이 얼마나 흐르고 언제 범람할지 예측하는 문제를 푸는 데 필요한 복잡한 계산을 해내기 위해서 아날로그 컴퓨터가 사용된 적이 있었다. 그러나 디지털 방식에 비해 범용성과 정확성이 떨어진다는 이유로 인해 아날로그 컴퓨터들은 사라지기 시작했고, 디지털 컴퓨팅의 시대가 되었다.

모든 연산을 디지털로 구현하고 있는 지금 시점에서 굳이 아날로그 컴퓨터를 고민하는 이유는 아날로그 컴퓨팅만의 여러 장점 때문이다. 디지털 방식은 어떤 연산이든 결국 곱셈과 덧셈 같은 기본 연산들로 바꾸어서 연산한다. 예를 들어 수학에서 적분을 한다고 했을 때 디지털 컴퓨터는 디지털 곱셈기와 덧셈기를 이용하여 해당 연산을 수행한다. 그런데 아날로그 방식으로 접근한다면 아날로그 회로 하나를 만들면 비교적 간단하게 해결할 수 있다. 흘러 들어간 전류가 전하 저장고인 커패시터(capacitor)에 쌓이도록 전기 회로를 만들면 이렇게 쌓인 전하량이 결국

이 전압 신호를 시간에 대하여 적분한 값에 비례한다. 이런 방식으로 계산하면 굳이 덧셈기나 곱셈기를 쓰지 않아도 더 작은 회로를 이용하여 저전력으로 연산을 할 수 있다. 게다가 아날로그 컴퓨터는 연산 속도를 더 빠르게 해 줄 뿐만 아니라 해당 연산에 최적화된 회로를 만들었을 경우 회로의 물리적 크기가 극적으로 작아질 수 있다.

하지만 단점이 없는 것은 아니다. 가장 큰 문제점은 아날로그의 본질적 속성으로 인해 연산 정확도가 떨어져서 연산 결과를 완전히 신뢰할 수가 없다는 점이다. 예를 들어 우리가 예전에 아날로그 비디오 테이프를 여러 번 돌려보면 필름이 늘어나고 화질이 조금씩 달라지거나 나빠지는 것처럼, 아날로그 방식은 똑같은 연산을 여러 번 반복할 때 조금씩 다른 값이 나올 수가 있다. 또한 디지털은 덧셈기나 곱셈기를 바탕으로 연산하면 적분뿐만 아니라 다양한 함수 계산 등 다양한 연산을 수행할 수 있어 범용성이 좋은 반면, 아날로그는 적분을 하기 위한 회로를 만들었을 경우, 해당 회로로 그 외의 다른 연산은 할 수 없다는 단점도 있다.

디지털과 아날로그 컴퓨팅을 비교 분석한 과거 연구들에 따르면 연산할 때마다 조금씩 다른 값이 나오게 만드는 노이즈가 아날로그의 가장 큰 문제라고 지적하고 있다. 다만 연산 결과에 오차가 포함되어도 큰 문제가 안 되는 특별한 경우에는 아날로그 연산이 디지털 연산보다 전력 소모량 측면에서 더 이점이 있다고 이야기한다. 그런데 현대 사회에서 컴퓨터로 연산할 때는 조금의 오차도 허용되지 않으며, 100% 정확한 값을 원한다. 지구 밖으로 인공위성을 보내거나 은행 잔고를 계산해야 하는데 매번 다른 값이 나온다면 우리는 그 결과를 받아들일 수 없을 것이다. 이러한 과점에서 봤을 때는 아날로그가 모든 영역에서 디지털을 완전히 대체할 것이라고 보기는 어렵다.

아날로그 컴퓨팅이 가능한 영역

노이즈 등으로 인한 오차가 발생해도 괜찮은 연산의 영역은 없을까? 이때 대표적으로 꼽히는 사례가 바로 인공지능 연산이다. 물론 애플리케이션에 따라 다를 수 있겠지만, 이런 경우를 생각해 보자. 인공지능에게 수백만 장의 이미지를 차례로 보여 주고 맞혀 보라고 하면 대부분은 정답을 말하지만 간혹 틀린 답을 이야기하기도 한다. 오류가 있더라도 그 결과를 매우 유용하게 사용될 수 있는데, 그 이유는 사람이 백만 장 넘는 이미지를 쉬지 않고 넘겨보면서 판단하는 것이 불가능하므로 컴퓨터 외에는 대안이 없기 때문이다. 또 아무리 시간과 여유가 많다고 해도 사람의 정확도는 95% 정도에 머물러 있는데, 컴퓨터는 정확도가 100%가 되지는 않더라도 사람보다 높은 수준에 도달해 있다. 사진이 백만 장이든, 천만 장이든 쉬지 않고 학습하면서 지속적으로 판단하기 때문에 다소 오류가 있다고 하더라도 활용도가 높다고 할 수 있다. 예를 들어 인공지능에게 '강아지가 포함된 사진을 골라 달라'고 하는 경우, 수많은 사진 중에 인공지능 프로그램을 이용하여 몇 장의 사진을 추려 놓고 사람이 최종 판단을 하면 되기 때문에 인공지능 프로그램의 결과가 100% 정확할 필요는 없다. 챗GPT와 대화를 할 때도 마찬가지다. 대화에서는 항상 같은 대답을 할 필요가 없기 때문에 같은 조건에서 반드시 같은 결과를 내야 할 이유가 없다. 이처럼 약간의 정확도 저하 또는 계산 오차가 있더라도 사용성이 좋은 인공지능 애플리케이션이 있다고 가정하고, 인공지능 연산을 어떻게 아날로그 방식으로 수행할 수 있을지 알아 보자.

인공지능은 수학적으로 보면 대부분의 연산이 벡터-행렬 연산인 단순한 시스템이다. 3차원 입력(input) 벡터에 3×3 차원 행렬로 구성된 가중치 행렬을 곱해서 3차원 출력(output) 벡터로 바꾸는 과정을 생각해 보자. 디지털 방식으로는 각 숫자를 조합하면서 곱하기와 더하기 계산을 여러 번 해야 하지만, 이것을 아날로그 전기 회로로 구현하면 매우 간단한 회로를 사용하여 연산을 수행할 수 있다. 다음 페이지의 그림에서처럼 V1, V2, V3으로 표시된 입력 전압이 3차원 입력 벡터를 구성하고 각 저항의 전도성(conductance) 값들이 3×3 차원 행렬을 구성한다고 하면, I1, I2, I3라는 출력 전류로 구성된 3차원 출력 벡터는 입력 벡터와 3×3 차원 행렬의 곱셈 결과와 동일해진다.

이와 같이 아날로그 회로를 이용하여 인공지능 연산에서 큰 비중을 차지하는 벡터-행렬 연산을 효율적으로 수행할 수 있다. 만약 3×3 차원 정도의 행렬이 아니라 1,000×1,000 차원의 행렬을 이용하여 벡터와 행렬의 곱셈을 수행해야 한다면 기존 디지털 방식으로는 백만 번의 곱셈을 해야 한다. 그런데 곱셈기의 크기 하나가 상당히 크기 때문에 하나의 칩 안에 곱셈기 백만 개

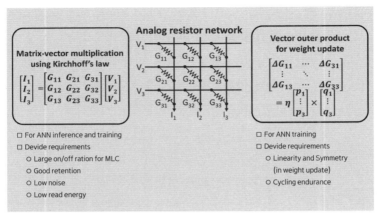

▶ 　아날로그 레지스터 네트워크

를 집어 넣을 수 없어 곱셈기를 반복해서 써야 하는 것이다. 반면 아날로그 연산에서는 $1,000 \times 1,000$의 크기를 갖는 아날로그 회로를 그림과 같은 방식으로 만든 다음, 입력으로 아날로그 전압을 가하면서 출력되는 전류를 읽기만 하면 백만 번의 곱셈도 한 번에 할 수 있다. 또한, 저항값을 크게 해 주면 전류도 줄어들기 때문에 훨씬 저전력으로 연산을 수행할 수 있다는 장점도 있다. 따라서 이러한 아날로그 방식을 인공지능 연산에 사용하면 현재의 디지털 GPU보다도 더 좋은 성능을 낼 수 있음을 예측하는 논문들이 다수 존재한다.

아날로그 컴퓨터의 치명적인 문제

아날로그 연산으로 인공지능 연산을 구현하는 방법에 대한 이론은 이처럼 아주 간단하지만, 이를 물리적으로 구현하는 것은 쉽지 않다. 바로 이것이 이 분야에서의 그랜드 퀘스트다. 가장 핵심적인 문제는 바로 '시냅스 소자'를 만들기가 너무나 어렵다는 점이다.

아날로그 방식에는 반드시 노이즈가 개입되는데, 노이즈가 커질수록 각종 특성값들에 산포가 존재하게 되어 연산이 부정확해지기 때문에 결국 노이즈를 일정 수준 이하가 되도록 조절해야 한다. 예를 들어 같은 저항을 반복적으로 읽으면 동일한 값이 반복되어 나오는 것이 아니라 읽힌 저항값들이 산포를 가지게 된다. 디지털 연산의 경우에는 이런 산포의 문제를 거의 완벽히 해결할 수 있다. 예를 들어, 출력값으로 0 아니면 1이 나와야 하는 디지털 연산에서 0.1이 나올 경우, 매우 높은 확률로 '원래 0이어야 되는데 뭔가 노이즈가 섞여서 0.1이 나왔다'라는 판단을 할 수 있고 이 값을 0으로 간주하여 오류 보정을 할 수 있다. 그러나 아날로그 방식에서는 0.1이 나왔을 때 실제로 0.1인지, 아니면 원래 0이나 0.2인데 노이즈 때문에 0.1이 나온 것인지를 알 수 없다. 그래서 특성값들의 산포를 어느 기준치 이하로 줄이지 않으면 연산 결과가 지나치게 부정확해질 수 있다.

이러한 난제를 근본적으로 해결하기 위해 해법을 찾는 연구가 여러 방면에서 활발하게 이루어지고 있다. 우선 소자 측면에서 문제를 해결하는 방법이 있다. 예를 들어 노이즈 발생을 최소화시킬 수 있는 새로운 재료와 소자 구조를 이용하여 시냅스 소자를 개발하면 문제 해결에 도움이 될 것이다. 하지만 아무리 소자를 잘 만들어도 아날로그 방식의 소자에는 항상 노이즈가 있을 수밖에 없다. 아날로그 소자의 노이즈를 0으로 만들려면 절대 영도(0K)에 도달해야 하는데 앞서 초저온·초전도 반도체에서 논의했던 것처럼 냉각 비용이 지나치게 크다는 문제가 있다. 동시에 상온에서 이런 시냅스 소자를 동작시키면 노이즈를 아무리 줄여도 열로 인한 노이즈(thermal noise)보다 줄일 수 없다. 즉, 노이즈 자체가 일정 수준 이하로는 결코 떨어질 수 없다는 물리적인 한계가 존재한다.

특히 아날로그 컴퓨팅을 구현하고자 하는 큰 이유 중 하나가 전력 소모를 감소시키기 위함인데 이는 노이즈 문제 해결을 더욱 어렵게 만든다. 전력 소모를 감소시키기 위해 시그널의 크기를 줄이면 결국 시그널 대비 노이즈의 비율이 증가하여 연산의 정확도는 더 떨어지게 된다. 전력 감소와 연산 정확도 증가가 상충하는 관계에 있기 때문에 문제 해결이 더욱 어렵다. 또한 같은 방법으로 만들어진 소자들이 각각 다른 특성을 나타낼 수 있고 이러한 문제를 아날로그 연산에서는 근본적으로 해결하기 어렵다. 따라서 소자 차원을 넘어서 근본적으로 다른 차원에서의 해결 방안이 필요할 것으로 판단한다.

아날로그 컴퓨팅을 위한 알고리즘

결국 아날로그 컴퓨팅을 완성시키려면 소자와 재료뿐만 아니라 알고리즘 차원에서도 돌파구가 마련되어야 할 것이다. 지금 우리가 쓰고 있는 알고리즘의 대부분은 디지털 컴퓨팅을 기반으로 만들어져 있다. 디지털 컴퓨팅 알고리즘은 아날로그 컴퓨팅과 전혀 다른 특성을 갖는데, 디지털 컴퓨팅에 아날로그 연산을 시도하면 여러 문제점이 발생한다. 이때 알고리즘을 개선하여 아날로그 연산의 특성과 잘 맞도록 하면 노이즈나 산포 등으로 인해서 생기는 다양한 문제를 해결할 수 있을 것으로 보이며, 최근에는 아예 발상을 전환하여 노이즈나 산포를 이용하는 알고리즘을 제안하기도 한다. 아날로그 연산 장치의 일종으로 보이는 우리 두뇌만 해도 디지털처럼 아무 오류 없이 동작하지는 않는다. 두뇌를 구성하는 시냅스나 뉴런도 아날로그 소자처럼 노이즈 및 산포 문제를 가지고 있음에도 불구하고 여러 문제를 효율적으로 잘 풀어내는 것을 보면 두뇌 역시 이러한 맞춤형 알고리즘을 가지고 있는 것으로 보인다. 그런 측면에서 디지털 컴퓨팅을 전제로 한 기존의 알고리즘을 억지로 가져와서 아날로그 컴퓨팅을 구축하는 것이 아니라, 알고리즘 자체를 아날로그 연산을 위한 소자 등의 특성을 방식에 맞게 새롭게 바꿀 수 있다면 아날로그 재료나 소자를 이용하여 인공지능 연산을 아날로그 방식으로 효율적으로 수행할 수 있을 것이다.

이러한 이유로 앞으로는 아날로그 컴퓨팅을 위한 알고리즘 개발의 중요성이 더욱 확대될 것이라고 생각한다. 실제로 인공지능 발전의 선구자 역할을 했던 요슈아 벤지오(Yoshua Bengio)나 제프리 힌턴(Geoffrey Hinton) 같은 인물들이 아날로그 컴퓨팅에 관심을 가지면서 여러 획기적 제안을 하고 있다.

요슈아 벤지오의 경우에는 엔드투앤드(End-to-end) 아날로그 컴퓨팅을 주장한다. 우리가 인공지능에서 기존 디지털 방식에 기반한 벡터 매트릭스 연산을 아날로그 방식으로 흉내 내려다 보니 문제가 발생하기 때문에, 굳이 특정한 연산에 기반한 알고리즘을 고집하지 말자는 것이다. 현재 인공지능에서 많이 사용되는 벡터 행렬 연산도 연산 자체가 중요한 것이 아니라 해당 연산을 통해 최적해(optimal solution)를 찾는 것이 중요하므로 디지털을 흉내내는 아날로그 연산으로 최적해를 찾지 말고, 아날로그 연산 그 자체로 구현해 보자는 것이다. 예를 들어 아날로그 전기 회로라는 것도 달리 생각해 보면, 어떤 전기 회로를 만들어 한 곳에 전압 소스를 달아 놓은 후, 각 소자에서 계산되는 특정한 값의 합을 최소화하는 방식으로 전류를 분산시키는 회로라고 볼 수 있다. 즉, 아날로그 회로 자체를 일종의 최적연산기계(optimizer)라고 볼 수 있는 것이다. 요슈아 벤지오 연구팀은 이런한 아날로그 회로의 특성을 바탕으로 평형전파(equilibrium propagation) 알고리즘을 개발하였고 이를 통해 엔드투엔드 아날로그 시스템을 구축할 수 있다고 제안하였다.

힌턴 교수는 아날로그 컴퓨터를 사용할 경우, '죽는 컴퓨터(mortal computer)'라는 개념을 생각해야 한다는 문제의식을 제시한다. 디지털 컴퓨터는 이론상 두 대를 지속적으로 동기화하면서 사용하면 하나가 망가져도 완벽하게 똑같은 컴퓨터를 이어서 사용하는 것이 가능하다. 그런데 아날로그 컴퓨터는 본질적으로 특성분포가 있을 수밖에 없기 때문에 두 개의 아날로그 기계를 똑같이 만든다는 것 자체가 불가능하다. 그래서 내가 잘 쓰던 아날로그 컴퓨터가 망가지면 똑같은 것이 아니라 비슷한 아날로그 컴퓨터를 사용해야 하는데, 이때 이전에 쓰던 아날로그 컴퓨터와 특성이 다소 달라질 수 있는 것이다. 이를 달리 생각해 보면 인간처럼 컴퓨터가 죽는, 즉 이 세상에 유일한 컴퓨터로 존재하다가 고장나서 사라지는 셈이다. 그래서 아날로그 컴퓨터를 구상할 때는 이런 특성을 기반으로 어떻게 학습할 수 있을지를 고민해야 한다고 주장한다.

반도체는 지난 수십 년간 수천조 원의 투자로 이루어진 엄청난 기술과 노하우를 가지고 있는 분야지만, 현재 기존의 패러다임을 바꿔야 한다는 시기에 서 있다. 앞서 다루었듯 초저온·초전도체 방식이나 아날로그 방식, 혹은 뉴로모픽이라는 생물 신경망 등의 방식이 고려되고 있다. 우리가 마주한 난제를 어떤 방법으로 풀어 갈 수 있을지는 지속적으로 고민과 연구가 필요하다.

초미세·초저전력 반도체에 관한 대담

├ 초저온 반도체 분야와 아날로그 컴퓨팅, 각 분야의 글로벌 트렌
드는 무엇이며 어떤 경쟁이 벌어지고 있는가?

김상범 교수 먼저 아날로그 컴퓨팅과 관련하여, 인공지능을 위
한 아날로그 인공지능 컴퓨팅이나 뉴로모픽 컴퓨팅에 있어서 최
근 중국이 상당히 앞서가고 있다. 이쪽은 아직 제품화되지 않은
영역이지만, 중국의 경우 기존의 낸드 등 상용화된 기술 분야에
서 기존 기업들을 따라가는 게 어렵다고 생각해서 그런지 차세
대 기술을 훨씬 더 열심히 연구하는 경향이 있다. 한 사례로 반
도체 소자 분야에 '국제전자소자학회(IEDM)'라는 대표적인 학회
가 있는데, 아날로그 인공지능 반도체나 뉴로모픽 인공지능 반도
체를 비롯한 주제에서는 중국의 논문이 양과 질에서 다른 국가
들을 압도하고 있을 뿐만 아니라 상을 받고 대표 논문으로 선정

되는 기조가 몇 년째 이어지는 중이다.

우리나라 연구자들의 수준이 낮아서 그런 것은 결코 아니다. 소자를 만드는 건 이론 연구뿐만 아니라 실제로 구현해 볼 수 있는 장비의 성능이 상당히 중요하다. 그런데 중국은 이 분야에 세계적인 기업이 없지만, 자국 내 유수의 대학에서 수준 높은 연구가 진행될 수 있도록 정부 차원에서 고가의 장비 등 상당한 지원과 투자를 집중적으로 하고 있다. 우리나라도 자원이 없지는 않지만 여러 분야에 분산 투자되다 보니 연구 장비 측면에서 중국에 비해 많이 뒤떨어지는 것이 사실이다.

기존 반도체 분야에서는 우리나라 기업의 실력이 압도적으로 우수하지만 초전도나 아날로그 등 미래 지향적인 분야에서는 중국이 꽤 앞서며, 심지어 일부 영역에서는 미국을 능가하고 있다고 보는 것이 옳다. 한편 새로운 개념의 소자를 개발하기 위해서는 소자에서 멈추는 것이 아니라 근본적인 한계를 돌파할 수 있는 알고리즘 개발도 중요한데, 이 부분은 미국이 많이 앞서 있다. 우리나라도 물론 반도체의 여러 분야에서 뛰어난 기술력을 축적해 왔기 때문에, 적극적이고 계획적으로 투자하고 적절한 전략이 마련된다면 더욱 잘 할 수 있을 것이라고 기대한다.

김장우 교수　현재 초저온·초전도 반도체를 연구하는 연구자가 거의 없다. 왜냐하면 현세대 CMOS 반도체 기반으로 제조된 CPU, GPU, 메모리 등의 전력 효율 향상이 연구 관계자들이 당면한 과제이기 때문에, 연구자들도 새로운 패러다임의 컴퓨터를 만드는 기술 연구보다는 당장의 컴퓨터 소비 전력을 조금이라도 감소시키는 기술 연구에 매진하고 있다. 예를 들면 기존의 컴퓨터에서 당장 사용하지 않는 부분의 전력를 차단하거나, 전체 컴퓨터를 전기가 안 통하는 냉각 통 안에 넣어 액체 냉각하는 것 등이 그런 기술이다.

또한 초전도 반도체 개발의 경우 양자역학에 기반한 연구를 진행해야 해 기본적인 연구 난이도가 높은 데다 제조 설비도 비싸서 해당 연구가 활발히 이뤄지지 않고 있다. 이런 첨단 연구는 다수의 연구자들이 오랜 기간 연구해도 논문이 잘 나오지 않기 때문에, 현실적으로 논문을 산출해야 하는 연구자들의 입장에선 첨단 연구에 매진하기 어려운 점도 있다. 더구나 연구자들은 연구비가 있어야 연구에 매진할 수 있는데, 당장 돈이 되지 않는 첨단 연구에 연구비를 투자하는 기관이 별로 없다는 것도 현실적인 문제이다. 그래서 현재 초전도 반도체 제조 설비를 갖춘 곳은 전 세계적으로도 미국 MIT의 특정 연구소나 일본의 국립대학들이 모여서 만든 국립 연구소 정도에 불과하다. 여러모로 상당히 아쉬운 상황이다.

ㅏ 컴퓨터 아키텍처를 연구하는 인재 부족 현상을 어떻게 해결할
　　수 있을 것인가?

김장우 교수　컴퓨터 아키텍처를 연구하는 사람들은 하나의 완전한 컴퓨터를 개발할 수 있는 역량을 갖춰야 한다. 그러기 위해선 하드웨어와 소프트웨어를 다 알아야 하는데, 학문적으로는 반도

체 설계, 컴퓨터 구조, 운영 체제, 컴파일러 등의 다양한 내용을 아울러 다룰 수 있어야 한다. 그러나 통합적인 컴퓨터 아키텍처 교육을 시행할 수 있는 기관이 부족하고 이런 도전적인 분야를 전공하려는 학생도 많지 않기 때문에 전 세계적으로 배출 인력이 상당히 부족하다. 이 문제는 우리나라에서 더욱 심각하며, 우리나라의 시스템 반도체 분야 개발 역량이 부족한 것도 상당 부분 이에 기인한다.

우리나라는 인적 자원과 물적 자원이 부족하므로 당장에 돈이 되는 분야에 집중하는 경향이 있는데, 이는 장기적으로 국가 경쟁력을 저하시키므로 국가 차원에서의 계획과 투자가 필요하다. 대학에서는 전통적인 반도체 설계 분야 외에도 컴퓨터 구조 및 운영체제 등의 컴퓨터 시스템 분야 교육을 통합적으로 시행해야 한다. 동시에 정부 기관뿐만 아니라 민간 기업에서도 이런 분야 연구에 연구비를 적극적으로 지원해야 하며, 이런 과정을 통해 배출되는 컴퓨터 아키텍처, 시스템 아키텍처 연구자들에게 좋은 대우를 해야 한다. 연구자들은 자신이 우리나라의 해당 전공 분야를 대표한다는 사명감을 갖고 연구해야 한다.

├   반도체를 냉각시킬 때 환경 변수로 무엇을 고려해야 하는가?

김장우 교수   초저온·초전도 반도체 연구가 상용화되기 위해선 냉각 방법 및 비용 문제를 꼭 해결해야 한다. 그러나 냉각 문제는 해결하기 어려워 이 문제가 언급되면 연구 자체에 대한 회의

론이 대두되기 때문에 관련 연구자들도 냉각 문제를 잘 언급하지 않는 실정이다. 그럼에도 불구하고 냉각 문제는 꼭 해결해야 한다.

저비용 냉각 개발에 성공한 다음에는 컴퓨터 시스템에 물리적으로 적용하는 것도 또 다른 난제이다. 예를 들어 냉각이 적용된 실제 서버를 만들려면 CPU는 4K 온도, 메모리는 77K 온도 등 디바이스별로 차별적인 최적 온도를 유지하는 기술이 필요할 것이다. 또한 이 과정에서 온도 차에 따른 결빙 등이 생길 수 있어 이로 인한 반도체가 손상되지 않도록 하는 기술도 필요하다. 그러므로 냉각기술 관련해서도 풀어야 할 숙제가 많다.

├ 아키텍처 측면에서 아날로그 컴퓨팅의 알고리즘을 어떻게 바라보는가?

김장우 교수 아날로그 기반 스위치에 전기를 주고 아날로그 방식으로 계산할 경우 빠르게 통과하면 1, 조금 느리게 통과하면 0.8, 더 느리게 통과하면 0.5라는 식으로 표시할 수 있다. 아날로그 방식은 디지털처럼 0과 1로 표시하는 게 아니니까 더 작은 회로로 더 복잡한 계산을 할 수 있기에 매우 효율적일 수 있다. 문제는 이런 아날로그 값을 디지털 값으로 변환시키는 장치가 필요한데, 이 변환기가 공간을 많이 차지하고 속도도 느리다 보니 아날로그 소자에서 얻는 장점이 상쇄되는 상황이 발생할 수 있다. 이외에도 아날로그 컴퓨팅이 실제 범용적으로 적용되려면 엄청나게 많은 장벽을 넘어야 한다. 그래서 현재로서는 아날로그 컴퓨터가 인공지능과 같은 특수한 영역에서는 쓰이겠지만 일반적인 컴퓨터를 대체할 수는 없을 것이다.

김상범 교수 아날로그 컴퓨팅의 관점에서는 모든 상황이 아니라 아날로그 컴퓨팅으로 바꿨을 때 실제로 임팩트가 있을 만한 특정 분야에서 가능성이 있다고 보고 있다. 그중에서 마침 인공지능 분야가 아날로그 연산의 장점을 살리면서도 단점들을 상쇄시켜 줄 수 있는 분야라고 보고, 그런 차원에서 다양한 연구가 많이 이루어지고 있다. 설령 완전히 완성되지 않더라도 단계적으로 5년 안에는 특정 애플리케이션에서 써 볼 만하다는 결과가 나오려면 아날로그 알고리즘의 역할이 정말 중요할 것이다.

ㅏ 아날로그 반도체 초전도 반도체 중에서도 '미래 인재들이 한번 도전해 보면 좋겠다'라고 생각하는 분야가 있는가?

김상범 교수 전통적인 스위치 말고 아날로그 인공지능 연산을 하기 위한 소자를 보통 '시냅스 소자'라고 하는데, 일종의 아날로그 메모리 소자라고 할 수 있다. 현재 추세를 보면 디지털 메모리 연구자들이 시냅스가 메모리와 비슷하다는 점에 착안해서 기존에 디지털 메모리의 연구를 바탕으로 아날로그 시냅스를 만들어 보는 방식으로 접근하고 있다. 그러나 시냅스 소자에 요구되는 엄청나게 많은 조건을 들여다볼수록 기존의 디지털 메모리 소자와는 상관없는 특성들이 많이 보이게 된다. 메모리 소자와 비슷한 부분이 있는 건 분명하지만, 아날로그 소자로서 꼭 만족시켜야 하는 특성들은 기존 메모리 소자의 특성과는 크게 다르기 때문에 이에 맞는 새로운 개념과 형태의 소자를 설계해야 할 필요가 있다. 최근 이온을 이용해서 새로운 원리로 시냅스 소자를 만드는 연구도 진행되고 있는 것처럼, 앞으로 더 많은 연구가 필요하고 가능성을 가진 분야라고 생각한다.

많은 연구자들이 소자 재료에 집중하고 있지만 근본적으로 물리적인 한계점이 있다. 아무리 소자를 완벽하게 만들어도 아날로그 동작을 했을 때 노이즈나 특성 산포 등이 발생하는 근본적인 문제를 맞닥뜨리게 된다. 그건 알고리즘으로 해결해야 하지만, 아직 존재하지도 않는 아날로그 인공지능 컴퓨터를 위한 알고리즘을 연구해야 해서 쉬운 일은 아니다. 하지만 알고리즘 문제가 해결되지 않으면 결국 아날로그 반도체를 구현하기는 어려울 것으로 생각한다.

다시 한번 강조하자면, 아날로그 컴퓨팅은 아날로그 연산이 아니라 그 결과를 디지털로 변환하는 과정에서 회로의 크기나 전력 소모가 너무 커서 결과적으로 전체 시스템에서 이득이 없는, 배보다 배꼽이 더 커지는 상황이 생길 수 있다. 그걸 해결하기 위해서는 디지털 알고리즘을 아날로그로 번역하는 게 아니라 아날로그 자체 시스템의 특성을 기반으로 한 알고리즘을 만드는 것, 즉 디지털 변환을 아예 할 필요가 없는 방식의 알고리즘 연구가 필요하다.

김장우 교수　초저온 반도체기술을 적용하여 고성능 CPU를 설계하는 것은 매우 어렵다. 고성능 CPU를 설계하는 것은 현재의 CMOS 반도체 기반 스위치를 이용해서도 설계가 어려운데, 양자 역학에 기반한 스위치로 이런 복잡한 회로를 설계하기에는 난이도가 높아 전 세계적으로 이런 연구를 하는 그룹이 거의 없는 실정이다. 우선 현재의 학생들에게 이런 초저온 반도체 기반의 컴퓨터 설계 연구를 하는 것을 추천하고 싶다. 또한 냉각기술 관련하여 CPU, GPU, 메모리 등 반도체 영역별로 최적의 온도를 유지시켜 주는 냉각 컴퓨터 서버를 만드는 것도 매우 어려운 문제이므로 그런 연구 수행을 추천한다. 또한 초전도 반도체 기반의 양자컴퓨터 제어 시스템 개발도 높은 연구 난이도에 불구하고 매우 유망한 연구이다.

이처럼 도전적인 연구는 한 명의 연구자, 단일 연구실에서 해결할 수 있는 것이 아니다. 근본적인 연구를 성공시키려면 각기 다른 분야의 연구자, 연구 그룹이 힘을 합쳐야 한다. 지금 드는 생각으로는 다양한 전공의 학부생들이 일찍부터 같은 목표를 갖고 자신의 분야를 공부하고, 학부를 졸업한 후 각자 해당 분야 대학원 연구실에 진학하여 박사급 전문가가 되어 가는 과정에서 각자의 전문성을 융합하는 연구를 하는 방식이 유망할 것 같다. 이렇게 조기부터 적극적으로 융합연구를 시행하는 방식은 전 세계 어디에서도 시행되지 않았다. 반도체의 패러다임을 전환시키려는 엄청난 파급력의 연구를 성공시키려면 지금부터라도 이런 파격적인 방법으로 장기간 밀접 융합 연구를 시행해 보면 좋을 것 같다.

├   사명감과 책임감을 떠나, 현실적인 문제에 부딪혔을 때 어떻게
    동기부여를 해야 하는가?

김장우 교수   연구자에 따라 중점을 두는 것이 다르겠지만, 개인
적으로 연구자는 어떤 역경도 극복할 수 있는 강한 동기를 유지
하며 연구를 수행하는 것이 매우 중요하고 생각한다. 우리 연구
실 학생들은 자신이 연구하는 문제가 세계에서 가장 멋진 문제
라는 확신을 바탕으로, 같은 비전을 가진 동료들과 밀접하게 협
력하고 있기에 무조건 성공한다는 확신이 있다. 모든 것이 계획
대로 된다면 명문대 교수로 임용될 것이라는 믿음이 있고, 그렇
게 되지 못하더라도 연구를 통해 세계 최고의 컴퓨터 아키텍트
로서 실력을 갖추어 글로벌 대기업에 좋은 대우로 스카우트된다
는 확신이 있고 실제로 그렇게 된다. 또한 연구실의 우수한 동료
들과 힘을 합쳐 창업하면 세계를 선도하는 기업도 만들 수 있다
는 믿음이 있기 때문에 어떤 문제가 발생하더라도 극복해낸다.
이런 확신과 자신감은 모두가 인정하는 객관적인 실력과 성과에
서만 비롯될 수 있으므로, 실력을 쌓기 위해 다들 열심히 일하고
있다. 요약하면 연구자로서 이루고자 하는 높은 목표와 그걸 이
룰 수 있다는 확신이 있다면, 그걸 이루기 위한 동기부여와 그에
따른 부단한 노력은 자연스럽게 수반된다고 생각한다.

김상범 교수   8년 전쯤 IBM에 근무할 때 같이 일하던 상사가 "이
제 반도체 소자 공장은 신발 공장이 될 거야!"라는 말을 자주 했
다. 무어의 법칙이 끝나면 설비 투자해서 똑같은 것만 찍어 낼

것이라는 전망이었다. 그러나 그 이후에도 반도체뿐 아니라 인공지능이나 유전자 가위 등 기술혁신은 계속 일어났으며 사회에 미치는 영향력이 예전보다 더 커지고 있다. '사람이 사고사를 안당하고 영원히 살면 어떻게 되나', '사람보다 더 똑똑한 존재가 나오면 어떻게 되는가', '우리가 무한한 에너지를 갖게 되면 어떻게 될 것인가' 같이 인간에 대한 근본적인 고찰이 필요한 기술들이 나오고 있는 정도다. 이런 혁신의 무한한 가능성을 생각해 볼때, 인간 사회에 근본적인 여러 변화를 일으키는 일에 기여할 수 있다는 점에서 재미와 흥미를 느낄 수 있다면 그것 역시 하나의 동기가 될 수 있다고 생각한다.

ㅏ   난제와 관련하여 개인적으로 겪었던 좌절이나 극복 사례를 소개해 줄 수 있는가?

김장우 교수   원래 사람이 높은 목표를 가지면 그걸 달성해야 하니까 그만큼 힘들다. 목표를 이루기 위해 치열한 경쟁에 뛰어들었다가 실패할 때도 당연히 있다. 연구 과정은 수많은 좌절의 연속이기에 실패했을 때 빨리 회복하고 다시 달려 나가는 자세가 정말 중요하다. 또 목표를 향해 달리는 과정에서 주변 동료와 함께 나아가야 한다. 우리 분야는 최고의 학술대회에 논문을 발표하는 것이 가장 우수한 연구 성과인데, 그런 학회에 논문을 게재하기 위해서는 수많은 글로벌 명문대와 기업 소속 연구자들과의 치열한 경쟁을 거쳐 이겨야 한다. 이런 경쟁에서 이기려면 우수

한 연구자들이 힘을 합쳐 경쟁 그룹보다 더욱 멋진 연구를 해야
한다. 그런데 논문 한 편을 게재할 때 대표 저자 한 명이 실적의
대부분을 가져가게 되므로 우수한 연구자들이 밀접하게 협력하
며 하나의 연구 성과를 도출하기가 현실적으로 매우 어렵다. 그
러므로 모두가 동료를 믿고 자신이 해당 논문의 대표 저자가 아
니더라도 동료의 연구를 도와주는 자세, 그리고 그 동료들이 자
신의 연구를 도와줄 것이라는 끈끈한 신뢰가 있어야 한다. 우리
연구실의 경우 모든 구성원이 신뢰를 바탕으로 서로 밀접히 협
력하며, 우리 분야에서도 가장 도전적인 연구들만 수행해 왔다.
그런 성공 경험들이 쌓여 왔기에 세계적인 연구 성과를 도출하
는 연구 그룹이 될 수 있었다고 생각한다.

김상범 교수　개인적으로 큰 꿈을 꾸기보다는 작은 목표부터 단
계를 밟아가는 스타일이었는데 나의 이런 태도를 바꾼 사람 중
한 명은 IBM에 근무할 때의 상사였다. 그는 외부에서 연구를 재
정적으로 지원해 줄 사람들을 만날 때면 '다 해낼 수 있다', '문제
없다'라는 등 엄청난 약속을 하곤 했다. 하지만 해당 연구를 실
질적으로 수행해야 하는 나는 잠도 못 잘 만큼 스트레스를 많이
받았다. 갖춰진 것도 없이 거의 맨바닥인 상태에서 무작정 하
라고 하니까 엄청나게 좌절하고 힘들었는데, 지나고 보니 나름
대로 좋은 효과도 있었다. 문제를 푸는 와중에 결정적인 도움을
주는 분을 만나거나, 우연히 생각지 못한 길을 발견하기도 했다.
그때 어쩔 수 없이 억지로 수행했던 연구가 지금은 주 전공이 됐
다. 그러면서 깨달은 점 중 하나는 특히 과학기술 분야에서는 모

든 게 갖춰져 있지 않더라도 일단 도전해서 누군가와의 협력을 통해 그 길을 열 줄 알아야 한다는 것이다. 비록 나는 이 사실을 늦게 깨달았지만, 이 이야기를 들은 학생들은 실패를 두려워하지 않고 과감하게 도전하는 방법과 해결책을 찾기 위해 널리 협력하는 방법을 배운다면 큰 도움이 되리라고 생각한다.

현재 상용화되어 있는 배터리는 리튬이온배터리로, 전자제품부터 전기차에 이르기까지 폭넓은 분야에서 활용되고 있다. 그간의 끊임없는 기술 개발과 기초 연구를 바탕으로 성능이 지속적으로 향상되어 왔지만 리튬이온배터리는 본질적으로 에너지밀도와 수명 사이의 상충관계(trade off)를 가지고 있다. 즉, 에너지 밀도를 높이면서도 수명을 유지하려면 기존의 리튬이온배터리 구조와 원리로는 한계가 있을 수밖에 없다. 그렇다면 새로운 가능성을 지닌 차세대 배터리, 궁극의 배터리는 무엇일까. 에너지 밀도가 높으면서 극단적으로 가벼운 소재에 기반하는 배터리를 만들 수 있을까? 또 리튬을 대체할 다른 금속을 주기율표에서 다시 찾을 수 있을까?

3장

차세대 배터리:

한 번 충전에 10,000km, 10년 쓸 수 있는 배터리를 만들 수 있을까?

강기석 서울대학교 재료공학부 교수

수년간 차세대 리튬이차전지와 그 소재를 연구하며 2013년 한국과학기술한림원에서 젊은과학자상, 2017년 미래창조과학부 이달의 과학인상, 2019년 한국공학한림원 젊은공학인상을 수상하였다. 2020년 기존 리튬이온 이차전지 양극 소재의 한계를 벗어난 신개념 '나노복합소재'를 바탕으로 한 고성능 전극과 차세대 이차전지로 꼽히는 리튬공기전지를 위한 고출력 촉매 개발에 성공했다. 글로벌 이차전지 산업을 이끌어 갈 인재로 평가받아 2020년 〈사이언스지〉의 편집위원, 영국 왕립화학회 석학회원(FRSC)으로 활동하고 있으며, 2023년 홍진기 창조인상(과학기술 부문)을 수상하였다.

최장욱 서울대학교 화학생물공학부 교수

이차전지 분야에서 '휘어지는 배터리' 상용화 목적의 신소재를 개발하고 사용 시간 연장을 위한 고용량 전극소재 및 포스트-리튬이차전지 기술을 개발하는 등 배터리 분야를 개척하며 세계적인 석학으로 꼽히고 있다. 피인용 횟수가 상위 1% 안에 드는 고피인용 논문(HCP)을 작업한 공로를 인정받아 2015년 미래창조과학부의 지식창조대상, 젊은과학자상(대통령상), 2019년 유민문화재단 홍진기 창조인상을 받았다. 2017년부터 2023년까지 미국 글로벌 학술정보회사 클래리베이트(Clarivate Analytics)의 '세계에서 가장 영향력 있는 연구자(HCR)'로 연이어 선정되었다. 2021년 현대차-서울대 배터리 공동연구센터의 초대 센터장으로 활동하고 2022년 미 배터리 개발 기업 SES AI의 사외이사로 선임되어 국내외 학계와 산업계를 잇는 가교 역할을 하고 있다.

강기석 교수

배터리의 발전과
차세대 리튬 기반 배터리

기존의 리튬이온배터리가 가진 구조적인 한계를 극복하고, 더 높은 에너지 밀도와 긴 수명을 지닌 배터리를 개발하려면 배터리의 기본 설계 구조와 소재에서 획기적인 혁신이 일어나야 한다. 기존의 배터리 메커니즘과 개발 과정을 살펴보고, 10,000km 혹은 10년을 갈 수 있는 궁극의 배터리에 대한 가능성을 들여다보려고 한다. 리튬 기반 배터리 성능의 극한은 어디이며, 그 단계에 도달하기 위해서 우리는 어떤 난제를 풀어야 할까.

배터리 산업 동향과 미래 전망

최근 배터리에 대해서 더욱 적극적인 논의가 이루어지고 있다. 여러 다양한 이유가 있지만, 대표적인 이유는 전 세계적인

탈(脫)탄소 트렌드 때문이다. 세계 탄소중립 협약에 따라 우리나라는 2018년 기준으로 2030년까지 탄소 배출의 40%를 감소해야 하고 2050년에는 완전한 탄소중립을 실천해야 한다. 이를 위해서는 각 산업 분야마다 탄소를 줄이기 위한 노력을 해야 하는데, 탄소를 배출하는 여러 산업 중에서도 가장 큰 비중을 차지하는 분야는 바로 운송(transportation)이다. 즉, 기존에 쓰이는 내연기관 기반의 엔진을 전기차로 전환하는 것이 가장 급선무라고 할 수 있다.

배터리의 전 세계 생산 총량이 현재 1테라와트(1조 와트) 정도로 알려져 있는데, 2050년이 되면 50~60테라와트로 수십 배까지 늘어날 것으로 보인다. 지금보다 이차전지 공장이 50배, 60배 더 많아져야 한다는 뜻이다. 이를 계산해 보면 향후 10년에서 15년 동안 이차전지 산업은 연평균 20% 가량 성장할 것으로 보인다. 제조 산업 중에서 이처럼 향후 10여 년의 성장이 보장된 산업은 이차전지 외에는 없다고 봐야 한다.

다행히 우리나라는 배터리 산업에서 앞서 있는 편이다. 전기차 이전에 이미 휴대전화 시장을 기반으로 성장하여, 국내 배터리 기업의 이차전지 시장 점유율은 최고 45.4%로 매우 높았다. 전기차에 들어가는 이차전지 기술이 휴대전화에 들어가는 이차전지 기술과 상당히 유사하기 때문이다. 지금은 추세가 좀 달라졌지만 10년 전까지만 해도 소형 이차전지는 우리나라가 세계 최고였다. 앞으로는 태양광, 풍력 등과 관련된 대용량 신재생 에너지를 효율적으로 전력망에 넣으려면 전력저장장치(EES, Energy Storage System)가 필요한데, 전력저장장치의 핵심도 역시 배터리다.

이차전지 산업은 반도체 산업의 성장과 연결해 바라보는 경우가 많다. 과거 우리나라가 반도체 산업을 기반으로 빠르게 성장했듯, 이차전지가 제2의 반도체 역할을 할 가능성을 가지고 있기 때문이다. 우리가 선진국 문턱에 들어가게 된 데는 많은 요소가 있겠지만 반도체 산업에서의 낙수 효과나 1, 2차 협력기업들의 생태계가 우리나라에 있었다는 점을 빼놓을 수 없다. 그런데 2025년에는 이차전지 시장이 메모리 반도체 시장의 크기를 추월하게 될 것으로 예상한다. 만약 우리가 이차전지에서도 반도체처럼 산업적이고 기술적인 선도자의 위치를 선점할 수 있다면 명실상부한 산업 선진국으로 자리매김하는 좋은 기회가 될 것이다.

현재 전기차 산업의 한계

전기차에 사용되는 이차전지 기술이 성장하기 위해 현재 해결해야 하는 문제점은 무엇일까. 첫째는 수명이다. 보통 휴대전화는 2~3년에 한 번씩 바꾸기 때문에 배터리 수명에 크게 신경을 쓰지 않지만, 전기자동차 배터리는 오래 쓸 수 있어야 한다. 그뿐만 아니라 용량, 즉 '한 번 충전할 때 얼마나 사용할 수 있는지'도 상당히 중요한 요인이다. 현재 내연기관차에 휘발유를 가득 채웠을 때의 주행 거리가 보통 700~800km 정도인데, 아직까지 전기차의 최대 주행 거리는 그보다 짧다.

둘째는 안전성을 들 수 있다. 실제로 전기차에 화재가 발생해 문제가 된 사례도 있었는데, 만약 야외가 아니라 터널이나 지하 주차장에서 전기차에 들어 있는 리튬이온배터리에 불이 나면 불을 끌 방법이 없어서 더욱 위험하다. 리튬은 물이 닿으면 더 큰 폭발이 일어나기 때문이다.

셋째, 비용적인 측면에서 동급의 내연기관차와 비교했을 때 보조금을 받는 것을 감안해도 전기차가 더 비싸다는 점도 문제다. 배터리가 일부 들어간 플러그인이나 하이브리드 차도 가격 경쟁력에서는 갈 길이 멀다.

애초에 전기차가 비싼 이유는 무엇일까? 전기차에 들어가는 배터리의 구조를 보면, 전기차의 외형 디자인에 따라 모양은 조금씩 다르지만 대체로 팩(pack)으로 이루어져 있다. 그 안에는 각각의 모듈이 있고 모듈은 하나하나의 셀로 구성된다. 우리 몸을 구성하고 있는 세포 분자를 셀(cell)이라고 하듯이, 배터리도 기본적인 기능을 할 수 있는 최소의 유닛(unit)을 셀이라고 하고 그 셀들이 모여서 팩을 이루는 것이다.

배터리 전체 비용에서 셀이 차지하는 비중이 75%가 넘는다. 그리고 셀을 구성하는 요소 중에서 비용의 반 이상이 양극(cathode)이 차지하고, 제조, 음극 순으로 비용을 차지한다. 즉, 배터리의 비용 구조에서 가장 중요한 것은 결국 양극재라는 뜻이다. 반도체는 소재가 아니라 장비와 공정에 비용이 많이 들어가는 반면, 이차전지는 그 안의 소재를 만드는 데 비용 대부분이 들어간다. 소재에서 가격을 결정하는 중요한 요인은 그 안에 들어 있는 코발트 같은 구성 원소다. 그래서 배터리의 가격은 철강 산업과 비슷하게, 이 재료들을 어떻게 잘 구성해서 비용을 낮추는가가 핵심이 된다.

배터리가 싸고, 가볍고, 작아야 자동차의 빈 공간에 배터리를 채웠을 때 큰 에너지를 바탕으로 긴 거리를 갈 수 있다. 현재 배터리가 비싸고 무거운 이유는 전이금속으로 구성된 대표적인 양극 소재가 리튬코발트산화물(Lithium Cobalt Oxide)이기 때문이다. 그리고 그중 가장 무거운 원소는 코발트라는 전이금속이다. 전이금속은 무거워서 단위 무게당 에너지 밀도를 올리는 데 한계가 있다. 결국 코발트가 무겁기 때문에 소재가 무겁고, 소재가 무거우니까 배터리가 무거워지고, 배터리가 무거워서 한 번에 10,000km와 같은 긴 거리를 갈 수가 없는 것이다.

코발트와 같은 전이금속은 쉽게 말해서 전자가 들어왔다 나갈 수 있도록 산화수(oxidation state)를 쉽게 바꿀 수 있는 능력을 갖춘 원소다. 휴대전화를 샀을 때 처음에는 한 번만 충전해도 종일 사용할 수 있지만 1~2년이 지나면 반나절도 지나지 않아 방전되어 버리는 경험을 하게 된다. 이 현상이 발생하는 이유는 한 번 충전할 때마다 충전 용량이 줄어들기 때문인데 이 줄어드는 정도가 배터리의 수명을 결정한다. 마찬가지로 처음에는 10,000km를 갈 수 있는 배터리라고 해도 몇 년 후에 충전했을 때는 그만한 능력을 내지 못하게 된다. 여기에서 한 번 충전했을 때의 사용량은 수명보다는 용량과 관계가 있다. 즉 '한 번 충전했을 때 낼 수 있는 에너지의 총량'과 '그 에너지를 몇 번에 걸쳐서 낼 수 있느냐'는 다른 이야기지만, 서로 깊은 상관관계가 있다.

배터리의 원리

배터리는 어떤 기기 내에서 화학 반응을 통해 전기를 끄집어내는 것이다. 이를테면 A와 B라는 소재가 있다고 하자. A와 B가 반응해서 AB라는 새로운 복합물을 만드는 과정에서 빛이나 열과 같은 화학에너지가 나온다. 좀 더 구체적으로 살펴보면, A와 B가 고체일 경우, 둘을 접촉시키면 그 안에서 A 이온(A+)과 전자(e-), 그리고 B의 이온(B+)과 전자(e-)가 오가면서 중간의 인터페이스에 AB를 만들어 화학 반응을 만들어 내는 것이다.

배터리는 이 화학 반응 도중에 돌아다니는 전자들을 빼내어 에너지로 사용하는 원리로 작동한다. 이를 위해 A와 B 사이에 전자가 안 통하는 부도체이면서 A+ 이온은 통과하는 소재를 넣는다. 그러면 원래는 A의 이온과 전자, B의 이온과 전자가 오가야 하는데 A+만 통과하고 B+는 통과할 수 없어서 반응하지 못하고 멈춰 버린다.

이때 전자가 통하는 도선을 바깥에 놓아주면, A의 전자(e-)는 바깥의 도선을 통해 움직이고 A의 이온(A+)은 원래대로 내부에서 움직여 두 가지가 모두 온전히 B 쪽으로 오게 된다. 결국 중간에는 똑같이 AB가 생겼지만, 새로운 전자의 흐름이 만들어진 것이다. 그러면 여기에서 전자만 빼내어 배터리를 만들 수가 있다. 즉 배터리는 전자를 이용해 만드는 것이고, 모든 배터리는 A와 B와 이온 통과막만 있으면 된다. 배터리를 구성하는 A는 음극, B는 양극, 그리고 이온이 돌아다닐 수 있는 물질을 전해질이라고 한다.

일차전지와 이차전지를 구분하는 기준은 간단하다. 일차전지는 한 번 쓰면 충전하지 못하고 버리는 것이다. 그런데 특정한 AB를 만드는 반응 중에 역전압을 걸어 주면, 다시 A와 B로 분리되는 화학 반응이 일어나는 경우가 있다. 이 반응을 이용하면 원래 상태가 되었다가 또 역반응을 하는 등, 상태를 계속 바꿀 수 있다. 이렇게 충전과 방전을 할 수 있는 화학 반응에 기반한 배터리를 이차전지라고 한다.

이차전지 개발의 역사

이차전지 개발의 역사를 살펴보면 결국 화학 반응을 일으킬 수 있는 음극과 양극, 그리고 전해질을 찾아내어 조합하는 과정이라고 할 수 있다. 1800년에는 아연(Zn), 구리(Cu), 그리고 황산 용액(H_2SO_4)을 이용한 최초의 배터리가 탄생했고, 어떤 가벼운 소재를 조합하여 반응 에너지 밀도를 올릴지 연구 소재에 따라 다양한 종류의 배터리가 등장했다. 그중에서도 역반응이 가능해 충전할 수 있는 이차전지의 발전 과정을 보면 납축배터리(Lead-acid battery), 니켈-카드뮴배터리(Ni-Cd battery), 니켈수소배터리(Nickel-metal hydride battery), 리튬이온배터리(Li-ion battery) 등이 있었다.

그렇다면 현재 배터리에 쓰이고 있는 리튬이차전지는 어떻게 발명되었을까. 간단하게 생각하면 결국 음극과 양극을 반응시켰을 때 가장 반응 에너지가 큰 것, 그러면서도 전자가 쉽게 오고 갈 수 있는 성질을 가지고 있으면서 가벼운 것을 찾는 과정에서 탄생했다. 1970년대에 배터리를 처음 고안할 당시, 상대적으로 원자가 가벼운 리튬을 이용하여 개발되었다. 당시 리튬과 리튬에 반응하는 소재를 이용해 배터리를 만들었는데, 화학 반응이 잘 일어나는 재료는 그만큼 역반응을 일으키기 어렵다는 문제가 있었다. 이 문제를 풀기 위해 AB라는 화학 반응 결과물이 원래의 A나 B와 아주 비슷한 결정 구조로 되어 있다면 역반응이 쉽게 일어나지 않을 수 있다는 생각을 하게 되었고, 이를 통해 찾은 재료가 바로 이황화티타늄(TiS)이였다.

황(S)이 하나의 층을 이루도록 하고, 그 층 사이에 타이타늄(Ti)이 들어가면서 결정 구조를 이룬다. 그리고 AB로 합쳐지면 리튬이황화티타늄($LiTiS_2$)가 되는데, 이전 상태와 똑같지만 그 사이사이에 리튬이 들어간 상태다. 즉 원래 반응물에는 리튬이 없지만 결과적으로 나온 생성물은 중간중간에 리튬이 박혀 있는데, 반응 이전과 굉장히 비슷한 구조를 가지게 되는 것이다. 이것을 방전하고 다시 역전압을 넣으면 리튬이 빠지면서 원래 상태로 돌아간다. 이처럼 반응물과 결정물이 비슷한 구조일 때 쉽게 반응이 일어나는 것을 인터칼레이션(intercalation)이라고 한다. 이런 방식을 통해서 전지를 수백 번, 수천 번 사용할 수 있다는 사실을 발견하면서 리튬이차전지가 탄생했다.

그런데 이 기술이 상용화되기 시작하면서 또 다른 문제가 발생하기 시작했다. 이황화티타늄에 리튬이 들어갔다 나왔다 하는 과정이 바로 충전과 방전인데, 이것을 수백 번 반복하다 보니 반대쪽 전극으로 쓰이는 리튬 전극에서 리튬이 쌓이는 곳에

만 계속 쌓이는 현상이 나타나는 것이다. 리튬이 실타래처럼 자라고 운이 나빠서 양극에까지 자라게 되면 합선, 즉 쇼트(short)가 발생하게 된다. 원래는 전자가 외부 도선으로만 흘러야 하는데, 쇼트가 나면 이 부분을 중심으로 엄청난 열이 발생하면서 배터리가 터진다. 그래서 일본의 소니(Sony)를 비롯한 여러 기업들이 리튬을 대체할 수 있으면서도 이황화티타늄과 비슷한 역할을 할 수 있는 흑연(Graphite)이라는 재료를 반대쪽 전극에 사용하는 시도를 했다. 흑연도 이황화티타늄처럼 여러 층이 쌓인 구조로 되어 있어 비슷한 원리를 이용할 수 있기 때문이다. 그런데 흑연에는 리튬이 없어서 반응을 시킬 수가 없다. 이때 전기차 배터리의 선구자라고 불리는 존 굿이너프(John B. Goodenough) 교수가 개발한 소재가 바로 리튬코발트산화물이었다. 이황화티타늄과 같은 결정 구조인 데다 리튬이 들어 있어서 리튬이 없는 흑연과 리튬이 있는 리튬코발트산화물를 짝을 지으면 리튬이 양쪽을 오갈 수 있게 되는 것이다. 이것이 바로 우리가 사용하고 있는 리튬이온배터리다.

이러한 이차전지의 원리는 1976년에 〈사이언스(Science)〉에 처음 발표되었고, 리튬이온배터리 개발에 중요한 역할을 한 존 굿이너프, 스탠리 위팅엄(M. Stanley Whittingham), 요시노 아키라(Akira Yoshino) 교수는 2019년에 노벨화학상을 받았다.

궁극의 리튬전지 소재, 리튬메탈

앞으로 우리가 만들고 싶은 배터리는 한 번 충전해서 10,000km를 갈 수 있고, 또 10년을 사용할 수 있는 궁극의 배터리다. 보통 3년 정도 사용하면 충전과 방전이 500회 정도 이루어진다고 보기 때문에 10년을 쓰려면 1,500회 이상의 충전 방전이 가능해야 한다. 또 배터리가 작고 가벼워야 하고, 비용 또한 낮아져야 한다.

앞서 언급했듯이 배터리가 무거워지는 가장 큰 요인은 코발트 때문이다. 그렇다면 제일 먼저 생각해 볼 수 있는 방안은 코발트의 역할을 할 수 있으면서도 더 저렴하고 가벼운 원소를 찾는 것이다. 그래서 이미 코발트 대신 니켈과 망간을 섞은 NCM(Nickel-Cobalt-Manganese cathode material)이 개발되어 쓰이고 있다. 여기에서도 니켈의 비중을 크게 올린 하이니켈 소재 등이 나오고 있다. 현재 니켈의 비중을 95%까지 올렸고, 한 번 충전에 550km까지 갈 수 있는 수준으로 상용화되어 있다. 그런데 10,000km까지 가는 배터리를 만들기 위해서 아예 코발트를 빼고 무게를 더욱 줄일 수는 없을까? 무겁고 비싼 코발트를 사용하지 않을 수 있다면 가격도 훨씬 저렴해진다는 이점도 있다. 이러한 아이디어에서 등장한 것이 차세대 이차전지로서의 리튬산소(공기)배터리다. 그 핵심 개념은 기존의 이차전지 반응식에서 코발트를 뺐을 때 리튬 옥사이드(LiO_2)가 만들어진다는 점에 착안한 것이다. 즉, 공기 중에 있는 산소를 양극에 있는 리튬과 반응시키면 되는 것이다.

현재 리튬이온배터리의 이론적인 에너지 밀도는 560Wh/kg 정도다. 참고로 국가 핵심 기술로 리튬이온배터리기술을 보호하고 있는데, 이때의 수준은 265Wh/kg이고, 다음 수준의 목표로 제시된 것이 280Wh/kg이다. 그런데 전이금속을 빼고 최적의 조건을 갖추었다고 가정한다면 이론적으로 5,200Wh/kg까지도 구현할 수 있다. 이론적으로 구현할 수 있는 에너지 밀도의 거의 10배 수준이다. 지금의 기술로서는 최대한의 이상적인 조건을 맞춘다고 가정했을 때 전기차가 1,000km 정도 갈 수 있는데, 10배 수준을 달성한다면 10,000km도 가능할 수 있다는 이야기가 된다. 또 음극에서 흑연을 리튬메탈로 바꾸는 데서 오는 이점도 있다. 흑연의 이론적 용량 한계는 g당 372mAh인데 리튬을 넣으면 10배가 된다. 세제곱센티미터(cm^3)당 용량 역시 흑연은 600mAh인데 리튬은 2,000mAh다. 즉 가볍고 작으면서도 훨씬 더 높은 전압을 만들 수 있다. 결론적으로 리튬공기배터리는 차세대 리튬배터리 중 가장 가벼우면서도 높은 에너지 밀도를 낼 수 있을 것으로 보이는 궁극의 전지 소재다.

산소와 리튬을 이용한 차세대 배터리의 한계

산소와 리튬메탈을 이용한 전지는 에너지를 극한까지 고도화시킬 수 있다는 가능성을 가지고 있지만, 실제로 이 기술을 사용하기까지는 앞으로 풀어야 하는 여러 난제들이 있다.

1) 충전과 방전의 어려움(reaction mechanism)

원래 충전과 방전은 결정 구조가 비슷할 때 인터컬레이션 과정을 통해 이루어지게 되는데, 산소가 리튬 옥사이드가 되었다가 원래대로 다시 돌아가는 것은 완전히 다른 구조이다 보니 충전과 방전이 너무 어렵다는 문제가 있다. 처음 충전할 때는 엄청나게 높은 용량을 갖지만, 그 후에 충전할 수 있는 방식이 별로 없다. 아직까지는 완전 충전으로 10회 사용 정도는 가능하지만 목표하는 바를 이루기까지 앞으로 해결해야 하는 많은 난제가 놓여 있다.

2) 불필요한 부산물(side-reaction)

산소가 전자를 받아서 리튬과 반응하는 과정에서 활성화되고, 배터리의 여러 구성 부품들과 반응해 결국 불필요한 부산물들이 생기는 문제가 있다. 다음 충전할 때는 이러한 부산물이 없어야 하는데, 이 문제에 대해 아직 뚜렷한 해법이 없는 상태다.

3) 과전압의 발생(high over-potential)

일단 충전은 가능하지만, 충전할 때 전압이 엄청나게 많이 필요하다. 비슷한 구조에서는 간단하게 원래 상태로 돌아갈 수 있는데, 그렇지 않다 보니 그만큼 과전압이 걸리게 된다. 즉 배터리에서 얻는 에너지가 '1'이라면 충전할 때 필요한 에너지는 '2'가 되기 때문에 비효율적이라는 문제가 있다.

4) 리튬메탈의 문제(lithium metal as anode)

산소를 쓰는 데도 어려움이 있지만, 리튬메탈 역시 불균일하게 쌓이며 뾰족한 바늘 모양으로 실타래처럼 자라게 되는 침상(針狀) 성장이라는 중요한 문제가 있다. 또한 리튬메탈은 반응성이 높다는 장점도 있지만, 배터리 안에 들어 있을 때는 그 에너지가 다른 배터리의 부품과 추가적인 반응이 일어나게 된다. 따라서 배터리를 하루만 가만히 놔둬도 리튬이 혼자 반응하면서 용량이 줄어드는 현상이 나타날 수 있다.

리튬 배터리 활용을 위한 연구 사례

배터리 발전의 역사는 결국 궁극의 음극과 양극을 찾아가는 과정이다. 그리고 리튬 배터리에서 궁극의 음극은 리튬, 궁극의 양극은 산소가 될 수 있지만 현실적으로 쓰이기에는 여러 문제들이 해결되지 않았다. 앞으로 어떻게 산소 양극과 리튬 음극을 이용해서 충전 방전이 가능한 배터리를 만들 수 있을까? 이를 위해 현재까지 진행되고 있는 몇 가지 연구 사례를 살펴볼 필요가 있다.

1) 리튬메탈 음극 인공 보호층 연구

리튬메탈만 해도 현재 쓰고 있는 양극을 그대로 쓰면서 성능을 향상시켜 상용화할 수 있기 때문에, 리튬메탈 분야는 이미 연구가 상당히 진보되어 있다. 리튬메탈에서 가장 해결하기 어려운 문제인 침상 성장 현상이 발생하는 이유는 역전압을 걸었을 때 리튬이 돌출된 채 쌓이면, 그다음에 오는 리튬이 그쪽으로 집중되는 성질이 있기 때문이다. 돌출되어 쌓이기 시작한 부분에 정전기(electrostatic)장의 집중 현상이 생기는 문제를 막기 위해 정전기적 보호 기작(electrostatic shielding) 등을 이용하면 필드를 어느 정도 균질화(homogenization)시킬 수 있다.

2) 리튬메탈 증·탈착 거동 개선 연구

리튬메탈에 침상이 생기기 시작했다고 해도, 시간을 두고 편평하게 확산될 수 있다면 큰 문제가 생기지 않을 수 있다. 그러나 리튬은 스스로 펼쳐지는 셀프 리튬 디퓨전(diffusion)이 느리다. 이 펼쳐지는 디퓨전 속도를 높이기 위해서 리튬메탈 내에 두 종류의 원소를 넣어 빠르게 균일화가 이루어지게 하는 방법에 대해서도 많은 연구가 이루어지고 있다.

3) 리튬이 풍부한 층상 산화물의 격자 구조 산소 산화 환원
　　연구(Lattice oxygen redox in lithium-rich layered oxides)

궁극적으로 전이금속 대신에 산소를 써야 하겠지만, 그 중간 단계 정도의 절충안으로 리튬코발트산화물와 비슷한 구조의 층상 구조(structures of layered)에 코발트 대신 리튬을 과잉으로 넣는 방법도 연구되고 있다. 이렇게 하면 리튬이 빠져나갈 때 이웃한 산소가 공기 중의 산소와 거의 유사하게 반응하여 충전·방전할 수 있다는 사실이 발견됐다. 이 구조에서는 산소가 이미 격자에 박혀 있는 형태이므로 공기 중의 산소가 필요하지 않고, 산소 탱

크를 따로 들고 다닐 필요도 없을 뿐 아니라 에너지 밀도도 높일 수 있는 장점이 있다.

물론 여기에도 풀어야 하는 문제가 많다. 간단히 살펴보면 산소를 격자 구조에 박아 놓았을 때 산소가 이탈하면서 원래의 결정 구조를 자꾸 잃게 되는 문제가 있다. 그러면서 옆에 있는 전이금속을 건드려 재료가 망가져 에너지 밀도가 점점 떨어지는 현상이 발생한다. 그래서 산소를 탱크가 아니라 격자 내에 주입했을 때 이를 어떻게 그 안에서 효율적으로 작동하게 할 것인지에 대한 문제가 해결되어야 산소를 보다 본격적으로 활용할 수 있을 것이다.

앞으로 전기자동차와 에너지 저장 시스템의 획기적 발전을 위해서는 안전성, 경제성, 고용량 및 긴 수명이라는 이점을 고루 갖춘 새로운 배터리기술의 패러다임이 필요하다. 기존의 연구 사례 외에도 또 다른 어떤 방법으로 리튬과 산소를 이용하여 궁극의 배터리를 만들 수 있을지, 후세대에서도 다방면에서의 고민과 연구가 이루어지길 기대한다.

최장욱 교수

다가 이온 기반의 차세대 배터리

혁신적인 배터리를 만들기 위해서는 새로운 소재의 화학적 구조, 전기화학적 특성, 그리고 물리적 성질을 이해하고 최적화해야 한다. 또한 구조의 안정성과 경제성을 동시에 향상시켜야 하는 것이 차세대 배터리 패러다임 전환의 핵심이다. 리튬공기 배터리 외에도 그러한 차세대 이차전지로 주목받는 배터리 방식 중 하나가 바로 다가 이온 배터리다.

배터리의 정의

배터리는 셀 내부의 소재가 가지고 있는 화학적 에너지를 셀 외부의 전기에너지로 바꾸어 주는 장치다. 셀 내부의 화학에너지를 구성하는 부분에서는 이온($Li+$)이 중심적인 역할을 하고,

셀 외부의 전기에너지를 이용하기 위해서는 전자(e-)의 흐름을 만들어 내야 한다. 셀 안에서 전하를 이동시키는 캐리어 이온은 주로 양전하이고, 셀 밖에서 전기에너지를 이동시키는 전하는 음전하가 된다. 이때 이온과 전자 간의 전하 균형이 반드시 이루어지는 것이 중요하다.

이차전지는 배터리 셀 내부의 화학에너지와 셀 외부의 전기에너지가 서로 변환되는 과정을 반복하며 구동한다. 화학에너지의 관점에서 보면 양극과 음극 물질 내의 화학 결합 속에 보존되어 있는 에너지가 여러 화학 반응을 통해 외부로 방출 혹은 내부로 흡수된다는 것이 핵심이다. 모든 화학 반응에서는 반응물과 생성물 사이에 에너지 차이가 존재하는데, 이 에너지는 깁스자유에너지(Gibbs Free Energy)로 기술된다. 화학 반응의 기본이 되는 깁스자유에너지가 어떻게 전압으로 변환될 수 있는지를 나타내는 관계식이 네른스트식($\Delta G = -nFE$)이다. 네른스트식을 통해 정해진 화학 반응으로부터 생성된 화학에너지가 전기에너지로 변환될 때 얼마만큼의 전압을 구현할 수 있는지 알 수 있는 것이다.

다시 말해 내가 어떤 소재를 정해 그 화학 반응을 정의하면, 이를 통해 도출할 수 있는 이론적인 전압의 값을 알 수 있다는 뜻이다. 그래서 배터리를 구성하는 데 있어 소재가 가장 중요한 역할을 할 수밖에 없다. 소재에 따라 배터리 내부 시스템의 화학 반응이 정의되면 실제 외부에서 쓸 수 있는 전압값을 어느 정도 알게 된다. 이를 바탕으로 공학적인 기술을 통해 생산한 배터리를 소비자들이 사용할 수 있는 것이다. 이때 궁극적으로 에너지 밀도가 높아야 전기차의 주행 거리를 늘릴 수 있다.

이상적인 배터리의 화학 반응과 한계

보통 특정 소재의 반응에너지 준위를 일함수(work function)로 이야기하는데, 이는 주어진 고체에 존재하는 한 개의 전자를 진공상태까지 빼내는 데 필요한 에너지로 이해할 수 있다. 일반적으로 자발적인 반응에서 음극의 경우에는 전자를 잃는 것을 선호하고, 양극은 전자를 받는 것을 선호한다. 배터리 내부에 존재하는 양극과 음극 사이에 부도체가 놓일 경우, 양극과 음극 사이의 전자 이동이 불가능하므로 외부 도선을 구성하여 전자가 흐를 수 있는 길을 만들어 전기에너지를 운반할 수 있다. 이를 종합하여 이차전지의 관점에서 보면 어떤 배터리든 오른쪽 그림과 같은 모습을 하고 있게 된다.

이때 가장 이상적인 배터리는 양극과 음극에서 주어진 무게나 부피 안에 전하를 많이 저장할 수 있어야 하며, 양쪽을 오가는 이온의 움직임이 오랫동안 반복될 수 있어야 한다. 배터리가 오래 가려면 리튬이온이 양극과 음극을 무한 반복하며 오가야 하는데, 일반적으로 벌크의 전해액에서 전압이 걸린 필드를 따라 이동하는 것은 안정적이지만 계면(interface)에서는 문제가 생길 수 있다. 그래서 이상적인 배터리에서는 계면에서의 계면층이 존재하지 않거나 안정한 계면을 형성하는 것이다.

계면은 왜 존재하는 것일까. 어떤 전해액과 전극이 서로 독립적으로 존재하면 계면이 생길 필요가 없지만 반도체에서 P형 반도체와 N형 반도체가 접하면 접합면이 생기듯, 이차전지의 기본 구조상 전극과 전해액이 전자를 주고받으면 어쩔 수 없이 계

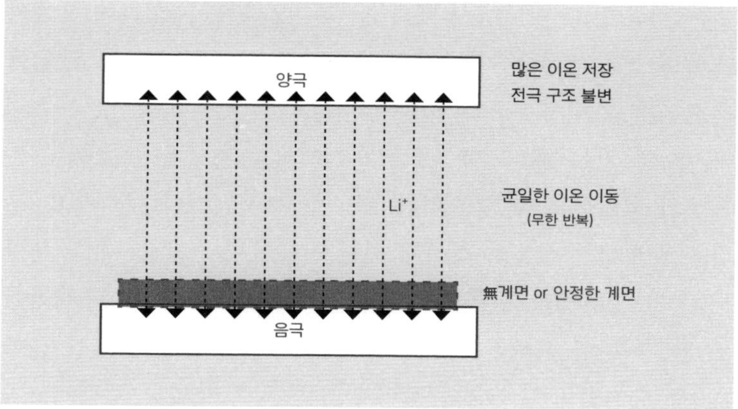
양극
많은 이온 저장
전극 구조 불변
Li⁺
균일한 이온 이동
(무한 반복)
無계면 or 안정한 계면
음극

▶ 이상적인 배터리 구조

면이 생긴다. 물론 계면이 생기는 것 자체가 꼭 나쁜 것은 아니다. 오히려 계면이 안정적으로 생기면 그 자체가 전극을 보호하는 역할을 하여 유용하게 작용할 수도 있다. 리튬이온배터리가 지금처럼 성공할 수 있었던 이유는 여러 가지가 있지만, 무엇보다 계면을 안정화할 수 있는 각 전극에 알맞은 전해액 구성을 찾았기 때문이다. 이와 같은 맥락에서, 실제로 계면을 더 안정화하기 위해 전해액에 여러 첨가제를 투입하기도 한다.

리튬이온배터리의 구성을 살펴보면 가장 대표적으로 흑연 음극이 있고, 리튬이온이 녹아 있는 용매(전해액)가 있다. 전압이 주어진 상황에서 흑연 음극과 맞닿아 있는 용매들은 분해가 되어 계면층을 구성하고, 그 층이 안정적으로 전극을 보호해 주는 역할을 한다. 즉 유기 용매가 분해되어 어떤 층을 이룬다면 그 자체는 결정 구조가 없는 비정질의 층이 된다. 해당 층을 리튬이온은 지나갈 수 있지만 용매와 전자는 통과할 수 없기에 용매와 흑연 음극의 접촉을 막아 더 이상의 용매 분해를 방지하고, 궁극적으로 보호 기능을 하게 되는 것이다.

오래 가는 배터리를 만들기 위해서는 전극을 보호해 주는 계면의 역할이 아주 중요하다. 중간에 부서지거나 벗겨지고, 부반응에 의한 부산물이 쌓이게 되면 리튬이온이 안정적으로 운반되는 것을 방해할 수 있다. 배터리를 오래 쓰려면 처음 시작한 소재에 기반한 전하들을 계속 유지할 수 있어야 한다. 예를 들어 100을 충전했는데 99.8만 돌아오는 식으로 불안정 계면에서의 전하 손실이 반복적으로 일어나면 배터리 수명이 짧아진다.

이차전지를 연구할 때 부딪히는 어려운 문제 중 하나는 SEI(Solid Electrolyte Interphase)라고 부르는 계면층 성분을 실시간으로 분석하기 힘들다는 점이다. 그 성분 자체는 파악할 수 있지만, 그 성분들이 어떻게 유기적으로 연결되어 실제 이온이 들어가고 나가는 동안 통일된 형상을 유지할 수 있는지는 명확히 이해하지 못하고 있다. 중간에 배터리 셀을 열어서 소재 계면들을 분석하려고 하면 대기에 노출하는 즉시 원래 가지고 있던 SEI의 물성이 바뀌게 된다. 그래서 본연의 SEI 자체를 이해하는 것이 매우 중요한데도 불구하고 변질되지 않은 SEI 시료 자체를 확보하기가 어렵다.

왜 리튬이온배터리(LIB)인가

기후 변화가 가속화됨에 따라 이차전지의 중요성이 더욱 부각되고 있다. 특히 지속적인 온도 상승의 기저에는 이산화탄소(CO_2)를 배출하는 교통수단이 차지하는 비중이 약 18%에 육박할 정도로 크기 때문에, 에너지를 최소한으로 쓰면서 활용할 수 있는 모빌리티 혁명이 필요한 시점이다. 오래가면서도 저가로 보급이 가능한, 모빌리티 혁명의 핵심이 될 수 있는 이차전지의 수요가 계속해서 늘어나고 있다.

1970년대에 존 굿이너프, 스탠리 위팅엄, 요시노 아키라가 리튬이온배터리에 있어 중요한 발견과 발명을 했는데, 그중 눈에 띄는 리튬이온배터리의 특징이 있다. 이황화티타늄 구조 자체가 안정적이기 때문에 리튬이온이 자유롭게 여러 번 왕래를 반복할 수 있었다는 것이다. 이렇게 리튬이온이 어떠한 결정 구조 안의 채널을 들어왔다 나갔다 하는 기작을 '인터컬레이션 케미스트리(Intercalation Chemistry)'라고 정의한다. 리튬이온은 주기율표상에서 왼편의 가장 상단에 위치하는 만큼 크기가 작고 정전기적인 인력이 작아서 다른 이온 대비 결정 구조 내부를 훨씬 더 자유롭게 이동할 수 있다는 특징이 있다. 그래서 이 과정에서 활물질(active material)의 구조 자체를 안정적으로 유지하는 데에도 더 유용하게 활용될 수 있다.

리튬이온배터리의 한계

리튬이온배터리가 가진 몇 가지 한계점도 있다.

1) 불충분한 에너지 밀도와 발화성

현재 내연기관의 주행 거리가 700~800km 정도인 데 비해 리튬전지의 에너지 밀도는 여전히 아쉬운 상황이다. 또한 지금 사용하는 전해액이 다른 기능을 만족하려다 보니 발화성이 있는 소재로 최적화되어 있다는 점도 문제다. 그래서 에너지가 축적되어 온도가 올라가면 열폭주 현상이 일어나며 발화가 되고, 일단 발화되고 나면 물을 이용해서 불을 끌 수도 없다는 문제점이 사회적으로 제기되고 있다.

에너지 밀도를 향상시키기 위해 리튬이온배터리의 에너지 밀도, 즉 주행 거리를 높이기 위해서는 음극재로 실리콘이나 리튬메탈 등의 소재를 대안적으로 고려하고 있다. 또 양극 부분에서는 기존의 리튬코발트산화물을 전이금속 기반의 삼원계 화합물로 변경하거나 유황 자체를 전극 소재로 쓰는 등 계속해서 새로운 방법을 탐색하고 있다.

2) 내구성

리튬이온배터리는 내구성에도 한계가 있다. 사실 주행 거리를 뜻하는 용량과 오래 쓸 수 있는 성질인 내구성은 상충관계에 있다. 실리콘처럼 유망한 음극재 소재의 경우도 리튬이 많이 저장될 수 있다는 용량적 이점이 있지만, 이것을 다른 관점에서 보면 리튬이 들어오고 나가는 동안 발생하는 부피 차이가 클 수밖에 없음을 의미한다. 결국, 이러한 부피 변화에 의해 기계적으로 마모 현상이 일어나거나 전극 자체가 벗겨지는 등의 내구성 문제가 발생하게 되고, 충전 방전 횟수에 제한이 생기게 되어 수명이 짧아지는 문제가 있다.

또 리튬메탈의 경우에도 표면에 바늘 모양의 돌기가 생기는 방향으로 리튬이 들러붙는 것이 유리하다 보니 계속 한쪽 방향으로 형상이 성장하게 되고, 그 표면에서 전해액과 원치 않는 부반응들이 계속 일어나 계면이 불안정해지고, 궁극적으로 전해액이 고갈되어 수명이 줄어드는 문제가 있다.

3) 원재료의 양

리튬 자체의 매장량과 수급량도 고려해 봐야 한다. 산업이 커지다 보면 원하는 규모의 원재료를 안정적인 가격으로 확보하는 것도 중요하다. 지난 5년간의 리튬 가격을 보면 그 변동 폭이 매우 크다. 사업적인 관점에서는 원재료 가격에 잦은 변동이 있으면 불확실성이 높아지는데, 그런 면에서 리튬 원재료 확보가 여러 국가에서 이슈가 되고 있다. 특히 매장량이 특정한 몇몇 국가에 몰려 있기 때문에 리튬의 수급은 지정학적인 이슈로도 다뤄지고 있다.

리튬 외의 원소를 활용하는 다가 이온 배터리의 가능성

현재는 우리가 사용하는 여러 기기에 리튬이 상용화되어 쓰이고 있지만, 리튬 외의 다른 원소를 사용할 수는 없을까? 이는 화학 반응을 새롭게 구성해야 한다는 뜻이 되기 때문에, 다시 주기율표에서 후보가 될 만한 다양한 원소들을 검토하여 그 효과를 살펴봐야 한다.

1) 고에너지 밀도

이론적으로는 다른 조건이 동일하다면 이온이 하나 들어가는 상황에서 1가보다는 2가 원소를 썼을 때 활용되는 전자의 개수를 한 개에서 두 개로 늘려 에너지 밀도를 두 배로 올릴 수 있다. 그러면서도 가볍기 위해서는 주기율표의 상단에 있어야 하므로, 2가나 3가를 고려한다면 마그네슘, 칼슘, 아연, 알루미늄의 네 가지 원소들을 고려해 볼 수 있다.

에너지 밀도는 전압(V)과 용량(Q)의 곱을 무게나 부피로 나눈 것이므로, 이 세 가지 요소를 고려해야 한다. 에너지 밀도에 영향을 미치는 요소 가운데 용량(Q)은 전자의 개수(z)와 패러데이 상수(F)를 곱한 값을 분자량(M)으로 나누어 구한다. 이때 리튬과 같은 1가 원소를 사용하면 전자의 개수가 1이 되고, 2가나 3가 원소를 쓰게 된다면 전자의 개수가 2 혹은 3이 되므로 용량이 그만큼 커지게 된다.

에너지 밀도에 영향을 미치는 요소로써 전압은 전자를 얼마나 잘 내주고 받을 수 있느냐에 따른 이온화에너지에 해당한다.

이온을 잘 내어 줄수록 음극의 기능을 더 잘할 수 있음을 의미한다. 그 경향성이 강할수록 양극과 음극의 전압 차가 크게 형성되므로 셀의 전압이 커질 수 있고, 이에 따라 에너지 밀도를 더 높일 수 있다. 전자의 개수가 많을수록 더 많은 양의 전하가 움직이기 때문에 용량을 높일 수 있고, 분자량은 사용하는 원소가 가벼울수록 에너지 밀도가 높아진다고 보면 된다.

분석 결과에 따르면 리튬, 나트륨, 칼륨, 아연, 마그네슘으로 갈수록 무게당 에너지 밀도가 떨어지는데, 이는 1가에 비해 더 많은 전자를 움직일 수 있는 것은 맞지만, 대신 무게 자체가 높아지기 때문이다. 하지만 부피당 에너지 밀도를 확인해 보면 오히려 값이 더 커져서 다가 원소의 배터리는 무게보다 부피당 에너지 밀도에서 경쟁력이 있다고 볼 수 있다.

2) 안정성

음극재로 금속을 쓰면 이온이 깔끔하게 전착되지 않고, 지저분한 형상을 만들면서 전착이 되는 문제가 있다. 전착될 때까지 계면이 불안정할 수밖에 없어서 전해액을 잘 구성하여 수지상(dendrite)을 만들지 않고 계면을 안정하게 형성하는 것이 중요하다. 그러나 이 같은 결과를 얻는 것은 매우 어려운 문제다.

이 문제를 해결하기 위해 여러 가지 시도가 이루어지고 있다. 1가, 2가, 3가의 금속에 대해서는 각각 원소에 해당하는 규칙적인 결정 구조들이 밝혀져 있다. 리튬은 체심 입방 구조(BCC)를 이루고 있고, 마그네슘은 조밀 육방 구조(HCP)를 이루고 있는데, 표면 구조에 따라 안정화되는 표면 방향이 결정된다. 금속이 결정을 만들어서 표면에 드러나게 될 때, 표면 에너지가 가장 낮은 면이 노출이 되는 것이 열역학적으로 가장 안정하다고 알려져 있다.

리튬의 경우 표면에 전착될 때, 한 위치에서 옆의 다른 위치로 이동하는 에너지 장벽이 더 높다. 그래서 리튬에서는 한 방향으로 리튬이온이 몰려서 형성되는 침상 구조 문제가 더 심하게 발생한다. 반면 마그네슘은 표면에서 이동할 때의 에너지 장벽이 낮아서 더 고르게 퍼지며 전착될 수 있다. 긴 수명의 배터리를 만들기 위해서는 원자를 여러 번 전착·탈착할 때 계면을 얼마나 안정한 구조로 유지할 수 있느냐가 중요하다. 따라서 이러한 관점에서는 근본적으로 1가 리튬보다 2가 마그네슘이 더 유리할 수 있다.

3) 저렴한 가격

낮은 가격으로 얼마나 많은 양을 확보할 수 있느냐의 관점에서도 마그네슘, 칼슘, 알루미늄은 리튬에 비해 매장량이 훨씬 풍부한 원소이기 때문에 공급 안정성과 비용 효율성이 더 높다.

다가 이온 배터리 구현의 한계점

앞서 1가 이온인 리튬에 비해 2가, 3가 이온들이 가지는 장점을 살펴보았다. 이에 기반하여 지금까지의 리튬이온배터리 개발 전략에 그대로 적용하여 수명과 내구성이 우수한 전지를 새롭게 만들 수 있느냐고 물어본다면 실제로 구현하는 것은 만만치 않다고 답할 수 있다.

일단 양극에서는 리튬 대비 2가, 3가의 이온을 움직일 때 전하가 크기 때문에 그 구조상에 있는 다른 원소와의 정전기적 인력이나 척력도 더 강하게 작용할 수밖에 없다. 따라서 여러 번 반복하여 탈삽입하는 데 제약이 있다.

또한 전하가 크기 때문에 같은 구조라고 해도 리튬만큼 집어넣기가 쉽지 않다는 문제도 있다. 음극의 경우에는 수지상과 관련된 문제가 리튬보다는 덜하지만 아연은 어떤 전해액을 쓰느냐에 따라서 마찬가지로 수지상이 발생할 수도 있다. 전극 사이의 전해액에 녹아 있는 물질도 전하가 더 크기 때문에, 양이온과 음이온으로 나뉘는 데 더 많은 에너지가 필요하다. 또한 계면을 통과할 때도 큰 전하로 인해 양이온-음이온 간 정전기적 인력이 더 세다 보니 양이온이 계면을 통과하기가 더 어렵다. 따라서, 1가 대비 2가를 사용했을 때 이론적으로는 2배, 3배 큰 에너지를 쓸 수 있다는 장점이 있지만, 현실에서 구현할 때에는 이러한 정전기적인 인력과 척력에 의해 제약이 발생한다고 보면 된다.

물론 이 문제를 해결하기 위한 연구들이 지금까지 이어지고 있다. 우선 아연이나 칼슘의 경우에는 표면에서의 전착 형상이 리튬처럼 균일하지 않은 문제가 있어 탄소 원자막인 그래핀과 같은 표면 코팅층을 만들고, 격자 간의 미스 매치를 줄여서 에피텍시얼(epitaxial)한 전착을 유도하는 연구들이 보고되고 있다.

양극에서는 격자 구조와의 정전기적 인력을 최대한 줄이기 위해, 전해액에 녹아 있는 상태에서 이온을 둘러싸고 있는 용매

화껍질(solvation shell) 자체가 함께 유지된 채 들어가는 코인터칼레이션(cointercalation) 방식을 시도하기도 한다. 또한 격자 구조 중에서도 정전기적 인력이 작고 크기가 큰 황을 사용하는 전략도 나오고 있다. 결론적으로는 탈삽입할 때의 반응 속도(kinetics)를 향상시키는 쪽으로 아이디어가 모이는 중이다.

다가 이온 배터리를 구현하는 데 있어 또 다른 문제도 있다. 이온이 인터칼레이션 기작을 통해 격자 안에 투입되기 위해서는 녹아 있는 이온 주변을 둘러싸고 있는 용매 분자를 제거해야 한다. 이 과정을 디솔베이션(desolvation)이라고 하는데, 용매 분자를 제거하는 데 필요한 에너지 자체가 일종의 페널티(penalty)라고 볼 수 있다. 이 페널티, 즉 필요 에너지가 작을수록 배터리 성능에는 더 유리하다. 1가의 리튬에 비해 2가나 3가의 경우에는 둘러싸고 있는 솔베이션 에너지가 더 강하게 작용하기 때문에 디솔베이션 에너지도 클 수밖에 없다. 이 문제 역시도 원하는 용량을 구현하는 데 제약이 되고 있다.

또한 충전 방전시 전해질이 계면에서 반응하여 전극 표면에 형성되는 코팅 막인 SEI 층은 전극 자체를 보호하는 역할을 하지만, 결국 캐리어 이온이 이 층을 통과해서 자유롭게 오갈 수 있어야 한다. 그런데 1가 대비 2가 이온은 SEI 층 안에서도 정전기적인 인력이 커서 자유롭게 오가는 데 제약이 생기게 된다. 결국 인터칼레이션이 되려면 이러한 에너지 장벽들을 뚫고 이온들이 움직여야 하는데, 2가는 이러한 문제점들을 극복하는 데 비교적 어려움이 있다.

비슷한 맥락에서 전해액에서 이온을 둘러싸고 있는 물질들은 이온과 결합했다 떨어지는 과정에서 각기 다른 최적의 구조들을 형성하게 되는데, 이 구조의 변화 과정에서도 에너지가 소모된다. 예를 들어 소금이 물에 녹을 때 나트륨이온($Na+$)과 염화이온($Cl-$)이 물 분자와 최적의 구조를 가지며, 이 이온들이 물 분자와 떨어지게 될 때도 다른 최적의 구조를 만드는 것과 같은 상황이다. 이처럼 리튬이나 마그네슘도 전해액에 들어갔다가 다시나오는 과정에서 에너지를 소모하게 되는 것이다. 연구에 의하면이 과정에서도 1가 대비 2가 원소에서 더 많은 에너지가 필요하며, 충전을 위해 전압을 인가했을 때도 이 과정에서 에너지가 상당수 손실되는 상황으로 이어진다는 사실이 알려져 있다.

주행 거리를 늘리기 위한 방안

많은 연구자가 이차전지를 이용해 주행 거리를 늘리는 방법에 대해서 고민하고 있다. 배터리의 성능을 개선한다는 관점에서보면 전압과 용량을 높이거나, 탑재되는 배터리의 양을 늘리는것이 하나의 방법일 것이다. 또한 배터리 소재의 관점에서 보면여러 조건이 동일할 때 1가 대비 2가, 3가의 경우 두 배, 세 배의에너지 밀도 향상을 가져올 수 있기 때문에 이를 구현하기 위해여러 관점에서 노력이 이루어지고 있다.

1) 고용량
테슬라(Tesla) 차량 내부에 들어가는 배터리는 원통형 셀로 구성되어 있는데, 크기(배터리의 지름과 높이)에 따라 18650, 21700, 4680 등으로 명명한다. 18650 타입 셀의 경우 주어진 매개변수들을 통해 역산 시, 음극활물질을 마그네슘 혹은 아연으로 대체할 경우에 각각 1.8배, 2.8배의 용량 향상을 기대할 수 있다. 즉, 이론적으로는 다가 이온 배터리가 에너지 밀도를 높여 주행 거리 향상에 기여할 수 있음을 의미한다.

2) 고전압

현실적으로 고에너지 밀도의 배터리를 구현하기가 쉽지 않은 이유는 이론적인 용량에 비해 실제로 구현할 수 있는 용량은 훨씬 작기 때문이다. 이는 전압과 관련이 있다. 기존 리튬 전지가 4V 이상의 전압을 구현할 수 있는 반면, 다가 전지의 경우 더욱 높은 전압을 형성하여 안정적으로 구동하는 양극과 음극 소재를 구성하는 것이 현재까지는 어렵다.

3) 탑재 배터리 양 증가

공학적인 측면에서 자동차 안에 셀을 탑재하는 방식에 대해서도 여러 시도가 진행되고 있다. 일반적으로 배터리 셀이 자동차 안에 탑재될 때는 각 셀이 모듈을 형성하고, 형성된 모듈들이 차량 내부에 팩의 형태로 들어가게 된다. 이 과정에서 미사용 공간(dead volume)이 상당히 많이 형성되기 때문에 실제 배터리가 차지하는 공간은 전체의 30~40%밖에 되지 않는다.

미사용 공간의 활용이 해당 기술의 핵심이며, 이는 최근 중국 업체에서 '셀투팩(Cell To Pack)'의 개념으로 보완 가능성을 제시하였다. 모듈 단계를 건너뛰고 셀에서 팩으로 직접 적층하면 미사용 공간을 최소화하여 주행 거리를 획기적으로 증가시킬 수 있다는 주장이다. 하지만 셀투팩 기술을 사용하여 적층할 시, 열이 잘 분산되지 않아 발화 위험이 커진다는 문제도 함께 존재한다. 이에 따라 화재로부터 안전한 소재 개발에 더욱 적극적인 전략을 탐색하고 있다.

4) 안전성

안전성 문제가 무엇보다도 중요하기 때문에, 공학적인 관점과 기초과학적인 관점에서 발화 문제를 해결하고자 함께 노력하고 있다. 실제로 기존 전지에는 아직 인화성이 있는 유계 전해질 소재가 채용되고 있어서, 완성차 업체들은 주행 거리가 조금 줄더라도 화재 위험이 적은 배터리를 선호하는 경향이 있다. 따라서 수계 전해질 같이 불이 붙지 않는 소재를 활용한 연구가 활발히 진행되고 있다. 이 경우 화재 위험성은 낮지만, 배터리 성능이 상대적으로 다소 떨어지기에 성능에 대한 개선이 필요한 상황이다.

더불어 수계 전해질에 쓰이는 물 분자는 안정한 전압 범위인 1.23V보다 전압이 커질 때 분해된다는 문제가 있는데, 이 전압 범위를 향상시키는 방향도 연구되고 있다. 수계 전해질에 들어가는 염의 농도를 높이면 전압 범위가 향상된다는 내용이 알려져 있어, 이러한 방향으로도 계속해서 연구가 확대되고 있다.

다가 이온 배터리는 배터리의 용량과 성능에 큰 혁신을 가져올 수 있을 것으로 기대되는 기술이지만, 현재까지는 가능성을 확인하였을 뿐 실제로 적용하기 위한 연구는 초기 단계에 머물러 있다. 앞으로 배터리를 구성하는 양극과 음극의 핵심 소재 개발 및 최적화, 여러 셀 기술이 동반되어 실용적인 활용을 가능하게 하기 위해서는 더 많은 도전적 연구 개발이 필요하다.

차세대 배터리에 관한 대담

├ 리튬산소배터리와 다가 이온 배터리를 보완적으로 적용할 수 없
는가?

최장욱 교수   두 가지를 합쳐서 적용할 수도 있다. 다가 원소는
주로 음극에 관련된 것이고 산소는 양극에 관한 것이기 때문에
둘을 결합하면 또 하나의 새로운 셀을 구성할 수 있을 것이다.
하지만 둘 다 여러 제약이 있어서 구현하는 데는 넘어야 할 산이
많다.

강기석 교수   쉽게 말해 산소배터리는 '반응하는 집'을 가볍게 만
들자는 것이고, 다가 이온 배터리는 그 집에 들락거리는 이온을
리튬이 아니라 두 개의 전하를 가진 다른 이온으로 사용하자는
것이다. 집을 가볍게 만들면서도 두 개의 전하가 왔다 갔다 할

수 있다면 가장 이상적일 것이다.

├ 충전하는 시간에도 물리적 한계가 있는가?

강기석 교수 현재 리튬이온배터리에서의 반응은 이온이 집을 들락거리는 것이라고 볼 수 있다. 이온이 대문을 넘고 집에 있는 방까지 들어가는 것은 이온의 이온전도도(ionic conductivity) 혹은 결정 구조 안에서의 확산성(diffusivity)과 관련이 있다. 여기에서 확산성은 한계치가 있기 때문에 무한정 빨라질 수는 없다. 그리고 음극에서 나와 양극에 들어갈 때 리튬이온의 상태가 조금 달라진다. 즉 음극에 있을 때는 이온 상태인데, 전해질을 지날 때는 전해질에 있는 분자들에 의해서 용해, 즉 솔베이션(solvation)이 된다. 전해질을 통과해서 다시 양극에 들어가려면 탈용매화, 즉 디솔베이션을 해야 하는 등 리튬이온이 움직이는 데는 여러 단계에 걸쳐 시간이 걸린다. 그런데 이온이 하나 움직여야 전자도 하나가 움직일 수 있다.

일반적으로 이온의 속도가 전자보다 느리기 때문에 충전이나 반응 속도를 결정짓는 요인으로는 이온의 움직임을 포함해 여러 가지가 복합적으로 작용한다. 리튬이 아니라 다가 이온이 되면 전하가 커지기 때문에 이 과정에서 정전기적 장벽이 더 많이 생길 수밖에 없으므로 시간이 많이 걸린다.

이 시간을 줄이는 다른 방법으로 이온이 들어가야 할 집을 크게 한 채 짓는 것이 아니라 작은 집을 여러 채 짓는 방법이 대안으로 떠오르고 있다. 집을 여러 채 지으면 집 안의 방에 빠르게 도달하게 되어 확산이 좀 더 쉽게 되고, 시간이 빨리질 수도 있다.

최장욱 교수 우리는 일반적으로 열역학과 운동역학을 분리해서 생각한다. 이를테면 에너지 전체의 양은 '집에 얼마나 많은 사람이 들어갈 수 있는가'의 문제고, '얼마나 빨리 들어갔다 나올 수 있는가'의 문제는 반응속도와 연관된 운동역학의 개념이다. 들어가는 양의 문제와 주어진 시간 안에 얼마나 효율적으로 왔다 갔다 하느냐의 문제는 분리해서 보는 것이 맞을 것이다.

├ 국내외 배터리 기업들은 신기술에 대해 어떤 입장인가?

최장욱 교수 리튬이온배터리도 90년대 초반에 처음 상용화되어 차량에 쓰이기까지 수십 년이 걸렸듯이, 새로운 기술의 가능성이 발견된다고 하더라도 가까운 시일 내에 사용되기는 쉽지 않을 것이다. 산업계에서도 관심은 있지만 당장 시장에서의 경제성을 먼저 확보해야 하므로 기초 연구에 적극적인 투자를 진행하기는 어려워 보인다. 그래도 기술이 현실성을 띠고 점차 발전하는 추세이므로 신기술에 대한 관심이나 이해도는 우상향하고 있다.

강기석 교수 신기술의 발견에서부터 상용화까지 대부분 20년에서 30년 정도가 걸린다고 본다. 궁극의 리튬공기배터리를 만들기 위해서도 다양한 시도가 이루어지고 있는데, 중간에 현실성 있는 솔루션들이 나온다면 한 단계씩 발전해 갈 것이고 어느 지점에서는 기술적 도약이 있으리라고 생각한다.

지금의 리튬공기배터리 방식 중에서도 격자 안에 산소를 가두는 방식이 가까운 시일 내에 구현될 가능성이 가장 높을 것으로 보여진다. 현재로서는 코발트를 대체하기 위해서 하이니켈까지 발전을 했지만, 이미 95%까지 올라와서 새로운 돌파구가 필요하다. 리튬공기배터리나 다가 이온 배터리 방식은 조금 더 먼 미래를 본 관점이고, 산업계에서는 기존의 방식을 조금씩 변형하면서 현재 풀어야 할 문제들도 많다 보니 미래 기술에 대비하기는 쉽지 않다.

├   온도나 압력에 대한 의존성을 거꾸로 시스템 측면에서 활용할
    방법은 없나?

최장욱 교수   일반적으로 궁극적인 음극은 금속 형태인데, 금속의 가장 큰 문제 중 하나가 표면에 불균일한 침상 구조, 즉 덴드라이트가 형성된다는 것이다. 그런데 실제 같은 셀에 고압을 가하면서 평가해 보면 이 침상 구조 형성 비율이 훨씬 줄어든다. 즉 침상 구조의 문제를 해결하기 위해 얼마만큼의 압력을 줄 것인가라는 공학적인 문제로 볼 수 있다. 사실 실험실 환경에서는 높은 압력을 가할 수 있지만, 상용적인 측면에서 차량에 구현할 때는 체결의 상한값은 대략 1메가파스칼(MPa) 정도로 제한적이

다. 또한 침상 구조가 생기는 것은 아주 미시적인 영역에서 생기는 현상이기 때문에 압력을 가하는 것만으로 완벽히 해결되지 않는 경우도 많다. 화학의 영역에서 최적화된 온도와 압력을 찾을 수는 있겠지만, 공학적인 관점에서는 현실성 있는 범위에서 해결책을 찾아야 하는 상황이다.

강기석 교수　만약 온도를 높이면 그 안에서 화학 반응은 훨씬 빠르게 일어난다. 하지만 동시에 우리가 원하지 않는 반응, 즉 부반응도 빠르게 일어난다는 문제가 있다. 예를 들어 충전 속도를 높이기 위해 온도를 올리면 장기적으로 배터리의 수명도 더 빨리 줄어든다. 결국 온도가 어느 일정 수준 이상 올라가면 모든 화학 반응이 빨라지기 때문에 그러한 부반응이 연쇄 반응을 하면서 또 다른 심각한 문제가 발생할 수 있다.

최장욱 교수　보완하자면, 실제로 온도에 따라 정반응 속도가 빨라진다는 점을 활용하여 테슬라 차량은 차량 충전소의 위치를 지도에 입력하면 도착 시간에 맞춰 차량 배터리 사전 가열을 시작한다. 다만 부반응도 빠르게 일어날 수 있으므로, 결국 부반응 제어가 잘 되는 안정한 시스템에서만 온도 제어를 더 효율적으로 활용할 수 있다.

├   최근 논의되는 고체 배터리에서도 해당 연구를 적용할 수 있나?

최장욱 교수   전고체 전지는 말 그대로 전지 구성 성분 전체가 전부 고체로 이루어진 시스템이다. 리튬산소배터리나 다가 이온 배터리는 결국 '어떤 전극 소재를 쓰느냐'에 대한 내용이기 때문에 이론상 그 소재를 쓰더라도 중간 매질이 고체인 소재로 구성하게 되면 전고체 시스템을 구현할 수는 있다.

하지만 현실에서 공학적으로 구현하는 데는 이온 자체가 액체보다 고체 속에서 이동할 때 제약이 더 크기 때문에 훨씬 도전적인 문제가 될 것이다. 현재 전고체 전지가 산업적으로 각광받는 이유는 기존의 전지 대비 매우 낮은 인화성을 나타내기 때문에 화재 위험에서 자유로울 수 있기 때문이다. 기존 전지의 인화성으로 인한 화재 위험을 근원적으로 해결하기 위해 전고체 시스템 개발 측면에서도 활발한 연구를 진행 중이다.

강기석 교수   고체로 바꾸었을 때의 장점과 단점이 있다. 예를 들어 리튬메탈이 가진 큰 문제점 중 하나가 리튬이 자라면서 침상이 형성되다가 양극 소재에 닿으면 터진다는 것인데, 고체라는 중간 벽이 있으면 리튬메탈이 침상으로 자라더라도 전극에 닿지 않고 찌그러질 것이다. 그럼에도 불구하고 리튬이 고체 전해질을 통과해 쇼트가 나는 상황이 없지는 않다. 또 액체에서는 이온이 오가기는 너무 쉬운 반면, 고체와 고체 사이에서는 그냥 포인트 컨택이 되기 때문에 이동이 어렵다는 것도 단점이다. 반면, 전해질이 액체이기 때문에 부반응이 쉽게 일어나는데 고체는 부반응이 적을 수 있다는 장점도 있다.

├   기초과학적인 관점과 엔지니어링 관점에서 풀어야 하는 대표적
    인 문제는?

강기석 교수   두 영역을 나누는 것이 큰 의미가 없다. 특히나 재
료 분야에서는 비교적 기초과학과 공학의 구분이 없는 편이다.
다만 기초과학적인 관점에서는 '리튬메탈에 자꾸 돌기가 생성되
는 이유', '리튬 디퓨전이나 셀프 디퓨전이 느린 이유' 등의 질문
에 대한 답을 계속해서 풀려고 하고 있다. 공학적인 관점에서는
그렇게 발생하는 현상을 어떻게 막을 것이며, 어떻게 외부적인
요소로 이를 제어할 것인가에 대해 고민하고 있다. 결국 문제 원
인을 근본적으로 이해하지 못하면 풀어가는 방법에 한계가 있기
때문에, 현상에 대한 근원적인 이해를 통해 더 획기적인 솔루션
이 나올 수 있을 것이다.

최장욱 교수   추가로 말하자면 현재 부반응에 대해 정의가 제대
로 되지 않은 경우가 상당히 많다. 심지어 논문에서도 '이런 분석
을 했더니 이런 게 보였으므로, 아마 내부에서 이런 반응이 있었
을 것이다'라는 식의 자의적인 해석을 하는 경우가 꽤 있다. 앞으
로 얼마나 완벽하게 이러한 얼개를 풀 수 있을지 모르겠지만, 부
반응을 제어하여 최소화할 수만 있어도 긴 수명의 배터리에 훨
씬 더 근접할 수 있을 것이다. 연구자로서 굉장히 도전적인 과제

이기도 하다. 최근에는 분석 기술이 좋아져서 실시간 반응을 전자 현미경 등으로 관찰할 수 있는 경우도 많다. 아직은 100% 이해하기는 어렵지만, 한계를 향해 계속 전진하고 있다.

ㅏ 단기적으로 배터리 이외의 개선을 통해 주행 거리를 늘릴 수 있는 아이디어는?

최장욱 교수 전기차에서 주행 거리는 종합적인 엔지니어링의 결과다. 좋은 배터리를 만드는 것은 당연히 근본적인 방법 중 하나이고, 배터리를 잘 진단하여 오퍼레이션을 잘하는 것도 또 하나의 중요한 방향이 될 것이다. 실제로 차량에서는 주행 거리뿐 아니라 여러 매개 변수를 다 고려해야 하므로 셀 설계 자체를 보수적으로 할 수밖에 없다. 예를 들어 650km를 갈 수 있지만 일종의 안전 마진으로 550km 정도 여유를 둬서 발화 가능성을 낮추는 것이다. 그런데 테슬라에서 시행하고 있는 발화 진단 배터리 관리시스템(BMS) 기술 등이 계속해서 개선된다면 훨씬 공격적으로 셀을 패킹할 수 있을 것이다. 소재, 엔지니어링, 오퍼레이션, 차량 내부 저항과 관련된 차체 엔지니어링 등이 모두 맞물려 있는 분야이기 때문에 배터리뿐 아니라 여러 영역에서 이루어지고 있는 과정이다.

ㅏ　연구를 진행하면서 좌절이나 극복의 개인적인 경험이 있다면?

최장욱 교수　난제라는 건 풀릴 때도 있고 안 풀릴 때도 있다. 그런데 풀리지 않을 때도 이를 극복하는 과정에서 이런 생각을 할 때가 많다. '과연 이만큼 공정한 게임을 하는 분야가 있을까?' 살다 보면 워낙 많은 변수가 있으므로 필요한 상황에 비과학적인 원인에 의해 방해받는 경우가 많다.

　　그런데 연구 상황에서는 연구 주제와 내가 대면하고 있을 때, 내가 얼마나 알고 있고 얼마나 치밀하게 실험했느냐가 고스란히 결과로 나온다. 오히려 외부 변수가 적기 때문에 연구 자체에 몰입하고 집중할 수 있는 것이다. 집중할 수 있다는 것은 그만큼 흥미를 느낄 가능성이 높다는 뜻이다. 그것이 과학기술 분야가 주는 큰 매력이라고 생각한다.

강기석 교수　대학원생들에게 주로 "선순환 사이클을 타라."는 말을 많이 한다. 잘하면 재미있고, 재미있으면 더 연구하게 되고, 그러면 더 잘하게 되는 것이다. 그럼 일단 잘해야 하는데 어떻게 잘할 수 있을까?

　　그냥 똑똑한 사람도 있겠지만, 그보다 한 단계 위에 있는 사람은 즐기는 사람이라고 생각한다. 또 즐기는 사람보다도 한 단계 위는 내가 하는 일을 즐길 수 있도록 자신을 세뇌하는 사람이다. 어차피 우리에게 해야 하는 목표가 놓여 있을 때, 그걸 좋아한다고 자꾸 세뇌하면 진짜로 좋아하게 된다. 좋아할 수 있다는 건 그 사람에게 무엇보다 강력한 능력이 될 것이다.

가장 깨끗하다고 평가되는 '21세기의 연료(Fuel of 21st Century)'인 수소를 지속 가능한 에너지원으로 활용하기 위해서는 친환경적이고 효율적인 수소 생산 방법을 찾아야 한다. 효율적인 촉매 없이는 물을 전기 분해해서 수소를 대량으로 얻을 수 없다. 지구상에 가장 효율적인 수소생산촉매로 인체의 효소가 떠오르고 있지만 우리는 아직 효소가 탁월한 촉매의 역할을 하는 메커니즘에 대해 이해하지 못하고 있다. 과연 우리는 효소처럼 효율적으로 작용하는 촉매를 만들어 에너지 세계의 변혁을 일으킬 수 있을까?

4장

효소모방촉매:

효소처럼 뛰어난 수소생산촉매를 만들 수 있을까?

성영은 서울대학교 화학생물공학부 교수

연료전지, 이차전지, 태양전지, 수소 생산 등 전기화학공학 분야에서 세계 최고 수준의 원천 기술을 보유한 연구자이다. 배터리, 수소연구 성과를 기반으로 2003년 한국과학기술부와 한국과학기술한림원이 선정한 젊은 과학자상(공학 부문) 수상을 시작으로 2008년 대통령 표창, 2018년 한국공업화학상, 2019년 산업통상자원부 홍조근정훈장, 2019년 신양공학학술상, 2021년 삼양그룹 수당상(응용과학 부문)을 수상하였다. 현재 한국과학기술한림원과 한국공학한림원 정회원이자 한국전기화학회 회장으로 활동하며 친환경 청정 에너지 분야의 R&D을 선도하고 있다.

현택환 서울대학교 화학생물공학부 석좌교수

다양한 나노소재의 제조와 응용 분야에서 활발한 연구를 수행하여 2012년 삼성 호암상(공학 부문), 2016년 대한민국 최고과학기술인상, 2022년 한국공학한림원 대상을 수상하였으며, 2012년 기초과학연구원(IBS)의 나노연구단장으로 선정된 이후 지금까지 연구단장직을 역임하며 국내 최고 수준의 기초과학자임을 증명했다. 그뿐만 아니라 2010년부터 11년간 〈미국화학회지(JACS)〉에 부편집장으로 활동하였으며 2011년 유엔교육과학문화기구(UNESCO)와 국제순수응용화학연맹(IUPAC)가 선정한 '세계 화학자 100인'에서 화학 분야 37위, 재료 분야 17위에 선정됐다. 2001년 〈미국화학회지〉에 게재된 "승온법(heat-up process)" 논문은 피인용 빈도가 상위 0.01%에 달하며 유력한 노벨상 후보로 지목되기도 했다.

성영은 교수

탄소중립을 위한 수소기술의 현황과 난제

기후 변화와 지구 온난화 등의 문제가 심각해지면서 우리나라를 포함해 세계 각국이 탄소 배출을 규제하는 정책과 함께 탄소중립을 선언하고 있다. 탄소 배출을 줄이기 위한 대체 에너지원으로서 가장 각광받고 있는 것이 바로 수소다. 하지만 현재의 수소 생산 방식으로는 탄소 배출량을 완전히 대체하기 어렵다. 이를 해결하기 위한 핵심 열쇠는 바로 수소 생산을 위한 촉매 개발이다. 지금의 기술은 궁극적으로 탄소중립을 실현하는 과정 중 어디에 도착한 것일까.

기후 변화에 따른 세계적 위기

인류는 산업혁명 이후 지금까지 석유, 석탄, 천연가스와 같

은 화석 연료를 에너지원으로 쓰면서 거의 200여 년 동안 물질
적 풍요를 향유해 왔다. 21세기에 들어서야 그동안 무제한 에너
지처럼 사용해 온 화석 연료가 생태계에 심각한 문제를 일으킨
다는 사실을 알게 되었다. 그중 대표적인 것이 온실가스다. 화석
연료는 결국 탄소로 구성되어 있기 때문에 최종 산물로 온실가
스, 즉 이산화탄소(CO_2)를 발생시킨다. 이때 발생한 이산화탄소
는 지구에 들어온 태양 에너지가 지구 밖으로 배출되지 못하게
막아 지구 온난화와 같은 기후 위기를 초래하는 원인이 된다. 실
제로 산업혁명 이후 2023년 현재까지 지구의 평균 기온이 1.3도
올라간 것으로 관측된다. 이는 작은 수치처럼 보이지만 지구의
에너지 순환에 엄청난 영향을 미치고 있다.

온실가스는 특히 최근 30여 년 사이에 급격히 늘어나 배출
량으로 따지면 1990년에 비해 두 배나 증가했다. 이 속도라면
2100년 이전에 평균 기온이 3.7도까지 상승할 것으로 보인다. 이
예측이 실현되면 지구는 사람이 살 수 없는 환경이 되어, 그야말
로 전 지구적인 재난이 발생할 것이다. 지난 2015년에는 기후 위
기에 대응하기 위해 세계 각국이 모여 2100년까지 기온 상승 정
도를 2도 미만으로 억제하자는 파리 기후 협약을 맺었다. 현재
전 세계적으로 온실가스 배출이 연 400억 톤 정도인데, 평균 기
온 상승 정도를 2도 낮춘다는 목표는 2050년에는 더 이상 온실
가스를 배출하지 않아야 한다는 의미와 같다.

이렇게 인간의 활동에 의한 온실가스가 더 이상 배출되지
않는 상태를 탄소중립(carbon neutrality)이라고 한다. 온실가스 배
출을 최대한 줄이는 동시에, 탄소 포집 활용 저장 기술(CCUS,

Carbon Capture, Utilization and Storage)을 동원하여 이미 배출된 온실 가스를 최대한 제거함으로써 결국 실질적인 배출량은 0이 되도록 만든다는 개념이다. 탄소중립을 실현하기 위해서는 기본적으로 화석 연료를 최소한으로 사용하면서 새로운 에너지원을 찾아야 한다.

탄소 시대에서 친환경 수소 시대로의 전환

현재 전 세계의 1차 에너지원의 약 85%는 화석 연료다. 전기 생산의 70%가 화석 연료에서 나오고, 우리가 사용하는 플라스틱이나 의류 등의 각종 제품 역시 화석 연료에서 나오는 탄소에 기반하여 만드는 것이다. 화석 연료 사용을 줄이고 탄소중립을 달성하기 위해서는 앞으로 이 중 상당 비중을 수소로 바꾸어야 한다. 수소는 우주에서 가장 풍성한 물질이자, 무엇보다 지구상의 물속에 있는 친환경 자원이다. 따라서 탄소 대신 이것을 활용하여 에너지원, 전력원, 화학 제품원으로 쓰자는 것이 수소기술이 제시하는 비전이다. 조금 더 구체적으로 말하자면, 풍력이나 태양광 같은 신재생에너지로 만든 전기로 물을 분해하여 생성한 수소를 에너지원 및 여러 화학 제품의 재료로 사용하자는 것이다.

이미 이러한 수소기술을 적용하여 '수소 시대' 혹은 '수소 경제'를 만들자는 국제적인 로드맵이 제시되어 있다. 대표적인 예는 철강 산업이다. 철강 산업에서 쓰이는 원석은 철 산화물인데,

이 철 산화물에서 산소를 제거해야 철강을 얻을 수 있다. 지금은 석탄을 이용하여 산소를 붙잡아 제거하는 방식을 쓰기 때문에 철강을 만드는 과정에서 이산화탄소가 배출된다. 그래서 석탄 대신 수소를 불어넣고, 배출된 이산화탄소 부산물로 물을 만들면서 철강을 만들자는 방안이 제시되었다. 즉 탄소원 대신에 수소를 사용하는 방식이다. 그 외에도 수소를 연료로 사용하여 전기를 발생시켜 구동하는 수소 연료 전기차나 수소로 전기를 발전시켜 가정에 사용하는 수소 발전 방안도 제시되고 있다. 또한 비료 제작을 비롯해 우리가 살아가는 데 중요한 원천이 되는 암모니아에 수소가 16% 정도 들어 있는데, 이 암모니아를 수소 운반체로 사용하고 수소를 꺼내 쓰는 방안도 이야기되고 있다. 이렇게 2050년까지 전체 에너지의 20% 정도를 수소에너지로 대체하고, 나머지 탄소원은 화석 연료를 줄이거나 재사용하여 최종적으로 탄소 배출량을 '0'으로 만들자는 시나리오다.

2050년이 멀게 느껴질 수 있다. 하지만 파리 기후 협약에서는 5년마다 탄소 온실가스 감축에 대한 계획을 UN에 보고하게 되어 있어 당장 해결 방안을 찾아야 한다. 이에 따라 2023년 3월, 우리나라는 7년 뒤인 2030년까지 탄소 배출을 2018년 대비 40% 줄이겠다고 국제 사회에 약속한 상태다. 현재 우리나라의 탄소 배출이 약 7억 톤 정도인데 이 계획을 실천하려면 거의 절반을 줄여야 하니 상당히 도전적인 목표라고 할 수 있다. 우리나라의 탄소중립 계획은 결국 수소기술이 상당히 비중 있게 상용화되는 것을 전제로 한다. 이론적으로 2030년이면 도로 위에 수소 차 30만 대가 다녀야 하고, 전체 발전 비율의 2%는 수소를 이용해야 한다. 또 수소 환원 철강기술도 시작해야 한다. 문제는 아직 수소기술이 완성되지도 않았을뿐더러 그만한 수준에 도달하기까지 여전히 갈 길이 멀다는 데 있다. 그렇게 보면 2030년까지 수소기술이 에너지의 큰 비중을 차지하도록 한다는 것은 우리에게 매우 시급한 과제인 셈이다.

수소기술을 구체적으로 들여다보면 수소 자체만을 이용하는 것이 아니라 온실가스를 활용한 기술과 결부되어야 비로소 유의미하게 쓰일 수 있다. 현실적으로 현 인류는 탄소 없이 살 수 없으므로 탄소 배출 자체를 막을 수는 없다. 그렇다면 발생한 이산화탄소를 재사용하는 것이 중요한데, 이를 재사용하기 위해서 핵심적으로 필요한 재료 역시 다름 아닌 수소다.

대표적인 것이 현재 화학 공학에서 잘 알려져 있는 피셔-트롭시 합성법(Fischer-Tropsch-synthesis)이다. 이 공정에서 원료 물질은 일산화탄소(CO)와 수소(H_2)인데, 이 두 개를 합치면 지금 화석연료가 만들고 있는 모든 화학 물질을 다 만들 수 있다. 온실가스에서 배출된 이산화탄소를 환원해서 CO까지만 만들면 이후에는 수소기술과 결부하여 탄소를 재사용할 수 있다는 것이다. 피셔-트롭시 합성법은 순수한 수소와 재사용 온실가스를 결부시킨 기술로서 수소 사회를 현실적인 실현 방법 중 하나로 꼽히고 있다. 수전해 기술을 포함한 이 모든 화학 반응은 우리가 제시하는 그랜드 퀘스트인 촉매와 관련이 있다.

수소기술의 열풍과 현실

전 세계적으로 수소 경제, 수소 산업과 관련하여 대규모의 자본이 투입된 프로젝트가 수백 개 진행되는 등 굉장한 열풍이 불고 있다. 실제로 우리가 원하는 수소기술을 당장 구현할 수 있을까?

수소를 만들기 위해서는 기본적으로 수전해 기술을 사용한다. '물 수($水$)'와 '전기 분해'의 약자로, '물을 전기 분해해서 수소를 만드는 기술'을 뜻한다. 물(H_2O)을 합성 구조와 반대 방향으로 분해하여 다시 수소(H_2)와 산소(O_2)로 나누는 것이다.

이론적으로 1kg의 수소를 만들기 위해서는 33kWh의 에너지가 필요하다. 1kWh는 3,600kJ로, 열량으로 환산하면 800~900kcal 정도다. 성인이 하루에 소모하는 열량이 약 2,000kcal라는 것을 감안하면 1kg의 수소를 만드는 데 성인의 하루 소모 열량 절반 정도의 에너지가 필요한 셈이다. 그런데 이론과 달리, 실제로 1kg의 수소를 만들어 보면 50kWh 이상의 에너지가 필요하다. 현재 우리나라 전기료가 kWh당 150원 정도인데, 1kg의 수소를 만드는 비용은 약 7,500원이다. 그리고 이렇게 만든 수소 1kg으로 다시 연료전지를 가동시키면 약 16kWh 정도의 전기를 생산한다. 실제로 현대자동차의 연료전지 자동차에 5~6kg 정도의 수소를 실으면 약 600km를 운전할 수 있다. 즉, 50kWh의 전기로 수소를 만들어도 다시 수소연료전지차를 구동하면 16kWh의 전기만 이용하게 되는 셈이다. 결국 수소 생성 전기량을 어떻게든 줄이지 않으면 수소 사이클은 현실적으로 사용하기 어렵다는 뜻이다.

현재 수소 1kg의 가격은 8천 원에서 1만 원 사이인데, 수전해로 생산한 수소의 값이 아니라 화석 연료를 사용하고 남은 여분의 수소를 모은 가격이다. 산업적으로 유의미하게 사용하기 위해서는 수소 1kg 가격이 약 3천 원 정도까지 내려야 경제성이 있다고 본다. 이를 달성하려면 수소 생산에 필요한 에너지와 수소를 사용한 연료전지도 이론치에 가까운 수준으로 많은 전기를 만들어 내야 한다. 하지만 수소 생산에 들어가는 전기의 양을 낮추는 것이 실제로는 굉장히 어렵기 때문에 수소기술이 마주한 그랜드 퀘스트라고 할 수 있다.

물론 수소를 만드는 데 많은 에너지가 들 뿐만 아니라 그 수소로 다시 전기를 만드는 양이 너무 적으므로, 수소기술을 탄소중립 사회의 대안이라고 볼 수 없다고 생각할 수도 있다. 그러나 2021년 기준, 우리나라 신재생에너지 발전 설비가 총 발전량의 20% 정도이지만 실제로 생산한 전기량 기준으로는 총 발전량의 6~10% 정도밖에 되지 않는다. 그 이유는 신재생에너지 발전 설비는 충분하지만 생산한 전기를 고압선을 통하여 전력 계통망에 연결할 수 있는 계통 연결 인프라 시스템이 부족하기 때문이다. 이처럼 신재생에너지원으로 만든 전기의 대부분이 버려지고 있어, 이 전기를 수소 생산에 사용하면 충분히 의미 있는 기술이 될 수 있다.

수소 생산을 위한 촉매의 역할과 조건

현실적으로 수소기술을 유의미하게 적용하기 위해 반드시 고려해야 하는 것이 바로 촉매 문제다. 수소촉매 반응이란 촉매 표면에서 물을 분해하여 수소를 만들거나, 혹은 촉매의 표면에 수소를 불어넣어 전기를 만드는 과정을 말한다.

물을 전기 분해하는 과정은 간단히 말하면 수소와 산소의 산화(oxidation)-환원(reduction) 반응으로 요약된다. 이 과정은 더 상세하게 볼머(Volmer) 단계, 헤이로브스키(Heyrovsky) 단계와 타펠(Tafel) 단계로 나누어서 볼 수도 있다. 이 과정에서 필요한 에너지를 줄여 주는 것이 촉매다.

촉매(catalysis)는 느슨하게 풀어헤친다(wholly loosening)는 의미를 가진 그리스어($\kappa\alpha\tau\alpha$ + $\lambda\nu\sigma\iota\varsigma$)에서 유래하였다. 물을 분해해서 수소를 만드는 경우, 물이라는 반응물로부터 수소라는 생성물을 만들게 된다. 이때 열역학적으로 큰 에너지를 투입하지 않아도 서로 반응하여 원하는 생성물을 만들 수 있을 것 같지만, 실제로 모든 화학 반응은 바로 나타나지 않으며 일종의 문턱을 넘어가기 위한 활성화 에너지가 필요하다. 어떻게 보면 반응물이 쉽게 깨지지 않도록 보존하는 자연의 방식 중 하나다. 이때 촉매를 사용하면 반응이 시작되기 위한 활성화 에너지의 수준을 낮춤으로써 반응 속도를 빠르게 하고 또 원하는 반응만 이루어지도록 하는 선택성을 높이는 역할을 한다.

촉매 반응에서 매우 중요한 개념 중의 하나는 사바티에 원리(Sabatier principle)다. 일상 공간에서 어떤 반응물이 생성물을 만들기 위해서는 서로 부딪치고 깨지는 과정이 필요한데, 자연적인 상태에서는 그렇게 될 확률이 너무 낮다. 이때 촉매라는 물질이 들어가면 촉매의 표면에 반응물이 붙으면서 서로 부딪쳐 깨지거나 반응함으로써 생성물을 만들 확률이 훨씬 높아진다. 사바티에 원리에 따르면, 촉매와 화학 물질 간의 결합력이 가장 적절하여 최고의 활성 능력을 보이는 사바티에 옵티멈(Sabatier optimum) 영역에서 반응 활성이 가장 뛰어나다.

이때 좋은 촉매가 갖추어야 할 조건은 세 가지로 정리할 수 있다. 바로 활성(activity), 선택성(selectivity), 안정성(stability)이다. 이 촉매가 얼마나 많은 생성물을 만들어 내는지(활성), 내가 원하는 물질을 만들어 낼 수 있는지(선택성), 그리고 동시에 얼마나 오래 사용할 수 있는지(안정성)를 확인하는 것인데 이 세 가지를 모두 만족시키는 촉매를 만들어 내는 것이 상당히 어려운 문제다.

현재 사용되는 뛰어난 촉매, 백금족 귀금속

수소기술과 관련된 분야에서 현재까지 가장 뛰어난 촉매 성능을 보이는 원료는 백금(Pt), 이리듐(Ir)과 같은 고가의 백금족 귀금속이다. 왜 백금이 촉매로써 뛰어난 역할을 하는 것일까? 백금의 전자 구조를 간단하게 살펴보면 전자가 10개 들어갈 수 있는 d오비탈에 전자가 꽉 차 있지 않고 몇 개가 비어 있는 상태다. 그러나 백금이 좋은 촉매가 되는 이유를 전자 구조라고 단언할 수는 없다. 백금이 좋은 촉매 성질을 보여서 그 이유를 분석하다 보니 이러한 전자 구조로 되어 있었다는 사실을 알게 된 것일 뿐이다. 그래서 '백금의 전자 구조를 모방하면 좋은 촉매 성능을 보이지 않을까' 혹은 '여기에 다른 금속을 넣어서 전자 구조를 바꾸면 백금보다 더 나은 촉매가 만들어지지 않을까' 하는 방향으로 촉매 개발 연구가 이루어지고 있다. 실제로 2012년에 니켈(Ni)이나 코발트(Co), 이트륨(Y)과 같은 다른 금속을 촉매로 넣었을 때 오히려 백금보다 더 활성이 좋다는 결과를 확인하기도 했다.[1]

현재 가장 뛰어난 촉매로 여겨지는 백금의 가장 큰 문제는 제한된 매장량으로 인해 가격이 상당히 비싸다는 점이다. 백금 1온스(28g)가 1천 달러 정도이고, 다른 백금족 금속인 이리듐은 심지어 1온스에 4,500달러가 넘는다. 그나마 이 비싼 재료를 가장 효과적으로 쓸 수 있는 것은 나노 기술을 도입하여 백금 입자를 수 나노미터(nm)로 잘게 쪼개어 넓게 펼쳐 표면적을 훨씬 넓히는 방식이다.

이렇게 나노입자촉매를 도입하는 방식은 기존에 비해 경제적으로는 더 효율적이라는 장점이 있지만, 다시 엉겨 붙는 등 안정성이 매우 약해진다는 단점이 있다. 최근에는 활성을 높이면서도 안정성을 얻는 나노 입자를 어떻게 확보할 수 있을 것인가에 대한 연구를 진행하여 유의미한 결과를 얻었다. 백금에 코발트를 집어넣어 안정적인 결정 구조를 만들면서 나노 입자를 합

---

1   성영은 외 8인, "Role of electronic perturbation in stability and activity of Pt-based alloy nanocatalysts for oxygen reduction", 〈Journal of the American Chemical Society〉(2012), 134(48)

성했더니, 실제로 연료전지를 만들어 구동했을 때 2025년 미국 에너지부(DOE)에서 요구하는 목표치를 능가할 만큼 안정적인 수치를 얻을 수 있었다. 현재 연료전지 자동차는 일본의 토요타(TOYOTA)와 우리나라의 현대자동차 두 군데에서 생산하고 있는데, 두 회사가 사용하는 백금량은 자동차 한 대당 30~50g 정도다. 이 연구 결과를 활용한다면 자동차 한 대당 필요한 백금량을 약 17g 정도까지, 즉 절반 정도로 낮출 수 있을 것으로 기대하고 있다.

여러 타개책을 찾고 있음에도 여전히 백금이 비싼 촉매인 것은 사실이다. 게다가 보통은 양산하면 가격이 절감되기 마련인데 백금은 그 자체로 워낙 비싸다 보니 양산하면 할수록 값이 더 비싸진다. 궁극적으로는 백금이 아닌 다른 물질로 촉매를 대체하는 것이 수소기술을 현실화시키는 과정에 있어서 굉장히 중요한 문제일 수밖에 없다. 물론 현재까지 연구를 통해 백금이 아닌 산화물을 이용하여 백금과 비슷하거나 더 뛰어난 수준의 결과를 얻기도 했지만, 앞으로는 보다 획기적이고 새로운 접근법이 필요할 것이다.

현택환 석좌교수

자연모사 비귀금계 산소발생촉매의 개발

가장 이상적인 촉매는 활성, 선택성, 안정성을 충족해야 한다. 기존에 수소 생산을 위한 촉매로 쓰이는 백금 계열 귀금속은 수소 경제를 이룰 만큼 수소를 대량 생산하기에 적합하지 않다. 그렇다면 이를 대체할 수 있는 가장 이상적인 대안은 무엇일까? 현재 수소 생산이 지닌 한계점과 최근 공동 연구팀에서 개발한 촉매의 사례를 통한 연구 방향성에 대해서도 살펴보고자 한다.

가장 이상적인 촉매, 효소

우리가 일반적으로 알고 있는 촉매는 크게 균일촉매(homogeneous catalyst)와 불균일촉매(heterogeneous catalyst)의 두 가지로 나눈다. 균일촉매는 주로 분자 화합물(molecular compound)이기 때문에 분자 형태로 되어 있어 용매에 녹는 특징을 갖는다. 균일촉매는 항암제 같은 소량의 중요한 물질을 만드는 데 효과적이지만 산업적으로 많이 생산해야 하는 큰 범위에서는 활용할 수 없다. 그래서 실제 산업체에서 응용하고 있는 촉매는 거의 100% 고체 상태의 불균일촉매다. 이를 불균일촉매라고 하는 이유는 반응물이나 생성물은 가스나 액체 상태로 나오지만 사용되는 촉매는 고체로 상(像)이 다르기 때문이다.

두 가지 촉매 외에 가장 이상적인 촉매가 또 하나 있다. 바로 우리 몸속에 있는 효소(enzyme), 즉 생체효소이다. 생명체는 스스로 공유결합을 통해 매우 효율적인 방식으로 태양에너지를 저장하고 생명 유지에 필요한 각종 화학 반응을 아주 효율적으로 해낸다. 그리고 이 과정에서 효율적이고 완벽한 촉매의 역할을 하는 것이 바로 효소다. 그렇다면 효소와 비슷한 촉매를 만들고 이를 산업체에서 활용할 수는 없을까? 화학자들은 지난 100년 가까이 이 질문을 들고 생체효소를 모방한 균일촉매 형태로 만들기 위한 연구를 진행해 왔다. 그러나 산업계에서 실제로 대량 생산에 적용하기 위해서는 이것을 어떻게든 고체 상태인 불균일촉매로 만들어야 하는 큰 숙제가 있다.

효소와 불균일촉매는 나름의 장단점이 있다. 일단 효소는 결국 단백질이기 때문에 단백질 구조에서 나오는 독특한 성질이 있다. 우선 잘 정돈된 구조로 되어 있고, 촉매의 세 가지 조건인 활성, 선택성, 안정성을 모두 높은 수준으로 충족시킨다. 인간이 만든 촉매는 우리가 원하는 물질을 100%까지 만들어 내는 것이 상당히 어려운데, 효소에서는 원하는 반응물이 최대 100%까지도 나오며 활성도가 굉장히 높게 나타난다. 하지만 단백질이 기 때문에 열에 약해서 온도를 조금만 올려도 변성되어 버리고, 산이나 염기의 환경이 조금만 변해도 기능을 발휘하지 못한다는 문제가 있다.

이에 반해 불균일촉매는 고체 상태이기 때문에 일단 구조가 튼튼하고 안정적이다. 촉매가 고체여도 반응물은 액체나 기체 상태로 나오기 때문에 분리하기 굉장히 쉬워서 대량 생산 공정이 가능하다는 것도 장점이다. 하지만 효소처럼 특정 반응만 간여하는 특이(specific)한 구조를 갖추고 있지 않기 때문에, 우리가 원하는 반응만 일어나는 선택성과 촉매 물질의 원자 당 생산하는 생성물의 양이 많지 않은, 즉 활성도가 굉장히 낮다는 단점이 있다.

결론적으로 가장 이상적인 방법은 불균일촉매와 효소의 장점을 섞어 효소와 최대한 유사한 불균형촉매를 만드는 것이다. 이를 위해 많은 고민과 연구를 진행하고 있지만, 아직까지는 효소와 같은 특징을 가진 수소생산촉매를 만드는 것이 수소기술 분야의 궁극적인 목표인 동시에 난제로 남아 있고, 이것이 우리가 던지는 그랜드 퀘스트다.

효소와 유사한 촉매를 만들기 위한 노력

효소가 촉매로서 선택성과 활성이 높은 이유는 몇 가지 특이한 구조를 지니고 있기 때문이다. 효소는 아미노산(amino acid)들이 조합되어 만들어진 단백질 구조로, 반응물이 들어오게 되면 그 반응물의 모양에 따라 촉매 기능을 하는 단백질 구조의 특정 부위가 변화하는 특이성이 있다. 즉, 특정 반응물이 주어지는 특정 국소 환경에서 잘 적응하는 방식으로 최적의 성과를 낼 수 있게 되는 것이다.

효소에서 일어나는 촉매 작용과 비슷한 반응을 일으키는 불균일촉매를 만들어 볼 수는 없을까? 이와 관련하여 우리 공동 연구팀이 개발한 몇 가지 연구 결과를 소개하고자 한다.

첫 번째 연구 자료는 "'고성능 전기화학 H_2O_2 생산'을 위한 Co-N-C 촉매의 원자수준 튜닝"이다.[1] 2020년에 〈네이처 머터리얼즈(Nature Materials)〉에 발표한 논문으로 효소를 닮은 촉매를 이용하여 과산화수소를 제조할 수 있다는 내용이다.

과산화수소(H_2O_2)는 분자 구조가 물(H_2O)과 유사하다. 코로나19 시기에는 소독제로 쓰이기도 했지만, 과산화수소가 중요한 또 다른 이유는 반도체 공정에 많이 쓰이기 때문이다. 지난 2018년쯤 일본이 반도체 세정이나 의료 현장의 멸균제로 사용되는 고순도의 불화수소(HF)를 팔지 않겠다고 하여 무역 분쟁이 일어나기도 했는데, 사실 반도체 세정이나 디스플레이 공정에서 세정제 용도로 불화수소의 10배 이상 사용되는 것이 바로 과산화수소다.

과산화수소를 생산하기 위해서 기존에는 주로 안트라퀴논

---

1   현택환, 성영은, 유종석 외 11인, "Atomic-level tuning of Co-N-C catalyst for "high-performance electrochemical H2O2 production", 〈Nature Materials〉(2020)

공정(Anthraquinone process)를 이용한다. 안트라퀴논 공정은 팔라듐
(Pd)촉매를 사용해 안트라퀴논에 수소를 집어넣고 공기로 산화시
켜 과산화수소를 제조하는 방법이다. 그런데 팔라듐을 비롯하여
로듐(Rh), 이리듐(Ir) 등 소위 '플래티넘 그룹 금속(platinum group
metals)'으로 불리는 백금족 금속들은 백금과 마찬가지로 매우 비
싸서 팔라듐촉매를 이용한 안트라퀴라논 공정은 단가가 높다. 게다
가 대규모 정화 및 추출 프로세스를 요구하기 때문에 공장 규모
자체도 크고 복잡하다. 그래서 팔라듐을 대체할 수 있도록 효소
와 같은 구조의 촉매를 만들기 위해 우리가 낸 아이디어는 인간
의 몸속에서 과산화수소를 만드는 항산화 효소인 슈퍼옥사이드
디스뮤타제(SOD, Superoxide Dismutase)를 흉내 내는 것이다. SOD
는 그 항산화 효과가 매우 뛰어나 이미 강력한 항산화제로 판매
되고 있다.

SOD뿐만 아니라 인체 내 효소들은 모두 단백질의 가운데
에 금속을 품고 있는 구조를 가지고 있다. SOD는 그 구조의 가
운데에 망간(Mn)을 품고 있고, 혈액 속의 헤모글로빈은 가운데에
철(Fe)을 품고 있다. 이 구조가 바로 효소가 화학 반응 중 우수한
촉매로 평가되는 데 핵심적인 역할을 한다.

그렇다면 이런 구조를 가진 불균일촉매를 어떻게 만들 수
있을까? 가장 쉽게 생각해 볼 수 있는 대안은 흑연에서 나오는
그래핀을 이용하는 것이다. 이 그래핀의 전체 구조에 질소화합물
(nitrogen)을 도핑하여 적당히 배치하여 효소와 유사한 구조를 만
들고, 거기에 산화되는 환경을 최적화하기 위한 금속으로 코발트
를 사용하는 것이 가장 최적의 대안임을 계산으로 찾아냈다. 이

렇게 코발트를 합성시킨 촉매로 테스트해 본 결과, 놀랍게도 기존의 귀금속촉매들보다 거의 열 배 이상으로 월등히 높은 활성도를 보일 뿐만 아니라, 100시간 이상 활성 상태를 유지하면서 안정성까지도 동시에 만족시키는 결과를 얻을 수 있었다.

실제로 이 논문이 발표된 이후 국내에서 과산화수소를 생산하는 각 기업에서도 큰 관심을 보였고, 공동 연구팀과 함께 이 분야에 대한 연구를 지속하고 있다. 기존의 귀금속을 대신할 수 있는 상대적으로 저렴한 코발트를 이용하여 효소와 비슷한 촉매를 개발한다면 실제 산업적으로 적용했을 때 생산 효율을 대폭 높이는 효과를 기대할 수 있을 것이다. 과산화수소는 물과 유사한 분자식을 가지고 있으므로, 이러한 연구 결과를 활용하면 물을 분해해서 수소를 생산하는 데 큰 도움을 얻을 수 있다.

두 번째 연구 사례는 "단일원자 Cu/TiO_2 광촉매의 가역적이고 협력적인 광활성화"[2]로, 태양광을 이용해서 물을 분해하고 수소를 얻는 연구이며 2019년 〈네이처 머터리얼즈〉에 발표되었다. 현재 대부분의 수소를 생산하기 위해서는 천연가스, 즉 메탄(CO_4)을 고온고압에서 물과 반응시켜 만드는 수증기 메탄 개질 반응(SMR, Steam Methane Reforming) 방식을 사용한다. 그런데 이 과정의 화학 반응식을 보면 알 수 있듯이, 생성되는 수소 자체는 청정 에너지이지만 이를 생산하는 과정에서 많은 이산화탄소

---

2   현택환, 남기태, 김형준 외 10인, "Reversible and cooperative photoactivation of single-atom Cu/TiO2 photocatalysts", 〈Nature Materials〉 (2019)

(CO_2)를 방출하게 된다.[3]

이를 해결하기 위한 첫 번째 대안은 태양광이나 풍력 같은 신재생에너지를 통한 여분의 전기를 이용해 물을 분해하여 수소를 만드는 것이다. 이는 가까운 시일 내에 가장 먼저 적용되는 수소 생산의 방법이 될 것으로 보인다. 두 번째로 가장 이상적인 방안은 태양빛 자체를 이용해 물을 광분해하여 수소를 생산하는 것이다. 이때 일반적으로 가장 많이 알려진 광촉매는 이산화티타늄(TiO_2)이다. 사실 이산화티타늄 자체는 광촉매로서 활성도가 뛰어난 편이 아닌데다, 특히 물을 분해하여 수소를 생산하는 반응에서는 더욱 효과가 적다. 그래서 일반적으로는 백금을 나노 입자 상태로 올려서 촉매인 이산화티타늄을 도와주는 역할을 하는 조촉매로 사용해야 하다 보니, 당연히 비용도 올라갈 수밖에 없다.

그렇다면 이를 대체하기 위해 효소와 비슷한 원리의 다른 촉매를 어떻게 만들 수 있을까? 우리가 고안한 방법은 이산화티타늄에 티타늄 대신 원자 상태의 구리(Cu)를 집어넣는 것이었다. 이렇게 만들어진 촉매의 구조는 효소와 유사한 형태를 취하게 된다. 실제로 실험을 진행했을 때 빛을 쬐어 주면 작은 거품이 올라오면서 수소가 발생하는 것을 확인할 수 있었다. 그런데 중

---

3   수증기 메탄 개질 반응(Steam-Methane Reforming reaction)
$CH_4 + H_2O$ (+ 열, heat) $\rightarrow CO + 3H_2$
수성 가스 전환(Water-gas shift reaction)
$CO + H_2O \rightarrow CO_2 + H_2$

요한 것은, 이렇게 만들어진 촉매가 자외선부터 근적외선까지 거의 모든 빛을 다 흡수한다는 것이다. 덕분에 촉매 활성 반응에서도 기존의 백금보다 오히려 더 우수한 활성을 보였다.

특히 이 방식은 반응물과 반응했을 때 우리가 원하는 생성물만을 만들어 내는 효소의 작동 원리와도 매우 유사한 특성을 보인다. 즉, 반응물에 따라 촉매의 구조가 완전히 바뀌면서 촉매 활성이 생길 수 있도록 맞춤형으로 활성화된 상태가 되어 수소를 발생시키고, 반응이 끝나고 나면 다시 원 상태로 돌아가는 것이다.

세 번째 사례는 대량 수소 생산을 위한 부유식 광촉매 플랫폼에 대한 연구다.[4] 태양광을 이용하는 광촉매는 주로 파우더 형태다. 광촉매를 물에 넣으면 바닥에 가라앉는데, 가라앉을수록 촉매 활성이 일어나지 않기 때문에 계속해서 저어 줘야 한다. 그런데 만약 자연에 있는 호수나 강물에서 물을 분해하여 수소를 대량으로 생산하려고 한다면 그것을 계속 저어 줄 수가 없을 것이다. 그래서 생각해 낸 아이디어가 스티로폼처럼 물에 둥둥 뜨는 부유식 플랫폼을 만들고 윗부분에 광촉매를 박아 놓는 것이다. 그렇게 하면 물에 띄워 놓기만 해도 태양열을 받아 손쉽게 수소가 생성될 수 있다. 실제로 이 방식을 이용하여 $1m^2$의 부유식 플랫폼으로 시연을 해 보기도 하고, 실제 강물과 해양수 조건에서 대량의 수소 생산을 검증해 보이기도 했다.

---

4 현택환, 김대형 외 11인, "Floatable photocatalytic hydrogel nanocomposites for large-scale solar hydrogen production", 〈Nature Nanotechnology〉(2023)

융합적인 접근의 필요성

효소모방촉매를 만들기 위한 다양한 연구를 바탕으로 유의미한 결과도 나오고 있지만 수소 경제를 완성하기 위해서는 갈 길이 멀다. 특히 아직까지 완벽한 촉매를 산업적으로 활용할 정도의 단계에 이르지 못했기 때문에, 에너지 문제를 해결하기 위해 효소를 사용하기에는 매우 비효율적인 상황이라고 볼 수 있다. 그럼에도 효소가 어떤 원리를 바탕으로 좋은 촉매가 될 수 있는지 이해하는 것은 다음 단계로 나아가기 위해 충분한 의미가 있고 또 중요한 참고가 될 것이다.

일상 속에서 사용하는 제품은 최소한 하나 이상의 촉매 공정을 통해 만들어진다. 이때 이용된 대부분의 촉매는 불균일촉매다. 앞으로 이 불균일촉매를 어떻게 효소와 같은 이상적인 촉매로 바꾸어 갈 수 있을 것인가에 대한 질문은 수소 경제뿐 아니라 우리의 삶 전반과 이어진 화두이기도 하다.

20세기가 세분화의 세계였다면 21세기는 융합의 세계에 들어섰다. 앞으로 친환경에너지로 탄소중립을 실현하기 위해서는 다양한 영역의 협업이 필요하다. 기후 문제는 이미 전 인류가 체감하는 심각한 과제가 되었다. 이러한 수준의 문제는 한 명의 천재가 혼자 해결할 수 없다. 효소를 닮은 촉매를 만드는 과제에 있어서도 인공지능, 생물학, 물리학, 화학, 화학공학 간 다학제적인 관점에서의 협업이 필수적이다.

효소모방촉매에 관한 대담

├ 수소 분야에서 앞으로 후속 세대가 연구하고 고민해야 할 문제
   는 무엇인가?

현택환 교수 촉매에는 활성, 선택성, 안정성의 세 가지 특성이
있다고 했는데, 이 모든 것을 아우르면서도 가장 중요한 것은 대
량 생산이 가능해야 한다는 점이다. 구체적인 생산량은 촉매마다
다르지만 실제로 쓰이기 위해서는 기본적으로 수천 kg의 단위로
생산해야 한다. 아무리 기초적인 연구에서 성과가 있었다고 하더
라도 실험실 스케일이 아니라 실제로 산업에서 사용할 수 있는
스케일을 갖출 수 있기 위해서는 또 다른 많은 공학적인 노력,
스케일 업이 필요하다.

성영은 교수 이 그랜드 퀘스트는 기초과학과 산업, 양쪽의 발전

을 다 요구한다. 기초과학의 관점에서 메커니즘만 보더라도 아직 이해하지 못한 부분이 많다. 전기화학 관점에서 30년 이상 백금을 연구했지만 아직까지도 왜 백금이 좋은 성능을 보이는지 정확하게 알 수 없다. 좋은 성능을 보이기 때문에 그 구조를 이해하려고 거꾸로 접근하는 상황인데, 이 문제를 풀어야 효소에 대한 이해도 더욱 정확해질 것이다. 산업적 관점에서도 완전히 새로운 차원의 기술적 노력이 요구된다. 또한 새로운 기술이 나오더라도, 외부조건이 잘 통제된 실험실 환경이 아니라 실제 산업 현장에 적용하면 전혀 다른 문제가 발생하기 때문에 결코 쉽지 않은 과정이다. 예를 들어 신재생에너지로 생산된 전기를 이용해 물을 분해하는 경우라도 실험실에서는 사용하는 전기와 풍력이나 태양광 시설 현장에서 들쭉날쭉하게 주어지는 전기를 쓰는 것은 전혀 다른 조건이라고 할 수 있다. 이처럼 실험실에서 발견된 개념을 실제 산업 현장에서 활용하기 위해서는 또 다른 지식이 필요하다. 참고로 우리나라 기업들은 이 부분에서 경험과 지식이 부족하다.

├   수소 생산과 관련하여 산업계과 협업을 추진할 방안은?

성영은 교수   우리나라 기업들도 수소 생산과 관련하여 다양한 시도를 하고 있다. 모 기업에서는 바닷물을 전기 분해하여 수산화나트륨(NaOH)과 염소를 생산하는 시설을 꽤 크게 운영하고 있는데, 문제는 그런 시설을 전반적으로 다룰 만한 엔지니어가 사실상 없다. 해외에서 장비를 들여와서 설치하고 그대로 운전만 하는 수준이다. 그러다 보니 기업 차원에서 생산 시설에 관련하여 축적된 기술 노하우가 없는 게 가장 큰 문제다. 결국 학문적인 연구 영역을 조금 넘어서는 정도에 머물러 있는 것 같다. 우리가 발견한 촉매 소재를 기업 차원에서 적용하여 전극을 만드는 것은 또 다른 기술에 대한 연구가 필요한데, 현실적으로 그만한 시간을 들이고 성과를 기다리기 어려운 환경이다. 그래서 그랜드 퀘스트의 관점과 함께 인프라로 해결할 필요가 있는 문제라고 본다.

현택환 교수　국내 기업과의 협업을 통해 느끼는 부분 중의 하나는, 소위 턴 키 베이시스(Turn-Key-Basis) 시스템에 너무 익숙하다는 것이다. 턴 키 베이시스 시스템이란 쉽게 말해서 선진국에서 장비를 도입해 와서 스위치만 올리면 작동되는 시스템이라는 뜻이다. 앞서 언급했듯이 연구실에서 만들어진 기술을 바탕으로 대량 생산까지 이어지도록 개발할 수 있는 능력을 갖춘 기업을 찾기는 쉽지 않다. 원천 기술이 상당히 개발되어 있다고 할지라도 실제로 산업계와 협업하기 위해서는 시행착오를 버텨내는 인내의 시간이 필요할 뿐만 아니라 현실적인 자금 투자도 이루어져야 한다. 그런데 그것이 과연 가능한가 하는 질문을 던져 볼 수 있을 것 같다. 우려되는 것은, 일본뿐 아니라 이미 중국의 과학 기술 발전 속도가 우리를 한참 뛰어넘고 있다는 점이다. 탑 저널인 〈네이처〉, 〈사이언스〉를 포함해서 거의 모든 분야의 저널 저자들 중 중국인의 비중이 절대적으로 높아지고 있다. 우리도 안일하게 생각해서는 안 된다.

├ 효소모방촉매가 아니라 실제 효소를 촉매로 쓸 수는 없는가?

현택환 교수 실제로 그런 시도도 있었다. 그런데 단백질은 열에 약하다는 치명적인 한계가 있어서, 실험실에서 논문을 낼 정도는 가능할지 몰라도 산업 스케일로 적용하는 단계로는 도저히 갈 수가 없다. 수처리 분야나 음식물 분해 등 아주 예외적인 분야에서 효소를 촉매로 사용하는 경우도 있지만, 우리가 논의하는 수소 생산을 위한 산업적인 촉매 공정에서는 너무 많은 제약이 따르기 때문에 현실적인 대안이라 볼 수 없다.

├ 효소모방촉매라는 그랜드 퀘스트를 해결하기 위해 앞으로 어떤 분야와의 협업이 필요한가?

현택환 교수 앞서 소개한 과산화수소 생산에 대한 연구 논문의 경우에도 최적의 촉매를 합성하는 과정에서 컴퓨터로 성능을 시뮬레이션하고 계산하는 분들의 경험과 지식이 중요한 역할을 했다. 그뿐 아니라 앞으로는 효소에 대한 이해가 굉장히 깊은 생물학자들과 협업한다면 근본적으로 발전할 수 있을 것이며, 나아가 생화학자와의 협업도 도움이 될 것이다. 또한 효소모방촉매가 개발되었을 때 실제로 산업에 적용할 수 있도록 산업 현장에 가까운 연구를 하는 분들과 연결되면 단순한 실험실 스케일에 그치지 않고 국가 경제에 큰 보탬이 될 수 있을 것으로 기대한다.

성영은 교수 소재를 만드는 연구자에게 스케일 업까지 요구하는 것보다는, 기업적인 측면에서도 스케일 업에 대해 적극적으로 투자하는 분위기가 형성되어야 한다. 그럴 수 있다면 국가적으로 원천 기술을 활용할 수 있는 기회가 더 많아지리라 생각한다.

├   실험실 스케일을 넘어 산업적으로 스케일 업하기가 어려운 이유는 무엇인가?

성영은 교수 일단 소재를 대량으로 합성하는 공정이 굉장히 어렵고, 또 전기화학적인 장치이기 때문에 전극이 '5cm×5cm' 크기에서 '1m×1m' 크기가 되면 전자의 이동 현상, 전도성 등이 완전히 달라진다. 이 모든 게 다 새로운 요인이며 새로운 연구 주제가 되는 셈이다.

현택환 교수 일단 실험실 스케일의 연구 결과를 대량 생산 공정에 적용하는 연구를 했다고 할 때, 그 연구자가 만약 '5cm×5cm로 몇 밀리리터(ml) 만든 기초 연구 결과를 이용해서 1m×1m로 발전시킨 결과 수십 리터를 만들 수 있었다'는 취지로 논문을 제출한다면 좋은 학술지에서는 받아 주지 않는다. 세계 최고 저널에서 첫 번째로 따지는 것이 독창성(novelty), 두 번째는 파급 효과(broad impact)인데, 남이 발견한 기초 연구 결과를 발전시킨 것 자체로는 독창성이 떨어진다고 보기 때문이다.

그런데 논문이 게재되기는 어려울지 모르지만, 현실에서는 아주 중요한 문제다. 아무리 중요한 원천 기술이 개발되고 〈네이처〉지에 논문을 냈다 할지라도, 그것들을 실제로 산업적인 큰 스케일로 적용하기까지는 굉장히 큰 간극이 있다. 독일이 성공할 수 있었던 이유 중 하나도 학계와 산업계를 연결시키는 역할을 프라운호퍼 연구소가 해 주었기 때문이다. 학계에서 진행되는 기초 연구 결과들이 결국 독일 산업을 일으키도록 중간 가교 역할을 해 준 것이다. 아직 우리나라는 이에 대한 준비가 잘 되어 있지 않기 때문에 고민이 필요한 문제다.

├   산업계에서 이에 대한 적극적인 투자나 연구를 하지 않는 이유
     는 무엇인가?

현택환 교수   여러 이유가 있겠지만 가장 중요한 이유는 경제적인 이유라고 봐야 할 것이다. 스케일 업은 대개 수년간의 시간이 드는 만큼 짧은 기간 동안 성과를 내고 수익이 날 수 있는 일이 아니다. '과연 10년 후에도 우리나라가 잘 살기 위해서 무엇을 할 것인가?'와 같은 고민보다는 단기적이고 작은 이익을 더 바라보는 것 같다. 단기적인 결과에 집착하면 절대 이러한 발전을 할 수가 없기 때문에, 오래 걸리더라도 이 기술을 끝까지 개발해서 문제를 해결하겠다는 마인드 셋이 필요하지 않을까 싶다.

성영은 교수 자연과학 연구의 결과가 국민의 생활이나 산업에 큰 영향을 주는 사례가 많지 않았기 때문이기도 할 것이다. 하지만 그렇게 되지 않는 이유도 결국 스케일 업 기술 개발과 연결이 되지 않고 논문 단계에서 멈추기 때문이다. 기업이 자연과학 수준을 인정하지 않는 것은 아니겠지만, 당장은 이윤을 목표로 하기 때문에 연결이 되지 않는 면이 있다고 본다.

ㅏ 테슬라가 전기차의 배터리 문제를 주류로 꺼내 실용화했듯, 수소기술 분야에서도 큰 규모의 초기 투자를 통해 산업화될 가능성이 있는가?

성영은 교수 충분히 가능하다고 생각한다. 아직 초기 단계이기 때문에 구체적인 모델이 등장하면 점차 새로운 변형이 나올 것이라고 생각하는데, 현재로서는 우리나라의 대기업들이 참여할 의사는 있지만 선두로 나서기를 주저하는 것 같다. 테슬라처럼 앞서 시도하는 기업이 나오면 수소기술도 크게 발전할 가능성이 있다고 생각한다.

현택환 교수 요즘에는 학생들도 좋은 대학을 나와 소위 말하는 안전한 길을 택하는 경우가 많은 것 같다. 수소기술에 대한 과감한 발상 전환과 도전이 필요하듯이, 앞으로는 도전 정신을 가지고 뭔가 일을 저지르는 사람이 필요하지 않을까 싶다. 앞으로 각 분야의 그랜드 퀘스트를 해결할 수 있는 놀랄 만한 도전들이 있었으면 한다.

├   협업을 통한 융합적 연구와 관련하여 성공하거나 실패했던 경험
    이 있는지?

현택환 교수   우선 비슷한 연구를 하는 사람끼리 협업하는 것보
다는 서로 다른 분야의 연구가 합쳐져야 시너지를 발휘할 수 있
다. 또한 파트너를 정할 때는 각 분야의 최고들끼리 만나야 최고
의 연구 결과물을 만들 수 있다. 협업도 결국 인간관계이기 때문
에 장기전이라고 생각하고 때로는 자신이 양보할 필요도 있다.
나도 그렇게 많은 연구자와 공동 연구를 하면서 좋은 논문을 많
이 발표할 수 있었다.

성영은 교수   서로 다른 분야에서 공동 연구를 할 때 서로의 영
역을 존중하고 지키는 것도 중요하다. 선을 지키면서 필요 이상
서로에 대해 간섭하지 않아야 오래간다. 우리나라에서는 어떤 연
구가 인기 분야가 되면 갑자기 전문가들이 확 늘었다가 사라지
기도 하는데, 그런 면이 아쉽다고 생각한다. 그래서 항상 스스로
성찰하곤 한다. 각자 분야를 끝까지 지켜 나가는 것도 중요하다.

├   연구 관련하여 개인적인 좌절이나 극복의 경험이 있다면?

현택환 교수   유학 시절 굉장히 열심히 노력했는데도 3년 동안 연구 결과가 하나도 없어서 고민을 많이 했다. 그때 연구가 영 안 될 때는 그냥 도서관에 들어가서 내 전공 분야뿐만 아니라 관련된 분야의 논문을 계속 읽는 습관이 있었다. 그러다 보면 조금씩 실마리가 풀리기도 했다.

　　또 하나의 습관은 논문을 읽으면서 아이디어를 메모하는 것이다. 지금도 내 첫 번째 아이디어 노트가 연구실에 있다. 지금은 노트가 아니라 워드나 메신저를 이용하는데, 요즘은 학생들과의 단체 대화방에 생각날 때마다 아이디어를 공유하곤 한다. 그때의 습관들이 지금의 나를 만들지 않았나 싶다. 정말 힘들고 어려운 시기였지만 오히려 전화위복이 되었다.

제한된 환경에서 주어진 명령만을 수행하는 로봇은 재난 상황처럼 복잡하고, 끊임없이 환경이 변화하는 조건에서는 쓸 수 없다. 우리가 각종 미디어에서 쉽게 접하고 상상했던 것처럼 사람 같은 로봇이 사람 대신 여러 가지 일을 할 수 있도록 만들기 위해서는 다양한 환경에 유연하게 적응하는 능력이 필요하다. 이처럼 변화된 환경을 인지하고, 이에 맞추어 행동을 적응시키며 임무를 수행하는 로봇을 만들 수 있을까?

5장

환경 적응적 로봇:

변화하는 환경에 적응하는 로봇을 만들 수 있을까?

김현진 서울대학교 항공우주공학과 교수

2004년 당시 최연소 서울대 교수로 역임된 이후, 20여 년간 기계항공 공학자로서 인공지능 로봇과 자율비행 드론을 연구해 왔다. 뛰어난 연구 성과를 바탕으로 2015년 국제자동제어학술회의(ICCAS) 최우수논문상, 2021년 국제로봇자동화학회(ICRA) 무인비행체 분야 최우수논문상을 수상하였다. 2017년 한국공학한림원이 선정한 대한민국 100대 기술과 차세대 주역 선정을 기반으로 2019년에는 한국공학한림원 정회원에 선정되었다. 현재 국제로봇자동화학회 로봇학습부문 editor, 항공우주학회 학술이사, 제어로봇시스템학회 연구이사 등을 역임하며 활발한 연구 활동을 이어가고 있다.

조규진 서울대학교 기계공학부 교수

생체 모사 로봇, 소프트 로봇, 웨어러블 로봇 분야의 연구를 지속하며, 2014년 국제로봇학회에서 한국인 최초로 젊은 연구자상을 수상하고, 2015년 물위를 도약할 수 있는 생체 모사 로봇 개발에 성공하여 학계의 주목을 받았다. 그 이후 독창적인 소프트 로봇, 웨어러블 로봇 등을 개발하여 〈Science Robotics〉에 게재하였고, 현재 국제로봇학회 부회장을 맡고 있으며, 세계 최대의 로봇학술대회인 국제로봇자동화학회(ICRA) 2027 유치위원장으로 대한민국 서울 유치에 성공하였다.

김현진 교수

체화된 지능을 보유한 기계(Machines with embodied intelligence)

인간이나 생물체의 지능은 간단히 말해 외부 정보를 받아들여서 추론하고, 그에 따라 행동할 수 있는 능력을 뜻한다. 그래서 변화하는 환경에 대한 적응력을 가진 로봇을 만들 가능성에 관한 질문은 보다 일반화된 범주로 봤을 때 '지성(intelligence)을 가진 로봇을 만들 수 있는가'라는 질문과 맞닿아 있다. 지식과 지능을 가진 로봇에게 적응력은 필연적인 개념일 수밖에 없다.

로봇의 범위와 정의

로봇이라는 단어를 들으면 주로 영화 속 다양한 형태의 로봇들을 떠올릴 것이다. 우스갯소리로 로봇 학자들에게 최대의 경쟁자는 할리우드라는 말을 하기도 하는데, 영화에 등장하는 로봇들은 공통적으로 주변의 상황을 인식하고 스스로 그에 맞는 행동을 할 수 있는 능력을 가지고 있다. 심지어 영화 〈바이센테니얼 맨〉의 로봇은 감정과 창의성까지 가지고 있고, 〈트랜스포머〉의 로봇은 상상도 못할 만한 괴력을 발휘하는 등 아직까지 현실의 로봇들이 하지 못하는 다양한 능력을 보여 준다.

영어사전에서 로봇을 검색하면 '컴퓨터의 제어를 받으면서 어떤 일을 혼자서 하는 시스템'이라는 정의가 나온다. 로봇학자들은 로봇이 혼자서 어떤 일을 하게 하려면 구체적으로 주변 환경을 인식하는 능력인 센싱(sensing), 센서 정보를 바탕으로 추론하는 능력인 리즈닝(reasoning), 그리고 추론을 바탕으로 행동을 하는 액팅(acting)의 세 가지 단계가 필요하다고 말한다.

로봇은 넓은 의미로는 인공지능 스피커와 같이 사용자의 목소리를 듣고 응답하는 기기를 포함하기도 하지만 또 한편으로는 물리적인 액션이 없으면 로봇이라고 할 수 없다는 철학을 가진 사람들도 있다. 우리가 로봇이라고 부르는 대상은 용도나 모양, 크기나 움직이는 방법이 아주 다양한 시스템이지만, 물리적인 몸을 가지고 있다는 점이 인공지능과의 가장 큰 차이점이라고 볼 수 있다.

로봇 연구와 개발의 이유

우리는 왜 로봇을 연구하고 개발하려는 것일까? 가장 기본적인 이유는 수행하기 위험하거나 작업하기를 꺼리는 3D 업종을 로봇이라는 에이전트에게 대행시키고자 함이다. 개인적으로 2001년 5월에 일어난 한 사고가 로봇 개발의 필요성을 더 절실히 느끼는 계기가 되기도 했다. 당시 한강 올림픽대로 주탑 위에 성화 모양의 조형물을 올려놓던 헬리콥터가 갑자기 하강하면서 조형물에 충돌하였고, 이 사고로 세 명의 군인이 사망했던 안타까운 일이 있었다. 사람이 위험한 일을 하다가 불의의 사고를 당한 것이 너무나 가슴 아팠고, 로봇 개발을 통해 이러한 리스크를 어떻게 줄일 수 있을지가 연구의 가장 큰 동기가 되었다.

근로 시장에서도 로봇의 필요성과 역할이 점점 커지는 추세다. 세계적으로 인구는 고령화되고, 근로 시간은 단축되는 동시에 임금은 빠른 속도로 상승하고 있다. 또한 3D 업종의 경우에는 내국인뿐 아니라 외국인 근로자도 기피하고 있다. 이러한 노동 시장의 변화도 로봇 연구에 중요한 동기를 제공하고 있다.

기존의 로봇 산업은 산업용 로봇 팔 위주로 성장해 왔는데, 노동 환경의 변화에 대응하여 최근에는 서비스 로봇 시장 역시 커지고 있다. 예를 들어 식당에서 서빙을 하거나 호텔에서 짐을 옮겨 주고, 커피를 만들어 주는 로봇도 쉽게 만나 볼 수 있게 되었다.

실제로 로봇 시장의 향후 성장 가능성에 대해서는 꾸준히 긍정적인 전망이 나오고 있다. 특히 한국은 제조업 비중이 높기 때문에 로봇을 도입했을 때 경제적인 부가가치가 가장 높게 나올 수 있는 국가로 꼽힌다. 국제로봇협회(IFR)에서 발표한 자료에 따르면 2020년 기준 우리나라의 근로자 1만 명당 도입된 산업용 로봇의 숫자는 932대로, 2위 싱가포르(605대), 3위 일본

(390대)에 비하여 압도적으로 높다. 기술경쟁력으로도 한국의 로봇기술은 세계 5위권에 이를 정도로 높은 수준에 있다. 많은 로봇 학자들과 기업들이 큰 관심을 갖고 연구 개발에 노력을 기울이고 있기 때문에 한국의 로봇 산업은 긍정적인 미래를 기대할 수 있을 것이다.

로봇기술의 현황과 미래 비전의 구현

사실 우리가 상상할 수 있는 웬만한 로봇은 대부분 이미 누군가에 의해 만들어진 바 있다. 일상에서 쉽게 떠올릴 수 있는 요리하는 로봇이나 머리 감는 로봇, 관절이 부드러운 문어 같은 로봇도 이미 10여 년 전에 만들어졌고, 일부 학자들은 자신을 닮은 아바타 로봇을 만들기도 했다.

하지만 많은 투자에 비해 실제로 상용화되거나 큰 수익이 난 로봇은 아직까지 거의 없다. 그 이유는 흔히 볼 수 있는 청소 로봇이나 서빙 로봇을 생각해 보면 금방 짐작할 수 있다. 청소 로봇을 사용하는 것보다 사람이 한두 시간 동안 청소하는 것이 훨씬 깨끗하고 효율적인 경우가 많다. 청소 로봇이라고는 하지만 아직은 바닥의 먼지를 닦아 주는 정도에 불과하고, 정작 집안일 가운데 중요한 설거지나 빨래 정리 등은 할 수 없다. 현재의 기술 성숙도로는 식당에 서빙 로봇을 도입할 때 일일이 식당 내 구조나 테이블 위치를 사전에 입력해야 하고 그 음식을 잘 배달했는지 결국 사람이 확인해야 하므로 차라리 직원을 쓰는 것이 더

편하다고 하기도 한다. 혹 고장이라도 나면 금방 고칠 수 없어 번거롭다는 불만도 제기되고 있다.

그래서 아직까지는 사람과 동선이 겹치지 않는 공장용 로봇들이 주로 로봇 시장을 점유하고 있다. 심지어 자동차 공장처럼 로봇을 많이 사용하는 곳에서도 틀에 박힌 반복 작업은 로봇이 할 수 있지만, 카시트처럼 다양한 재료를 사용하고 여러 옵션을 적용해야 해서 손이 많이 가는 공정일수록 여전히 수작업의 비율이 월등하게 높다.

한편으로 테슬라에서는 조만간 사람을 닮은 휴머노이드 로봇을 도입할 것이라는 비전을 제시하기도 했다. 지금과 같은 로봇 팔이 아니라 실제 사람처럼 움직이면서 재료나 부품을 운반하고 조립도 할 수 있는 로봇을 통해 지금보다 더 스마트한 공장을 구현할 것이라는 주장이다. 만약 이러한 로봇이 실제로 구현된다면 공장뿐 아니라 우리 일상에서도 엄청난 변화를 기대할 수 있을 것이다. 집에서 쓰는 청소 로봇은 바닥 먼지만 치우는 것이 아니라 설거지나 빨래, 정리정돈까지 해 주고, 붕괴 위험이 있는 재해 현장에서도 로봇들이 장애물을 치워 더 안전하고 효율적인 구조 작업을 할 수 있게 될 것이다. 또한 꽉 막힌 도로에서도 사람보다 넓은 시야와 빠른 계산 능력을 바탕으로 로봇이 더 체계적인 교통정리를 할 수도 있다. 이렇게 되면 다양한 일상 문제를 로봇을 통해 해결하는 세상이 오는 것이다.

하지만 현재의 로봇 수준과 이와 같이 미래 비전으로 제시되는 로봇 사이에는 꽤 큰 간극이 있다. 이상적인 미래의 로봇을 구현하기 위해서는 하드웨어를 만드는 데서 그치는 것이 아니라 궁극적으로는 로봇의 정의에서 언급한 센싱, 리즈닝, 액팅의 세가지 기능을 통합적으로 보유한 로봇을 만들 수 있어야 한다.

예를 들어 보스턴 다이내믹스(Boston Dynamics)에서는 점프를 하거나 달리기를 하는 등 사람보다 훨씬 뛰어난 구동 능력을 갖춘 다양한 사족 로봇이나 휴머노이드 로봇들을 선보이고 있다. 겉으로 보기에는 놀라운 능력이지만 다른 로봇과 작동 원리는 크게 다르지 않다. 결국 수천 개의 부품과 다양한 센서들의 동작을 하나하나 개별적으로 모델링하고 조합하여, 사전에 정해진 기능을 수행하도록 반복적으로 튜닝시킨 결과다. 즉, 아무리 특정 기능이 뛰어난 로봇이라 해도 적응력이 없기 때문에 점프를 잘하는 휴머노이드 로봇이 청소를 잘할 수는 없다. 그렇게 하려면 청소해야 하는 집의 구조나 오염물을 인지하고 오염 종류에 맞게 제거하는 동작을 새롭게 학습시켜 추가해야 한다. 그래서 센싱, 리즈닝, 액팅이 긴밀하게 통합된 적응적 로봇이 필요한 것이다.

적응적 로봇를 구현하기 위해 필요한 요소

로봇이 사람처럼 적응적으로 움직이게 하기 위해 가장 기본적으로 필요한 첫 번째 요소는 센싱(sensing)이다. 사람의 감각은 생각보다 단순하지 않으며 기민하게 작동한다. 로봇이 이와 같이 다양한 감각을 감지할 수 있을 것인지가 우리에게 주어진 첫 과제라고 할 수 있다.

일단 로봇은 두 눈을 가진 사람처럼 움직이는 물체를 잘 보고 거리도 잘 파악할 수 있어야 한다. 예를 들어 사람은 공간에 수많은 물체가 있더라도, 그중에서 자신이 관심 있는 개체가 움직이면 자동으로 그쪽에 시선을 보내게 된다. 또한 사람의 귀는 메시지를 듣는 것뿐만 아니라, 그 소리가 어느 방향에서 오며, 누구의 목소리인지, 또 그 목소리가 주는 뉘앙스가 무엇인지 등 정량적으로 표현하기 어려운 정보까지 수집하고 균형감각도 제공한다. 과연 이러한 과정을 딥러닝 알고리즘만으로 구현할 수 있는지 또한 문제다.

게다가 사람의 온몸에는 훌륭한 감각 센서들이 널리 퍼져 있다. 그것을 로봇에 하드웨어적인 센서로 구현하려면 아직 연구 중인 플렉서블 스킨과 같은 비싼 소자를 온몸에 휘감거나 개당 수백만 원씩 하는 압력 센서를 수없이 많이 붙이는 수밖에 없기에 엄청난 비용이 소요된다. 게다가 이들을 작고 얇게 만들기도 쉽지 않고, 표면의 거칠기까지 느끼는 사람의 감각 수준은 아직 기술적으로 구현하기 어렵다.

또 하나의 큰 차이점은 고유감각(proprioception)이다. 사람은 팔을 뻗고 있으면 그 끝에 있는 자신의 손이 어디쯤 있는지 계산하지 않아도 알 수 있다. 그런데 로봇 팔은 자신의 손가락 끝이 어디에 있는지 부착된 센서와 복잡한 계산을 통해서 하나하나 알려주지 않으면 자동으로 인식하지 못한다.

이러한 문제를 해결하기 위해서 전기적, 기계적인 소자로 다양한 센싱 기능을 적용하려는 시도가 있지만 아직까지는 제약이 많다. 예를 들면 로봇의 위치나 속도만을 구하기 위해서라도 레이더나 가속도계, GPS, 카메라 등의 각종 센서를 함께 써야 하며 그러한 센서를 다양하게 사용하더라도 아직은 사람의 센서 능력에는 한참 미치지 못하고 있다.

사람과 같이 동작하기 위한 두 번째 요소는 동작(actuation mechanism)이다. 액추에이션(actuation) 관점에서는 모터를 많이 달 수밖에 없는데, 이런 로봇의 한계를 극복하기 위해 자연계를 흉내 낸 로봇을 만들자는 시도가 꾸준히 이루어지고 있다. 또 부드러운 소자를 사용한 소프트 로봇도 계속 발전하고 있다. 우리 연구실에서는 드론으로 공중에서 작업할 수 있도록 드론에 로봇 팔을 붙인 플랫폼도 연구하고 있는데, 일반 드론을 제어하는 것은 현재의 기술로도 간단하게 구현할 수 있지만 여기에 로봇 팔을 붙이면 전혀 다른 시스템이 된다. 드론이 잘 작동하는 것과 로봇 팔이 원하는 작업을 해내는 것은 전혀 다른 원리이기 때문에 이를 복합적으로 구현하는 것은 쉽지 않다. 게다가 한 대의 드론으로는 옮길 수 없는 무거운 물건을 옮겨야 할 경우 두 대 이상을 이용해야 하는데, 이때 협력하는 동작에 대한 새로운 모델링이나 학습이 필요하다.

이와 관련하여 모라벡의 역설(Moravec's paradox)을 다시 되새길 필요가 있다. 사람들이 쉽게 생각하는 낮은 단계의 구동 기능을 로봇으로 구현하는 것은 굉장히 복잡하지만, 오히려 인간이 어렵게 생각하는 복잡한 계산을 로봇이 훨씬 잘할 수 있다는 것이다. 이런 맥락에서 체스나 바둑을 로봇이 더 잘하게 만드는 것은 가능하지만, 오히려 사람들에게는 지극히 단순하고 간단하게 여겨지는 청소 문제는 로봇에게 굉장히 어려운 과제가 될 수 있다. 이를테면 바닥에 까만 테이프가 붙어 있는 모습을 보고 우리는 그게 먼지가 아니라 끈끈한 테이프이며 빗자루로는 제거할 수 없고 손톱으로 긁어서 떼어낼 수 있다는 걸 알고 있지만, 그런 수준의 판단과 동작을 스스로 할 수 있는 청소 로봇은 아직 없다. 그래서 보통 로봇이나 인공지능이 대신할 직업 리스트의 상위권에 있는 것들의 작업 내용을 보면 일반인 눈에는 굉장히 쉬워 보일 수 있지만, 막상 로봇 학자들이 해당 작업을 수행할 로봇을 만들기가 굉장히 어렵다는 문제가 존재한다.

로봇 제작의 관점에서 가장 부족한 부분이 인간의 '손'이다. 대부분의 로봇은 집게 같은 그리퍼(gripper)나 빨판과 같은 석션(suction)을 붙여 동작한다. 물론 사람처럼 자유도가 20을 훌쩍 넘는 로봇 손을 만들려는 프로젝트가 없었던 것은 아니다. 존스 홉킨스(Johns Hopkins) 등 여러 기관에서는 10년 넘게 약 1,500억 원의 연구비를 들여 손을 구현하려고 연구하였지만 아직까지 상용할만한 수준의 기술을 구현하지 못했다. 이러한 시도 대부분이 너무 복잡하거나, 비싸거나, 무겁기 때문에 사람의 손처럼 실용적이고 정밀한 매니플레이션(manipulation)은 아직까지 먼 이야기다.

전통적인 자율 제어 시스템의 문제점

전통적인 자율 제어 시스템에서 사람처럼 움직이는 로봇의 구동이 어려운 이유는 무엇일까. 전통적인 자율 제어 시스템에서는 우선 센서(sensors)가 우리가 풀고자 하는 문제에 대한 정보를 전달한다. 그러면 컨트롤러(controller)가 그 정보를 받아서, 내가 원하는 상태와 센서 정보를 비교하여 그 격차를 줄일 수 있는 입력신호를 만들어 낸다. 그 입력값을 로봇 하드웨어에 제공하면, 로봇 하드웨어가 행동을 취하게 된다. 그 행동으로 인한 결과를 다시 센서가 측정하는 식의 루프가 반복적으로 이루어지는 것이다.

만약 우리가 다이내믹스(dynamics) 함수를 완벽하게 알고 있고 센서가 정확한 상태 값을 제공해 준다고 가정하면, 원칙적으로는 이 다이내믹스 함수의 역함수를 풀면 우리가 원하는 상태인 Xd와 실제 상태인 X가 1대1로 매치되게 만들 수 있다. 문제는 다이내믹스 함수를 완벽하게 알기 어렵거나 시간과 조건에 따라 달라진다는 점에 있다. 또한 우리가 얻을 수 있는 센서의 정보 역시 충분하지 않거나 너무 많아서 처리하지 못하는 경우도 많다. 혹은 센서가 가질 수 있는 노이즈나 에러의 문제도 있고, 한 가지 문제를 잘 처리할 수 있는 로봇의 제어기를 만들었다고 하더라도 다른 문제를 푸는 로봇에게 적용했을 때는 전혀 동작하지 않는다는 문제도 있다. 특히 전통적 제어에서는 보통 뉴턴의 운동 방정식 같은 물리 공식을 바탕으로 설계가 이루어지기 때문에, 극히 복잡한 문제이거나 불확실성이 있는 문제를 푸는 경우엔 원천적으로 대응하기 어렵다.

딥러닝 방식에 대한 고려

전통적인 방식에 제약이 있다고 했으니, 적응적 로봇을 만드는 데 있어 최근 급속하게 발전하고 있는 딥러닝 방식을 적용하

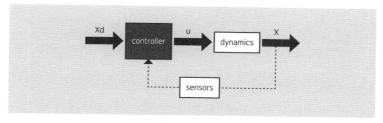

▶ 　전통적인 자율 제어 시스템의 원리

는 것은 어떨까. 일단 딥러닝으로 풀 수 있는 문제와 로봇이 풀어야 하는 문제를 비교해 보자. 수많은 개와 고양이 사진이 있을 때, 인공 신경망을 최신 기법으로 학습시키면 사진 속에서 개와 고양이를 거의 100%에 가까운 정확도로 구분할 수 있다. 그런데 우리가 로봇을 통해서 하고 싶은 일이 길 잃은 강아지에게 주인을 찾는 일이라고 한다면 이야기가 완전히 달라진다. 강아지가 가만히 앉아 있지 않고 다른 동물이나 물건 사이에 섞여 있더라도 대상이 '강아지'인지, 게다가 '주인이 찾고 있는 강아지'가 맞는지부터 판단해야 한다. 그리고 강아지가 다치지 않도록 붙잡아서 주인에게 데려다주는 일까지 수행해야 한다. 이러한 상황에서 수많은 데이터를 학습시켜 상황에 맞게 원하는 작업을 로봇이 수행하도록 하는 것은 영상 처리 과정에서 데이터를 얻고 처리하는 현재의 딥러닝 접근법에 비해 차원이 다른 복잡성을 포함하고 있다. 단순히 물건을 집는 로봇 팔을 잘 만들 수 있다고 해서, 휴머노이드 로봇도 잘 만들 수 있는 것은 아니다. 이처럼 우리가 드론 제어기를 잘 구동한다고 해서 전혀 다르게 생긴 로봇까지 잘 컨트롤할 수 있다는 보장은 없다.

그뿐만 아니라 로봇의 딥러닝을 위해서는 학습에 사용할 데이터를 모아야 한다. 그런데 로봇의 행동이 반영된 데이터를 만들고 모으려면 기존의 로봇 수백 대를 몇 달, 몇 년씩 이용해 실험해야 한다. 현실적으로 시간과 자본이 턱없이 부족한 것이다. 심지어 구글 같은 글로벌 대기업도 로봇으로 실내에서 물건을 움직이는 상황에 대한 데이터를 생성할 때 십여 대 정도의 로봇을 사용해서 데이터를 수집한다. 사람들이 사는 집 내부에 있는 물건들이 얼마나 다양하며, 그 수가 얼마나 있는지, 물건이 어떻게 배치되어 있는지 그 가능성을 생각하면 시간이 많이 필요한 과정임을 짐작할 수 있다. 또한 데이터를 수집하려고 로봇이 움직이다가 사고라도 나지 않도록 관리자가 관여해야 한다. 그만큼 로봇용 학습 데이터를 수집하는 데 엄청난 비용이 들 수밖에 없기 때문에 원하는 만큼 실제 데이터를 학습시키기에는 한계가 있다.

이처럼 딥러닝 관점에서 로봇을 트레이닝할 때는 데이터가 충분하지 않기 때문에, 보통은 시뮬레이터에서 간단한 프로그램으로 트레이닝을 한 뒤, 어느 정도 성공적으로 구현되었다고 판단이 되면 실제 로봇에 적용시킨다. 하지만 시뮬레이터에서 잘 구동되었다고 해도 우리가 상상하듯 다양한 조건에서 주어진 임무를 문제없이 수행하는 만능 적응력을 가진 로봇을 바로 만들 수 있는 것은 아니다.

로봇에서 딥러닝을 적용할 수 있는 가장 유력한 분야는 강화학습이다. 개념적으로 강화학습은 강아지가 처음 집에 왔을 때 기본 훈련을 시키는 과정과 비슷하다. 이때 우리는 강아지를 어떤 환경에서 어떤 동작을 하도록 훈련할지, 언제 어떻게 혼을 내거나 상을 줄지, 또 사람으로부터 어떤 정보를 받게 할지 등 여러 가지를 고려해야 한다. 이를테면 명령어만으로 훈련을 시킬지, 칭찬으로 쓰다듬어 주기만 할지 간식을 줄지 정하는 것은 환경(environment)과 보상(reward)을 결정하는 것에 해당한다. 딥러닝 방식에서 학습 대상이 되는 프로그램이나 로봇을 에이전트(agent)라고 하는데, 이 경우 에이전트는 강아지의 뇌 신경망을 상정하고 트레이닝은 그 신경망을 개선시키는 학습 알고리즘이라고 보면 된다. 이것이 시뮬레이터에서 잘 구현되면 유사한 로봇에 적용할 수 있다.

구체적으로 들여다보면 에이전트를 구성하는 신경망은 심층 신경망의 등장 이후로 많은 발전이 있었고, 트레이닝 분야에서도 심층강화학습 알고리즘 등에 대해 많은 연구가 이루어지고 있다. 그러나 로봇의 시뮬레이션과 관련해서 적용하는 전반적인 모형의 변숫값들 자체는 20여 년 전에서 크게 바뀌지 않은 상태다. 그래서 약 20년 전에 만들어진 로봇과 지금 만들어지는 로봇을 비교했을 때 실제 동작 기능에 대한 학습 관점에서는 사실 엄청난 발전이 있었다고 보기는 어렵다. 여전히 손가락이 없는 로봇은 양말을 뒤집는 것조차 어렵고, 천이 구겨져 있으면 일단 펼쳐서 옷인지 수건인지 인식하는 것부터 시작해야 한다. 정해진 물건을 잘 운반하고 공정대로 만드는 것 정도가 현재 로봇이 경쟁력을 갖춘 한계라고 볼 수 있겠다.

인공지능 로봇이 해결하지 못한 난제

적응적 로봇을 만들기 위해 로봇에 딥러닝 알고리즘을 적용한다고 해도 로봇과 인공지능의 경계선에서 우리가 풀어야 하는 이슈 몇 가지가 있다.

첫째, 로봇으로 실험을 해서 얻을 수 있는 데이터가 상당히 비싸다. 로봇이 잘 못하는 동작, 해 본 적이 없는 동작도 수행해 가면서 데이터를 얻어야 하는데 그 과정에서 로봇이 고장 날 가능성이 커서 데이터를 생성하는 것 자체가 어려울 수 있다.

둘째, 안전과 직결된 로봇 시스템일 경우 문제가 생겼을 때 더 심각한 상황을 야기할 수 있다. 이를테면 드론에 로봇 팔을 달아서 물건을 옮기려고 했을 때, 사람은 너무 무거우면 그대로 포기하지만 드론의 경우 물건의 무게와 자신의 능력을 가늠하여 포기할 줄 알게 만드는 것도 쉽지가 않다. 자기 능력을 초과하는 줄 모르고 옮기다가 그대로 추락해 버려서 뜻하지 않은 사고가 생길 수도 있다. 이때 로봇의 능력치에 대해 어떤 기준선을 만들어 주어야 하는데 딥러닝에서는 그것을 자동으로 만들어 주는 것이 어렵다.

셋째, 변동 상황에 즉각적으로 반응하기 힘들다. 강화학습 에이전트는 보통 시간이 지나도 거의 변하지 않는다는 가정을 하는데, 로봇은 시간이 지남에 따라 문제나 환경이 변하는 상황을 끊임없이 접한다. 따라서 변화된 상황을 즉각적으로 대응할 수 있는 능력을 트레이닝하기 어렵다.

넷째, 불확실성에 대한 본질적인 문제가 있다. 옮겨야 하는 테이블이 20kg이라고 인식하였으나 실제로는 테이블이 그보다 더 무거운 돌발 상황이 생겼을 때, 사람은 변화한 상황을 이해하고 즉각 행동에 반영하지만 로봇에게는 이 상황을 설명하기가 어렵다. 보통 불확실성은 확률적으로 표현해 주곤 하는데 현실적으로 확률분포 자체를 아는 것이 불가능한 경우가 많다. 이를테면 헬리콥터로 무거운 물건을 옮길 때 사고를 예방하기 위해서는 '돌풍이 얼마의 확률로 어느 방향에서 불어온다'는 확률 모델을 사전에 입력해 줘야 하는데 이를 정확히 예측할 방법이 없다.

다섯째, 로봇의 적응력은 특히 우리가 제시하는 그랜드 퀘스트와 관련하여 중요한 이슈다. 설령 새로운 환경에 완전히 적응하는 수준이 아니더라도 몇 가지 간단한 동작을 하고, 그 동작을 조합한 새로운 동작을 빠르게 배울 수 있다면 이상적이지만 지금은 그것이 쉽지 않다. 예를 들어 사람이 물건을 집을 때는 이곳저곳에 다르게 놓여 있어도 목표물을 향해 바로 이동할 수 있다. 그러나 로봇은 물건의 배치가 조금 달라지면 효율적으로 동선을 재탐색하기가 어렵다. 또한 사람은 사과를 깎을 수 있으면 배도 깎을 수 있지만 로봇은 꼭 그렇지는 않다. 간단한 동작을 조합하여 새로운 의미 있는 동작을 만들어 내는 것이 적응력을 지닌 로봇을 만드는 데 있어 중요한 과제로 남아 있다.

여섯째, 우리가 시뮬레이터로 학습시킨 내용과 실제 환경이 다를 때 그 사이에서 적절한 전환이 이루어지지 않는다는 문제도 있다. 또 어떤 경우에는 우리가 풀고자 하는 문제를 시뮬레이션 모형을 만들기 위해 수식으로 표현하는 것 자체가 쉽지 않은 경우가 많다. 예를 들어 사람은 스포츠를 처음 배울 때 코치의 시범 동작을 눈으로 보고 따라 할 수 있다. 사람에게는 쉬운 일이지만 이 과정을 수학적인 최적화 문제로 표현하는 것은 무척 어렵다. 무작정 데이터를 넣으면 된다고 생각할 수 있지만 이는 로봇이 가진 물리적 한계나 특성을 무시한 데이터일 수 있기 때문에 유용하지 않다.

이처럼 현재로서는 인공지능을 적용한다고 하더라도 사람처럼 움직이고 적응하는 로봇을 구현하는 데 있어 다양한 세부적인 난제가 남아 있다. 앞으로 하드웨어의 한계를 완화할 수 있도록 소프트웨어 관점에서 이러한 이슈들이 해결된다면, 보다 다양한 환경에 적응할 수 있는 로봇이 등장할 수 있을 것이다.

로봇 발전의 현황

현재 우리 연구실에서 알고리즘으로 구현 가능했던 몇 가지 연구 실험 결과를 소개한다. 로봇을 이용하여 무거운 물체를 밀 때 조금 더 효율적인 자세를 구현하고, 로봇 팔이 물건을 잡았을 때와 아닐 때를 구분하여 적절한 제어기로 교체하고, 드론이 추락하지 않고 어딘가에 꽂혀 있는 물체를 뽑아내는 동작을 수행할 수 있었다. 물론 여전히 사람에게는 너무나 단순하고 간단한 일이지만, 드론이 수행하기 위해서는 수치화된 정보로 명령하되 그 수치가 드론의 한계를 벗어나지 않는 값이어야 한다는 조건을 충족해야 한다.

적응적 로봇의 발전이 느리기 때문에 지금은 모든 것을 다

잘하는 로봇 한 개가 아니라, 여러 기능을 수행하는 기계를 따로 만드는 추세다. 예를 들어 로봇 팔이 어눌하고 느리게 움직여서 빨래를 개도록 하는 대신 로봇의 형태가 아니더라도 빠르게 빨래를 갤 수 있는 전용 기계를 만들거나, 휴머노이드가 멋지게 운전하는 때를 기다리는 대신 자율주행차를 만드는 식이다. 50~60년 전만 해도 상상에 그쳤던 여러 가지 기술이 많이 구현된 세상이지만 아직 로봇의 영역은 사람을 대체할 수 있을 만한 단계에 이르지 못했다. 결국 코딩 세계에서의 인공지능과 달리 로봇이라는 하드웨어를 가진 시스템에 지능을 부여하기 위해서는 앞으로 알고리즘의 발전과 하드웨어의 발전을 이어 줄 수 있는 새로운 연구들이 필요하다.

조규진 교수

물리적 지능(Physically Embodied Intelligence)으로 비정형 환경에 적응하는 로봇

로봇의 활용 영역은 제조업 분야에서 특정 태스크의 자동화에 사용되는 산업용 로봇부터 시작해 의료 로봇, 서비스 로봇, 휴머노이드 로봇 등으로 다양하게 확장되고 있다. 우리가 상상하는 수준만큼 사람처럼 유연하게 적용하면서 동작하는 로봇이 등장한다면, 재난재해 상황이나 3D 업종에서 인간을 대신함으로써 안전한 노동 환경을 구축하고 삶의 질을 향상시킬 수 있을 것이다. 이를 위해 로봇이 다양하고 복잡한 외부 환경에 대응할 수 있는 환경 적응력을 갖춰야 한다는 과제를 풀어 나가야 한다.

3D 노동력을 대체할 수 있는 로봇

최근 들어 로봇이 더욱 많은 관심을 받으면서 일상에서도 로봇 청소기나 서빙 로봇 등 각종 관련 서비스가 등장하기 시작했다. 하지만 로봇이 쓰일 수 있는 제한적인 환경을 벗어난 다양한 환경에서의 상용화가 이루어지고 있다고 보기는 어렵다. 예를 들어 자동차 공장의 정형화된 라인에서는 많은 부분이 로봇으로 자동화되어 있지만, 조선소의 제조 현장을 보면 업무와 환경이 워낙 다양하고 변화무쌍하다 보니 자동으로 반복적인 행위를 수행하는 전통적인 로봇의 활용 범위가 크지 않다. 결국 사람의 판단하에 작업이 이루어져야 하는데 위험한 환경이 많다 보니 업무 강도가 높고 사망 사고가 발생하기도 하여 점차 관련 업계에 종사하려는 사람들도 줄어 인력난을 겪고 있기도 하다.

건설 현장도 마찬가지다. 2021년 건설근로자공제회에서 발표한 '2021년 건설근로자 고용복지 사업연보'에 따르면 최근 우리나라의 건설 노동자의 연령대는 40대 이상이 약 80%를 차지하고 있다. 총 인원으로 보면 약 155만 명이고, 그중 외국인 노동자가 40만 명 정도다. 안전 문제로 인한 사망률이 높아 그만큼 많은 인력이 위험에 노출되어 있는 동시에 한편으로는 점점 인력이 줄어들고 있다는 문제도 제기된다. 로봇을 투입하여 이런 상황을 극복하고자 하는 시도가 있지만 실제 현장에서는 로봇이 예측하고 대응할 수 있는 수준보다 훨씬 다양한 요소가 발현되기 때문에 아직은 극복해야 하는 문제가 많다.

기후 변화로 인한 재난 상황도 다수 발생하고 있지만 이러한 재난 현장에 투입될 수 있는 로봇은 아직 없다. 실제로 후쿠시마 원전 사태에 관해 로봇을 투입하려고 시도했지만 모두 실패했고, 아이로봇(iRobot)에서 만든 군사용 로봇 '팩봇(PackBot)'이

사흘 정도 현장에서 작업 하던 중 고장이 나서 철수하기도 했다. 또한 인터넷 쇼핑이 발달하면서 물류가 엄청나게 늘어나며 로봇을 활용하는 방안이 제시되었다. 정형화된 환경을 통해 자동화한 부분도 있지만 여전히 자동화되지 않은 영역이 많다. 예를 들어 물건을 집어 포장하는 과정은 사람이 직접 수행하는 경우가 대부분이다. 물론 온갖 종류의 물체를 인식하여 이동시킬 수 있는 기술 자체는 개발되어 있지만 속도가 느리거나 가격이 비싸서 당장 투입되어 상용화할 만한 단계는 아니다. 기술을 현장에서 상용화하기 위해서는 기술에 대한 투자수익률(ROI)이 일정 수준에 이르러야 하한다. 그런데 사실상 로봇을 투입하기 위해 현장 환경을 로봇 친화적으로 바꾸는 등 인프라 투자 비용까지 고려하면 현실적으로 로봇 투자의 목표 수익률을 맞추기는 쉽지 않을 것이다.

고령화 시대의 도래로 인한 돌봄 영역도 로봇과 관련해 중요한 시사점이 있다. 2019년 통계청에서 발표한 '세계와 한국의 인구현황 및 전망(2019.9.)' 자료에 따르면 2017년에 생산 가능 인구 100명당 부양해야 하는 노인 인구가 37명이었는데 2050년에는 100명을 넘어갈 것으로 예상된다. 돌봄의 영역은 신체적 돌봄뿐 아니라 청소, 요리, 빨래 등의 집안일까지 매우 다양한 업무로 구성되는데, 지금으로서는 로봇이 노인 돌봄에 필요한 수준의 실질적인 서비스를 제공하기는 어렵다.

비정형화된 환경에서 적응하며 동작하는 로봇의 개발

현재 로봇은 정형화된 환경에서 정확한 센싱 및 계산을 수행할 수 있는 단계에 도달했다. 하지만 앞으로는 비정형화된 환경에 적응하는 기술이 필요하다. 실제로 로봇 발전의 역사 또한 로봇이 비정형 환경을 극복하고 더 잘 동작하기 위한 적응력을 높이는 방향성을 추구하며 발전해 왔다.

약 7~8년 전에 나온 휴머노이드 로봇 사례를 보면 굉장히 울퉁불퉁한 바닥에서 걸어가는 움직임을 선보였는데, 걷는 속도 자체는 매우 느리다. 로봇이 고르지 못한 환경에서 걷기 위해서는 바닥이 어떻게 생겼는지 전부 센싱하고 연산이 이루어져야 한다. 한 걸음을 뗄 때마다 새로운 환경이 나타나는 셈이라 이를 일일이 인식하고 계산하다 보니 동작이 느릴 수밖에 없다. 그러다가 바람이라도 불거나 예측하지 못한 상황이 발생하면 갑자기 에러가 나기도 한다. 이 파일럿 사례만 보더라도 기존 로봇기술이 앞으로 발전할 여지가 많다는 것을 알 수 있다.

그런데 우리가 자연의 생명체들을 생각해 보면, 잠자리나 도마뱀, 치타 등 인간보다 훨씬 지능이 낮은 생명체들도 다양한 환경에 잘 대처하면서 살아간다. 그래서 메뚜기와 벼룩을 모사하여 탄생한 6족 보행 로봇인 렉스로봇(RHex robot)도 등장하고 있다. 일례로, 바퀴벌레가 가지고 있는 특징을 적용한 로봇을 만들었더니 특별한 센싱이나 계산 없이도 울퉁불퉁한 험지를 잘 돌아다니는 결과를 보여 주기도 한다.

물리적 지능의 개념과 사례

적응적 로봇과 관련하여 물리적 지능(Physically Embodied Intelligence)이라는 개념을 잘 이해해야 한다. 물리적 지능은 한마디로 머리로 계산하는 것이 아니라 재료와 구조의 물리적 특성을 이용하여 몸이 계산하게 만든다는 것이다.

조금 더 구체적으로 살펴보자면, 기존의 로봇 시스템에서는 일반적으로 제어기가 달린 로봇이 환경을 센싱하고 계산하여 동작하도록 만들어졌다. 그런데 자연의 생물체는 로봇과 구분되는 두 가지 특징이 있다. 하나는 내부적으로 자신이 어떻게 움직이고 있는지 이해하는 것이고, 다른 하나는 굳이 센싱과 컨트롤러를 거치지 않고 기계적인 피드백만으로도 지능적으로 작동할 수 있다는 것이다. 이 두 가지 물리적 지능의 특징을 반영해 구현한 로봇의 사례를 몇 가지 살펴보자.

물리적 지능을 활용해 문제를 해결한 로봇 연구 사례 중 하나는 소금쟁이가 물 위에서 뛰어오르는 행위를 모사한 로봇이다. 물은 딱딱한 바닥과 달리 쉽게 무너질 수 있는 연약한 환경인데, 그 위에서 점핑을 하기 위해서는 소금쟁이처럼 물과 같은 환경이 무너지지 않게 하면서 동시에 도약할 수 있어야 한다. 이러한 로봇을 만들기 위해서 기존의 로봇기술을 활용하지 않고 벼룩이 가지고 있는 물리적 특징에 착안하여 기술을 개발했다. 보통 도약할 때 처음부터 큰 힘을 발휘하게 되는데, 벼룩이 활용하고 있는 역학적인 특성을 활용하면 처음부터 끝까지 크지 않은 힘으로도 표면을 밀고 도약하는 로봇을 구현할 수 있다. 이러한 기술을 다양한 로봇에 적용하면 여러 가지 로봇의 움직임이 가능하다. 이를테면 크기가 작은 로봇은 좁은 틈새도 지나다닐 수 있지만 높은 곳에 올라갈 수 없다는 한계가 있었는데, 이 벼룩의 점핑기술을 기어다니는 작은 로봇의 배에 붙이면 기어가다가 장애물을 만났을 때 장애물 위로 뛰어넘어 험한 지형을 넘어가는 로봇을 만들 수 있었다.

종이접기 로봇도 좋은 사례다. 환경 변화에 적응하기 위해서 할 수 있는 가장 좋은 방식 중의 하나는 형태를 변화시키는 것이다. 그런데 영화 〈트랜스포머〉 시리즈와 같이 변신하는 수준에 도달하기 위해서는 무수히 많은 구동기를 붙이는 등 어마어마한 자원을 투입해야 한다. 그 대신 종이접기의 원리를 활용하여 형체를 변환시키는 로봇을 만들면 훨씬 쉽고, 저렴하고, 가볍게 몸체를 변환시킬 수 있다. 몸집이 커졌을 때는 계단을 올라가는 등 큰 움직임이 가능하고, 작아졌을 때는 틈새에 들어갈 수 있어 재난 상황에서 쓰일 수 있다. 실제로 자동차 타이어에 이 원리를 적용하면 바닥 환경에 따라 크기가 달라지는 타이어를 구현할 수 있다.

크기를 변형하는 로봇도 있다. 영화 〈빅 히어로〉를 보면 처음에는 주인공이자 로봇인 베이맥스가 작은 가방에서 등장하지만 점점 크기가 커진다. 산업용 로봇은 굳이 크기를 바꿀 필요가 없겠지만, 로봇이 우리의 일상생활에 들어오기 시작하면 달라진다. 집에서 사용하다가 외출할 때는 들고 다니기 편하도록 크기를 변형시킬 필요가 있다. 우리 연구실에서는 유연한 재료로 로봇을 만들어 환경에 적응하기 좋은 특성을 지닌 소프트 로봇을 연구하고 있는데, 그에 더해서 베이맥스처럼 변신하며 환경에 적응하는 로봇을 구현하고자 듀얼모핑(dual-morping)기술을 개발하기도 했다.[1] 보통 물류 현장에서 집는 동작, 즉 그리핑(gripping)을 많이 해야 하는데, 잡아야 하는 물체가 매우 다양하더라도 이 듀얼모핑 원리를 활용하면 여러 군데에 활용할 수 있다. 현재 로봇 그리퍼 중에서 가장 많이 쓰이는 건 진공을 이용한 석션 컵이다. 석션 컵의 양옆에 접촉면을 늘릴 수 있는 듀얼모핑기술이 적용된 소프트 로봇 핑거를 만들면 기존보다 훨씬 다양한 물건을 안정적으로 잡을 수 있게 된다.

카멜레온 혓바닥처럼 늘어나다가 물체가 닿으면 아무런 센싱이나 계산 없이 물체를 잡을 수 있는 로봇도 있다. 기존의 로봇이 물건을 잡으려면 보통 로봇 팔이 물체가 어디에 있는지 인식한 후에 움직이게 되는데, 이 로봇은 카멜레온의 혓바닥을 모사하여 물체를 잡으면 저절로 들어올리는 방식으로 물체를 잡을 수 있다. 같은 원리를 적용하면 빠르게 떨어지는 물체도 정밀한 제어 없이 잡을 수가 있다. 심지어 물체의 높이가 달라도 그 높이를 반영하여 제어하지 않고도 잡을 수 있다. 또한 컴퓨터가 인식하기 어려웠던 투명한 물체나 납작한 평면 물체도 어려움 없이 잡아 올리는 결과를 확인할 수 있다.

물론 모든 경우의 수를 실험해 본 것은 아니기 때문에 아직까지는 여러 한계점이 있지만, 물리적 지능을 이용해 다양한 기

1   조규진, 김웅배 외 6인, "Bioinspired dual-morphing stretchable origami", 〈Science robotics〉(2019), 4(36)

술을 구현하다 보면 나중에는 더 많은 적응적 문제를 풀 수 있을 것이다. 또한 이처럼 굳이 센서를 쓰지 않고도 로봇을 간단하게 구동할 수 있다면 쉽게 투자수익률을 달성하여 상용화될 미래를 기대할 수 있을 것이다.

웨어러블 로봇에서의 물리적 지능

웨어러블 로봇 분야에서도 물리적 지능을 활용한 연구를 진행하고 있다. 15년 전쯤 한국에 왔을 때, 장애인을 위한 기술을 개발해 보자는 취지로 처음에는 손이나 팔을 못 쓰는 장애인을 위해 식사를 떠먹여 주는 로봇을 구상하였다. 그러나 실제 장애인분들을 만나 보니 로봇이 아니라 자신이 직접 식사를 떠먹고 싶다는 수요가 있었다. 이들 대부분은 도와주는 보조인이 있어야 밥도 먹을 수 있고 문도 열 수 있었다. 이를 도와줄 로봇이 없었던 것은 아니지만, 생긴 것부터 사용성까지 엄청나게 복잡하다. 사람의 손은 자유도가 매우 높기 때문에 기존 로봇기술을 이용해 이를 완전히 구현한 보조 로봇을 만들려면 구조도 복잡하고 크기도 커질 수밖에 없었다. 무엇보다 이를 일일이 제어하고 신체를 보조할 수 있도록 몸에 부착하는 것 자체도 너무 어려운 문제였다.

기존과는 좀 다른 개념으로 접근하기 위해, 프레임이 아니라 천 같은 것을 활용해 소프트웨어러블 로봇을 만들고 동시에 적응적인 구동이 가능하도록 했다. 원리는 간단하다. 자동차 앞바퀴를 보면 회전할 때 앞바퀴 두 개의 속도가 다르게 돌아간다. 물리적으로 각 바퀴를 제어하는 것이 아니라 차동기어(differential gear) 메커니즘을 활용하여 엔진은 하나지만 주어진 환경에 맞게 두 개의 바퀴가 알아서 다른 속도로 움직이며 환경에 적응하여 움직이도록 하고 있다. 이 개념을 장갑처럼 생긴 웨어러블 핸드 로봇에 적용하면, 특별한 제어 없이도 각 손가락이 물체의 모양에 맞춰 적응적으로 구동하도록 할 수 있다.

이 웨어러블 핸드 자체가 이미 센싱이 필요 없이 적응적으로 구동하기 때문에, 이후에 사람의 의도를 파악할 수 있도록 간단한 인공지능을 추가했더니 훨씬 기능성이 높아진 것을 확인할 수 있었다. 로봇의 하드웨어 자체에 적응적인 특징이 담겨 있다면 인공지능을 훨씬 가볍게 만들어서 구현할 수도 있다는 가능성을 보게 된 사례다.

또 다른 웨어러블 로봇은 허리를 보조해 주는 것으로, 배터리와 구동기가 아예 없는 것이다.[2] 사람이 움직이다가 허리 부상이 자주 나는 이유는 대개 힘이 부족해서가 아니라 자세가 잘못되었기 때문이다. 그래서 이 옷은 허리의 힘을 보조해 주는 것이 주목적이 아니다. 기본적으로 착용자가 서 있을 때 허리가 굽어지지 않게 지탱해 주며, 다리를 구부려야 허리를 구부릴 수 있게 하고, 이때 탄성력을 저장하여 일어나는 것을 보조하게 된다. 센

---

2 조규진, 윤성식, 김기원, 안주은, "Body-powered variable impedance: An approach to augmenting humans with a passive device by reshaping lifting posture." 〈Science Robotics〉(2021), 6(57)

서나 구동기를 사용할 필요 없이 내 신체 주변의 동적 특성을 바꾸는 간단한 원리를 적용한 것으로, 이것을 무동력 가변 임피던스(body-powered variable impedance)라고 한다. 이 역시 사람에게 맞춰 적응적으로 구동하는 개념이라고 볼 수 있다.

변화하는 비정형 환경에서 사용 가능한 로봇

지금도 물리적 지능을 이용한 로봇의 여러 사례가 지속적으로 등장하고 있지만 앞으로는 현재의 로봇보다 훨씬 다양한 환경에서 사용 가능한 로봇들이 필요할 것이다. 사실 값싸고 성능 좋고, 가벼운 센서나 액추에이터를 많이 달고, 지능까지 훌륭한 로봇을 만들 수 있다면 적응적 로봇을 만드는 데 큰 도움이 될 수 있다. 그래서 지금도 액추에이터와 센서의 성능 개선과 비용 절감을 위한 많은 연구가 이루어지고 있지만 상용화하기에는 제약이 많은 상황이다.

앞으로 로봇이 비정형 환경에서 쓰이는 시대, 즉 적응적 로봇의 시대가 되기 위해서는 물리적인 지능을 활용하는 것이 하나의 해결책이 될 수 있다. 이를 위해서는 이전까지 로봇에서 잘 쓰이지 않던 새로운 재료를 많이 활용하고, 또 기존 로봇의 원리와 완전히 다른 새로운 원리도 개발하고 접목시켜야 한다. 여기에 인공지능이 더해지면 우리에게 필요한 다양한 산업 현장이나 일상 속에서 로봇이 많은 역할을 하게 될 것으로 기대된다.

환경 적응적 로봇에 관한 대담

ㅏ   로봇의 환경 적응력을 높인다는 난제를 풀기 위해 해결해야 하
    는 우선 순위는?

조규진 교수   로봇은 결국 센싱(sensing), 리즈닝(reasoning), 액팅
(acting)의 반복이다. 예를 들어 냉장고에서 어떤 음식을 꺼내 오
라고 했을 때, 센싱은 가능하지만 냉장고 안의 여러 물건을 치우
고 뒤에 있는 목표 물건을 잡는 리즈닝이 어려운 문제가 있었다.
그런데 최근 챗GPT 같은 생성형 인공지능이 등장하면서 어느
정도 높은 수준의 리즈닝을 구사하고 있다. 오히려 사람의 기준
에서 봤을 때 쉽게 할 수 있을 것 같은, 물건을 들고 옮기는 등의
낮은 수준의 리즈닝, 센싱, 액팅을 통합하여 작업하는 것이 더
어려운 과제로 남아 있다. 특히 물리적인 상호 작용은 데이터도
상당히 부족하여 앞으로 많은 연구가 필요한 상황이다.

김현진 교수　사실상 센싱과 리즈닝은 명확하게 분리하기 어렵다. 집에 가사 로봇을 데려왔으면 일단 로봇이 냉장고의 위치를 알아야 한다. 사람은 처음 가는 집에서도 부엌이나 냉장고의 위치를 가늠할 수 있지만 로봇은 냉장고를 발견하는 것을 시작으로 넘어지지 않고 냉장고 문을 여는 것, 그 안의 음식을 안전하게 꺼내는 것까지 여러 과정에 대해 사전설계가 필요하다. 보통 최적화 문제를 풀 때는 목표에 가까워지는 방향으로 그 문제의 해(解, solution)을 찾아 간다. 예를 들어 우리가 원하는 상태가 '냉장고 안의 음식을 꺼내는 것'이라고 하면 그 목표에 도달하는 과정에서 일시적으로는 그 음식을 막고 있는 다른 것들을 치우기 위해 오히려 목표보다 멀어지는 방향으로 움직여야 하기 때문에 전통적인 최적화 개념을 적용하기가 어렵다. 우리가 어떻게 학습 문제를 표현하는지, 목표가 단기적인지 장기적인지에 따라서도 로봇에게 인공지능 알고리즘을 적용하는 방법은 상당히 달라져야 한다.

또한 지금의 딥러닝에서는 로봇 스스로가 얇은 유리컵을 깨트리지 않고 안전하게 잡을 수 있는 능력이 있는지, 무엇을 잘하고 못하는지 알 수 있는 메타인지 능력이 미숙하다. 로봇의 메타인지는 데이터상의 문제가 아니라 물리적인 기능과 연관된 판단으로 이어지기 때문에 딥러닝에서 말하는 메타러닝보다는 조금 더 복잡하다. 어떤 유리컵을 잡을 때 '이것은 미끄러우니까 꽉 잡아야 하지만, 유리니까 너무 꽉 잡으면 깨진다'는 정보를 로봇에게는 힘이나 압력 같은 수치적으로 표현해 주어야 하는데 그러기 어렵다 보니 물체의 모양이 조금만 다르거나 문제가 약간만 달라져도 기존 문제에서 잘 적용되었던 능력을 전이하는 게 쉽지 않다. 또 이러한 전이를 해야 하는지에 대한 판단 자체가 어려워진다. 그런 관점에서 센싱과 리즈닝, 그리고 액팅까지 결합하는 과정이 적용적 로봇이라는 그랜드 퀘스트에서는 가장 큰 난제라고 할 수 있다.

⊢ 로봇의 물리적인 발전에 기존의 반도체 업계에서 적용되었던 무어의 법칙이 적용되지 않고 기술 발전의 속도가 느린 이유는?

조규진 교수 최근 드론이 많이 쓰이면서 드론 모터가 저렴한 가격으로 시중에 많이 풀리고, 이것을 활용해 또 다른 로봇에서도 드론 모터를 쓰기 시작했다. 이처럼 시장의 수요가 꾸준히 있으면 발전 속도가 빨라질 수밖에 없다. 드론처럼 현재 가지고 있는 하드웨어적인 문제들이 해결되어야 실제 사용이 가능해지며 시장이 커질 텐데, 아직 그런 단계에 미치지 못했다는 것이 하나의 한계라고 본다. 즉, 초기 시장을 형성하지 못하고 있는 것이 가장 큰 원인이다. 또 한 가지 이유는 아날로그와 디지털의 차이에 있다. 디지털은 0이나 1이기 때문에 그 값이 명확한 데 비해 아날로그는 환경이나 물질 특성이 계속 변화한다. 그래서 컴퓨터 프로그래밍은 실험실에서 완성되면 바로 현장에 적용될 수 있지만 하드웨어는 실제로 적용되기 위해서 물리적으로도 구현되어야 한다는 어려운 과정을 다시 거쳐야 한다. 즉 물리적인 아날로그의 세계에서 구현하는 단계가 한 번 더 남아 있는 것이다.

김현진 교수 　비행기, 여객기와 헬리콥터는 움직임의 방식이 다르다. 여객기는 헬리콥터보다 더 빠르지만 수직 이착륙은 어렵다. 수직 이착륙을 하면서도 빨리 가는 비행기를 만들려면 여객기와 헬리콥터의 하드웨어가 합쳐져야 하는데, 그러면 더 무거워지고 배터리 파워가 커져야 하는 식으로 문제가 문제를 낳는 딜레마가 발생한다. 우리가 자연의 물리 법칙에서 벗어날 수는 없기 때문에 물리적인 시스템을 만들 때는 이렇게 상호충돌하는 목표들, 혹은 악순환의 사이클을 벗어나기가 쉽지 않다.

ㅏ　로봇이 접하는 다양한 환경의 종류를 계속 범주화해서 더 다양하게, 더 많이 학습을 시키는 방식으로 적응하는 로봇에 더 가까워지는 접근법도 가능하지 않은가?

김현진 교수 　파라미터(변수)를 바꾸는 것으로 표현이 가능한 환경 변화가 있고, 아예 사고방식 자체를 전환해야 하는 문제가 있다. 예를 들어 천천히 가는 로봇을 빠르게 가게 하는 것은 파라미터를 바꾸면 되지만, 걷는 로봇을 날게 만드는 것은 아예 다른 방식으로 설계해야 한다. 그리고 갑자기 돌풍이 불어오는 것처럼 환경이 변할 경우를 대비해 정확한 정보를 알려 주면 이에 맞게 트레이닝을 시킬 수 있겠지만, 왼쪽에서 불어오는 돌풍에 대비한 로봇이 앞쪽에서 불어오는 돌풍에는 적응하지 못할 수도 있다는 문제가 생긴다. 불확실성을 사전에 대비할 수 있는 형태로 표현해 주고, 그 형태에서 벗어났을 때는 행동을 멈추게 해야 하는데 트레이닝된 환경과 실제 환경이 다르기 때문에 로봇이 돌발 상황임을 인지하고 멈춘다는 판단을 하기도 쉽지가 않다. 개인적으로 강화학습을 적용하기 전에[1] 이론을 다뤘었는데, 이는 '풍속이 초속 몇 m 이하라면 무조건 100% 안전하게 대응할 수 있다'든가 '물리적인 한계에서 벗어나는 큰 불확실성에서는 시도하지 말라'는 판단을 내릴 수 있는 알고리즘이다. 그런데 이를 적용해 보면, 어떤 날은 그보다 너무 센 바람이 불어서 안 되고 어떤 날은 바람이 아예 불지 않아서 잘 안 된다. 제어기가 불확실성을 감내하기 위해 평균적인 정상 상태의 성능은 다소 타협한 채로 설계됐기 때문에 오히려 날씨가 좋은 날에 성능이 떨어지는 것이다. 그런 상충관계(trade-off)를 일일이 성능 지표를 통해 표현해 줘야 하지만 그러기가 쉽지 않은 일이다. 결국 다양한 상황을 하나하나 계속 학습시켜 주는 방식에는 한계가 있는 것이다.

관련된 다른 예를 생각해 보면 로봇이 다양한 컵의 손잡이 모양을 인식하고 잡는 것은 다양한 데이터, 즉 각종 상황을 데이터화하여 학습시키면 지금의 딥러닝으로도 가능하다. 그러나 새로운 컵을 봤을 때 '이건 비싼 컵이니까 더 조심해야 한다'는 메타적 판단 기능까지 필요하다면 이는 부가적인 입력 없이 기존의 알고리즘만으로 실현할 수 없는 부분이다.

---

1   강인제어(強靭制御): 비선형 시스템의 선형화 또는 모델 매개 변수의 부정확성 때문에 불확실성을 갖는 시스템에 대하여 주어진 특성을 견고하고 만족스럽게 제어하는 일.

조규진 교수 다양한 환경이나 변화를 모두 인식할 수 있다면 제일 좋겠지만, 상황이 너무 다양하고 복잡하기 때문에 지금 로봇 쪽에서 연구되는 주된 방향은 그 상황들을 특정한 몇 가지 방식으로 정형화하는 것이다. 이를테면 냉장고에 일정한 모양의 트레이를 넣어 로봇이 쉽게 인식하고 다루는 방향으로 적용하는 경우가 많다. 실제 아마존의 물류 현장을 봐도 로봇이 작동하기 편하도록 아예 창고를 개조하여 활용하고 있다. 이처럼 환경 자체를 정형화된 형식으로 바꾸는 방향이 우선적으로 고안되고 있지만 그럼에도 이렇게 정형화되기 어려운 상황들이 많이 있기 때문에 로봇기술의 계속적인 발전이 필요한 상황이다.

실패했을 때의 리스크에 대한 사회의 인식도 적응적 로봇을 만드는 데 큰 영향을 미친다. 현재 자율주행 시스템도 다양한 환경 변화 문제에 대응하기 위해 끊임없이 데이터를 쌓는 중인데, 문제가 발생하더라도 기술을 사용하는 사람들의 인식이 '조금 불완전해도 쓸만하다, 혹은 써야 할 필요가 있다'라고 생각하면 쓰이게 되고, 기술 발전이 가속화될 수 있다. 챗GPT가 틀린 답을 많이 내놓지만 계속 쓰이면서 발전하고 있는 것과 같은 맥락이다. 적응적 로봇을 만들기 위해 많은 연구를 진행하고 있지만, 실제로 적용하는 단계에서는 많은 실패를 겪을 수밖에 없을 텐데, 이러한 시행착오를 겪을 수 있는 실증을 해 볼 수 있는 환경과 기회가 제공이 된다면 기술 발전이 가속화될 것이다.

김현진 교수 로봇이 다소 불완전하다는 사실을 받아들일 수 있다면 시장이 커지면서 그 큰 시장을 향하여 기술이 동반해서 발전할 가능성이 있다. 하지만 현재 기업의 입장에서는 이것을 사용하던 중 실패했을 때 예상되는 소비자의 클레임이나 사회적 규제 등을 감당할 자신이 없기 때문에 뛰어들지 못하고 있는 것이다. 소위 '닭과 달걀 중 무엇이 먼저인가' 하는 딜레마에 빠져 있는 것과 같다.

⊢   환경에 적응하는 로봇의 관점에서는 생체 모방 로봇(bioinspired robot)이 유력한 해법의 방향이라고 할 수 있는가?

조규진 교수   모방할 수 있는 사례가 있기 때문에 여러 가지 시도를 할 수 있고, 그 과정에서 새로운 발견이 나오기도 한다. 정답은 아니겠지만 이러한 케이스를 자꾸 쌓아 나간다면 유력한 해법의 방향이 될 수 있을 것이다.

그런데 생체 모방 로봇 분야에서는 공통적으로 재료의 한계가 가장 해결하기 어려운 문제다. 사람의 피부처럼 자연의 생명체들은 재생하지만 로봇은 그렇지 않기 때문에, 사용하면서 닳지 않거나 혹은 아예 수명의 예측이 가능하여 그에 맞춰 사용을 종료하는 재료를 희망하고 있다. 또 구동기, 즉 액추에이터 면에서도 사람의 근육과 같은 구동기를 만드는 것이 매우 어렵다. 현재로서는 근육의 일정 특성을 모방할 뿐이기 때문에 많은 한계가 있다. 그래서 지금은 사용할 수 있는 새로운 재료를 이용하여 그에 알맞은 응용 케이스를 찾아가는 방향으로 연구를 많이 해야 한다. 사실 로봇 분야는 풀어야 하는 문제가 너무나 다양하고,

애초에 문제를 정리하기조차 쉽지가 않다. 대신 한 단계를 넘어갈 때마다 큰 반향을 일으키는 분야이기도 하다. 드론도 처음에는 어디에 써야 할지 몰랐지만, 카메라를 붙이면서 다양한 사용성이 생기게 됐다. 이처럼 로봇 분야도 여러 난관이 있지만 그 과정에서 전혀 생각하지 못했던 사용 사례를 계속 만들어낼 수 있을 것으로 기대한다.

김현진 교수　사람의 근육은 쓸수록 더 튼튼해지는데, 지금 나오는 스마트 근육을 보면 똑같은 전압을 가해도 매번 변하는 정도가 다르고, 몇 번 반복하면 오히려 느슨해져서 구동이 안 되기도 한다. 소재에 따라서는 반응 속도나 출력 범위 또한 제약이 많기도 하다. 이러한 내구성 등의 문제 때문에 소자 자체에 대한 연구를 넘어 실제 시스템으로서의 활용 분야에서는 아직 큰 효과를 내지 못하고 있다.

ㅏ　미디어에서 회자되는 엄청난 기능을 자랑하는 로봇의 모습은 현실과 얼마나 먼가?

조규진 교수　일론 머스크가 휴머노이드 로봇을 만든다고 하면서 사람들의 기대감이 커지고 있는 것이 사실이다. 보스턴 다이내믹스는 2018년 백 텀블링하는 휴머노이드 로봇, 아틀라스(Atlas)를 공개하며 놀라운 기술을 자랑하기도 했다. 하지만 아틀라스 로봇도 한 시간쯤 작동하면 배터리가 닳아 갑자기 쓰러지기도 한다. 지금은 간신히 구현하는 단계이기 때문에 실생활에서 다양한 일반적인 업무를 수행하기는 쉽지 않다. 현재 어느 정도 가능하다고 하는 자율주행 시스템도 환경과의 상호 작용이 바퀴가 땅에 닿는 정도에 불과하다고 할 수 있는데, 로봇은 환경과의 상호 작용이 훨씬 더 복잡하고 3차원으로 움직이기 때문에 넘어야 할 산이 훨씬 많다.

├ 만약 자본 집약적으로 많이 투자해서 데이터를 모은다면 로봇 기술에서도 퀀텀 점프가 가능한가?

김현진 교수 사람은 반복적인 실패를 통해서 배우기도 하고, 쉬운 문제부터 어려운 문제까지 단계적으로 풀기 위한 학습의 노하우를 시간이 지나며 축적한다. 그런데 로봇한테 어려운 문제를 아무리 가르치려 해도 학습 과정에서 수렴하지 않아 배우지 못할 수도 있다. 아직도 로봇의 많은 기능에 대해 어떤 커리큘럼으로 학습시켜 가야 하는지 자체를 잘 모르는 단계다. 학습에 관여하는 여러 인자들을 조금씩 바꾸어 주는 식으로 점점 더 복잡한 기능을 학습시켜 보려는 다양한 연구가 이루어지고 있지만, 그것도 단순한 공식이나 그래프를 이해하는 문제가 아니라 물리적인 액션을 포함하게 되면 난이도가 급격히 높아진다는 문제가 있다. 반복해서 말하자면, 소프트웨어적인 관점에서 딥러닝을 학습시키는 것과 로봇을 학습시키는 것 사이에는 물리적인 시스템으로 인한 근본적인 차이가 있다. 현재까지는 로봇 데이터 자체도 많지 않다. 비싼 로봇을 수백, 수천 대씩 활용하여 데이터를 모을 만한 이윤 동기가 없어 기업이 투자하기 어렵고, 투자한다고 해도 로봇의 종류가 워낙 다양하기 때문에 범용화해서 가치 있는 데이터를 모으기 어렵다. 자본이 투입되어 엄청나게 많은 데이터를 모은다면 여러 문제가 해결되겠지만, 데이터 문제가 해결되어도 구동기 등의 물리적인 구현 단계가 남아 있기 때문에 완벽한 적응적 로봇이 바로 탄생한다고 말하기는 어렵다.

조규진 교수　　디지털 데이터가 아닌 물리적인 데이터는 턱없이 부족하다. 데이터를 얻기 위해 시뮬레이션을 한다고 해도 시뮬레이션 세상과 실제 세상은 또 다르기 때문에 좋은 데이터를 많이 얻기가 쉽지 않다. 게다가 챗GPT는 그냥 인터넷으로 사용하면 되지만 로봇은 물리적으로 존재해야 사용할 수 있기 때문에 사용자가 상당한 비용을 지불해야 할 것이라는 현실적인 문제도 있다. 그래서 로봇 시장이 제대로 열리려면 많은 사용 사례가 필요하다. 어느 정도 정형화된 환경에서 쓰이는 로봇이 먼저 상용화되면서, 점차 다양한 환경에 적응하는 로봇을 만드는 식으로 기능을 넓혀 가야 한다. 아직 한계가 있는 기술이라 해도 가치를 만들어 낼 수 있는 적용 사례를 빨리 찾아야 한다는 것이다. 애플에서 아이폰이 처음 나올 때도 모든 기술을 완성하여 나온 것이 아니라, 우선 사용자들이 원하는 것을 선보이며 기술을 발전시켰다. 로봇도 아직 기술은 제한적이지만 앞으로의 확장해갈 수 있는 가능성은 무궁무진하다. 사람들이 그중에 어떤 기술을 원하는지 파악하고 실제 사용하는 사례가 빨리 나와야 한다.

├ 수익성을 내는 로봇의 특징은?

조규진 교수　로봇의 성공 방정식에 대해서 많은 고민이 있지만 한마디로 말하면 사용자의 눈높이에 맞는 커스터마이징이 핵심이다. 그 대표적인 사례가 바로 로봇 청소기의 상업 시장을 연 회사가 아이로봇이라는 회사다. 처음 로봇 청소기를 출시할 때 '남편들이 부인에게 허락받지 않고 쓸 수 있는 돈이 얼마인가'라는 질문을 던지고, 200달러짜리 제품을 내놓았다. 이 가격을 맞추기 위해 많은 기능을 과감하게 뺌으로써 200달러짜리 로봇 청소기 시장을 열었고, 지금도 아이로봇이 전 세계 로봇 청소기 시장의 점유율 50%를 차지하고 있다. 드론 사례도 마찬가지로 '사람들이 원하는 건 멋진 비디오지, 드론이 아니다'라는 말을 계기로 드론에 카메라를 달아 좋은 영상을 촬영하는 기술을 개발해 시장에 내놓았다. 결국 사람들이 정말 원하는 기능을 파악하여 시장에 내놓을 수 있는가가 수익성이 있는 로봇 시장이 열 수 있는 키가 될 것이다.

김현진 교수　실제로 2010년 패럿(Parrot)이라는 회사에서 휴대전화로 조종할 수 있는 300달러 이하의 드론을 출시한 적이 있다. 그런데 3년 정도 지나 DJI에서 드론에 짐벌이 달린 카메라를 합쳐서 더 안정적으로 비행하며 훨씬 좋은 퀄리티의 사진을 찍을 수 있는 드론을 패럿보다 더 비싼 가격으로 출시했다. 그것이 엄청난 인기를 얻었고, 개인용 드론 시장을 장악하는 계기가 되었다. 결국 패럿의 드론은 더 저렴하지만 안정성이나 기능이 떨어져 몇 번 사용하는 신기한 장난감 정도에 그쳤다. 반면 DJI의 드론은 취미로 사진을 찍는 아마추어와 전문가를 대상으로 가격이 비싸도 가치가 있는 제품으로 본격적인 드론 시장을 열었던 것이다. 이처럼 로봇의 수익성은 타깃과 마켓, 기능의 적합성에 따라서도 달라질 수 있는 문제다.

인공지능 기술은 2000년대 들어서면서 기계학습(machine learning)이라는 강력한 학습 알고리즘의 개발에 힘입어 다양한 패턴을 인식하고 예측하는 기술 분야에서 엄청난 진전을 이루었다. 그러나 현재의 인공지능은 닫힌 환경의 한정된 데이터를 기반으로 학습하기 때문에 끊임없이 변화하는 불확실한 환경에 스스로 대응하지 못한다는 한계가 있다. 반면, 인간의 뇌는 발달 과정에서 경험을 통해 인지 구조(cognitive architecture)를 변형하고 성장시키면서 이와 같은 환경에 적응한다. 인간의 뇌와 같이 동적인 환경과 상호 작용하며 인지 구조를 형성하며 발달하는 인공지능을 구현할 수 있을까?

6장

체화 인지 구조 인공지능:

뇌처럼 인지 구조를 적응적으로 생성하고 활용하는 인공지능을 만들 수 있을까?

장병탁 서울대학교 컴퓨터공학부 교수

30여 년간 인공지능 분야를 연구한 국내 딥러닝·머신러닝·로보틱스 분야의 최고 전문가로, 2015년 세계 최초로 유아의 뇌인지 발달 과정을 모사한 인공지능 기술인 '만화영화 비디오 기반의 멀티모달학습 기술(하이퍼넷 모델)'을 발표하며 주목받기도 했다. 2003년~2004년 MIT 인공지능연구소(CSAIL)와 2007~2008년 삼성전자 종합기술연구원 초빙교수, 2010년~2013년 한국정보과학회 인공지능소사이어티 회장직을 역임하였으며 2019년 서울대학교 AI 연구원 원장에 선임된 이후 지금까지 해당 분야의 선구자로 활약하고 있다.

이인아 서울대학교 뇌인지과학과 교수

2022년 한국뇌신경과학회로부터 연구의 우수성과 한국 뇌과학 커뮤니티에 대한 공헌을 인정받아 장진학술상을 받았다. 2015년~2020년 교육부 BK21+ 사업 뇌인지과학사업단장, 2020년부터 현재까지 4단계 BK21 사업 뇌과학 기반 인지기능 향상 교육연구단장을 맡고 있다. 2015년부터 현재까지 서울대 자연대 뇌인지과학과의 학과장을 맡고 있다. 끊임없이 해당 분야에서의 연구를 이어갈 뿐만 아니라 인재 양성을 위한 활동과 대중 지식 전파를 위하여 다양한 방면에서 활약하고 있다.

장병탁, 이인아 교수

열린 세계로 들어서는 체화 인지 구조 인공지능(Artificial Intelligence with embodied cognitive architecture)

우리가 살아가는 현실 세계는 너무나 가변적이라 인공지능이 대응하기 어렵기 때문에, 일상에서 더 적극적으로 활용할 수 있는 인공지능을 만들기 위해서는 근본적으로 다른 차원의 패러다임이 필요하다. 그 고민의 일환은 인공지능이 인간의 뇌처럼 주변 환경의 변화에 빠르고 안정적으로 적응하면서 인지하고 행동할 수 있는 방법을 찾고자 하는 것이다. 인간의 뇌와 같이 인지 구조를 스스로 생성해 나가는 인공지능을 만들기 위해서는 뇌의 작동 원리를 정확히 이해해야 하고, 인공지능의 현재 발전 패턴과는 다른 알고리즘을 생각해내야 한다.

인공지능의 발전과 역사

무엇을 인공지능으로 규정하느냐에 따라 인공지능의 역사는 다르게 정리될 수 있지만, 말 그대로 '인공적으로 지능을 가지고 정보 처리를 하는 기계'라고 본다면 인공지능의 개념이 처음 등장하게 된 것은 1950년대로 볼 수 있다. 인공지능의 개념이 처음 정립된 이후, 새로운 차원의 기술 개발이 가능할 것 같다는 희망과 역시 안 될 것 같다는 좌절의 시기가 반복됐다. 그렇게 1970년대 중반을 1차 암흑기 혹은 인공지능의 겨울이라고 하고, 1980년대 후반 무렵에 또 인공지능의 2차 겨울이 찾아왔다.

그러다가 2010년 무렵부터는 인터넷을 통해 전 세계의 정보가 네트워크에 떠돌아다니며 빅데이터를 접할 수 있게 되었고, 이후로는 컴퓨팅 파워가 획기적으로 커지면서 대량의 정보를 빠르게 처리할 수 있게 됐다. 그리고 뇌의 간단한 원리를 모방하는 딥러닝(deep learning) 방식이 등장하고, 인공지능 프로그램 알파고(AlphaGo)가 세계 최고의 프로 바둑 기사인 이세돌을 이기는 희대의 사건이 세계를 떠들썩하게 하기도 했다.

이 무렵에 나온 인공지능 기법들을 대개 기계학습, 즉 머신러닝(machine learning)이라고 분류한다. 구체적으로 들어가면 딥 뉴럴 네트워크 등 전문적인 용어들이 있지만, 일반적으로는 머신러닝이라는 포괄적인 카테고리로 다루고 있으며 현재도 역시 진화된 머신러닝의 시대다. 기계가 사람보다 훨씬 잘할 수 있는 영역이 많고, 그런 것들을 실제로 구현할 수 있다는 사실을 깨닫기 시작한 것이다. 최근에는 챗GPT가 나오면서 기계도 사람처럼 말하고, 글을 생성해낼 수 있다는 인식이 많이 퍼졌다. 그렇다면 앞으로의 인공지능은 어떻게 발전해야 할까?

　기계가 학습하는 머신러닝의 원리를 간단하게 설명하면, 엄청난 데이터를 주면서 학습시켜 모델을 만들고 그 모델을 사용하여 문제에 대한 답을 도출하도록 시키는 것이다. 이때 더 큰 빅데이터를 학습시킬수록 더 정교한 답을 내놓게 된다. 이러한 알고리즘은 어떤 사진을 보고 개인지 고양이인지 판별하거나, 또 의료 영역에서 엑스레이 사진을 보고 악성 종양의 유무 등을 판별하는 시각적인 분류(classification)에 있어서는 특히 사람보다 월등한 성능을 보여 주고 있다.

　우리의 뇌에 있는 세포들은 마치 아파트처럼 층을 이루고 있다. 머신러닝에서 말하는 뉴럴 네트워크도 뇌를 모방하여 여러 층을 만든 형태인데, 인풋이 들어오는 입력층과 아웃풋이 나가는 출력층이 있고 그 사이는 셀 수 없이 많은 중간층으로 이루어져 있다. 정확한 원리는 알려지지 않았지만 층이 많을수록 학습이 더 효과적이고 숨겨진 패턴도 잘 찾는다는 사실을 연구자들이 경험적으로 알아냈고, 또 그 모든 층을 촘촘하게 연결하여 학습을 더욱 빨라지게 만들 수 있었다.

　그리고 이러한 머신러닝에 뇌에서 빌려온 여러 가지 원리들을 적용해 가면서 조금씩 성능을 개선해 나가고 있는 중이다. 강화학습(reinfored learning)이나 딥뉴럴 네트워크, 주의(attention)를 주는 정보 처리 패턴도 뇌의 원리를 모방한 것이다. 이 발전 과정은 굉장히 빠른 속도로 이루어져서, 심지어 전공자들도 따라가기 어려울 만큼 기술은 빠르게 발전하고 있다.

최근에는 사람이 하는 게임 같은 것을 기계가 훨씬 빠르게 학습하고 잘한다는 걸 보여 주며 인공지능의 기능을 선보이는 이벤트도 많이 선보여지고 있다. 딥마인드의 데미스 하사비스(Demis Hassabis)도 인공지능이 얼마나 퍼포먼스를 잘하는지 보여 주는 게임 이벤트를 자주 진행하는 것으로 유명하다. 실제로 정확히 주어진 룰이 있고, 경우의 수가 유한한 게임을 한다고 할 때 이제 사람이 기계를 이기는 것은 거의 불가능하다.

하지만 머신러닝 기술이 아무리 발전했다고 해도, 아직까지 지도학습(supervised learning) 단계를 벗어나지는 못했다는 한계점이 있다. 마치 초등학교 선생님이 학교 생활을 일일이 지도해 주는 것처럼, 인공지능이 학습하기 위해서는 인간의 감독이 필요하다. 대표적인 예가 인공지능의 학습 데이터를 사람이 직접 만들어야 한다는 것이다. 어떤 것은 고양이 사진이고 어떤 것은 강아지 사진이라는 것을 맨 처음에 사람이 레이블링을 하여 학습 재료(material)를 준비해 줘야 한다. 그렇게 수차례 감독 과정을 거쳐야 결국 엄청나게 많은 이미지를 바탕으로 인공지능이 고양이와 강아지를 분류할 수 있게 된다.

그런데 여기에도 함정이 하나 있다. 학습한 데이터 세트에 없는 샘플이 나오면 아예 엉뚱한 답변을 하는 경우가 많다는 점이다. 모든 데이터를 다 학습시키고 감독할 수는 없기 때문에 비지도학습(unsupervised learning)이 함께 이루어져야 하는데, 지금은 지도학습밖에 할 수 없다. 학습 데이터의 영향을 너무 많이 받다 보니 학습하지 않은 것에 대해서는 대응 능력이 별로 없다는 것이 지도학습의 단점이다.

이 때문에 자칫 편향된 자료를 학습시키면 계속해서 편향된 정보를 내놓게 된다는 문제도 있다. 그러나 머신러닝 알고리즘은 이미 우리 생활에서 무궁무진하게 사용되고 있다. 챗GPT는 물론이고 넷플릭스, 유튜브, 내비게이션 등이 모두 머신러닝을 베이스로 한 빅데이터를 통해 사용자가 좋아할 만한 콘텐츠를 추천하거나 원하는 정보를 찾아준다.

특히 머신러닝에 특화되어 있는 기능 중의 하나는 사람은 인지하지 못하는 어떤 패턴을 찾아내거나 혹은 생성하는 것이다. 예를 들어 알파폴드(AlphaFold)는 신약 개발에 활용할 수 있는 단백질 구조를 파악해 주는 인공지능이다. 어떤 약물을 사용할 때 우리 몸에서 단백질과 도킹해야 특정 효과가 나타나기 시작하는데, 그러기 위해서는 단백질의 구조를 먼저 알아야 한다.

기존에는 그 구조를 파악하는 데 상당한 비용이 들어가면서도 효율성은 낮은 물리적인 실험 방법을 사용해야 했는데, 지금은 인공지능이 도킹의 패턴을 학습하여 예측해 주면서 신약 개발에서 상당한 효과를 얻을 수 있게 됐다. 또 주식 시장에서는 인공지능이 객관적인 데이터에 의존한 분석을 통해 거래해 주기도 하고, 우리가 잘 알고 있는 챗GPT도 이미 생성형 인공지능으로서 다양한 영역에서 사용되고 있다.

현재 인공지능의 문제점

인공지능이 많은 발전을 해 왔지만 현재 가지고 있는 가장 큰 문제는 높은 성과를 보이기 위해서 너무나 많은 데이터를 필요로 한다는 것이다. 또 많기만 해서는 안 되고 순도 높은 좋은 데이터를 학습시켜야 하는데, 그 데이터를 준비하는 것은 결국 인간이다. 이처럼 외부에서 계속 데이터를 제공하며 학습시키는 주체가 사람이기 때문에 모델의 근거가 약하고 명시적이지 못하다는 한계도 있다.

또 다른 문제점은 인간은 어릴 때부터 학습한 내용이 쌓이고 적절히 변형되기도 하면서 '연속적 학습(continuous learning)'을 하게 되는데, 머신러닝은 다양한 분야에서 연속적 학습을 하지 못하고 단절적인 학습을 한다는 점이다. 또한 인공지능이 게임과 같이 특정 룰이 정해진 상황에서 인간보다 뛰어난 것은 사실이지만, 이처럼 별다른 변수가 발생하지 않는 '닫힌 환경'에서만 좋은 퍼포먼스를 보여 준다는 것도 현재의 머신러닝이 갖는 특징이자 한계점이라고 할 수 있다. 실제로 현장에서 쓰이고 있는 산업용 로봇도 할 일이 명확히 정해져 있는 닫힌 세계에서만 활용 가능하다.

우리의 뇌를 들여다보면, 뇌에서도 인공지능과 같이 폐쇄된 시퀀스만 반복하는 식의 시스템은 분명히 존재한다. 그래서 우리가 큰 힘을 들이지 않고도 같은 루틴을 반복할 수 있는 것이다. 하지만 뇌에는 또 다른 시스템이 함께 존재하고 있다. 바로 동적으로 움직이는 자극이나 환경에 대해서도 금방 인지하는 시스템이다. 그래서 '흰 눈 위에 있는 하얀 개'라는 정확한 대상을 학습한 적이 없는 세 살짜리 어린아이라도 처음 보자마자 그 대상이 개인지 아닌지를 한눈에 알아볼 수 있다.

인공지능이 지금과 같이 닫힌 환경 속에서 학습된 데이터에 대해서만 계속 작업을 수행하게 할 것인지, 아니면 인간처럼 다양한 환경 변화와 자극 속에서도 적응할 수 있는 수준에 도달하게 만들 것인지 결정해야 한다. 현재 우리는 더 다양한 영역에서 인공지능을 활용하고 싶기 때문에, 좀 더 인간의 뇌와 가깝게 학습하는 인공지능이 필요하다. 그렇다면 이러한 인공지능을 만들기 위해서는 어떤 문제를 해결해야 할까.

뇌와 같은 인지 구조를 가진 인공지능

인간의 뇌와 같이 인지 구조를 적응적으로 생성하고 활용하는 인공지능을 만드는 것이 지금의 인공지능 분야에서 맞닥뜨리고 있는 궁극적인 난제다. 이 인지 구조를 다른 말로 '모델'이라고 한다.

두개골 안에 있는 인간의 뇌는 바깥 세상을 직접 체험할 수 없다. 바깥 세상의 자극 정보(stimulus information)를 눈, 코, 입과 같은 감각 기관에서 받아들이게 되고, 그 자극 정보의 1차적 의미를 파악하는 것을 지각(perception)이라고 한다. 우리 뇌는 이렇게 감각 기관에서 전달하는 정보를 바탕으로 인지 구조(cognitive architecture)를 형성하게 된다. 즉, 어떤 정보가 들어왔을 때 특정한 방식으로 처리하여 모종의 구조를 만드는 것이다.

그런데 판단한 사실이 실제 맞는지 확인해 보고 싶을 때, 인공지능은 그 결과에 대해서 누군가 정답 여부를 알려 준다. 반면 인간은 자신의 판단에 대해 다른 누군가가 매번 정답을 알려줄 수도 없고 그걸 원하지도 않을 것이다. 자신의 인지 구조 혹은 모델의 적합성을 알기 위해 인간의 뇌는 그 인지 구조를 바탕으로 바깥 세상에서 직접 행동해 본다. 인지 구조가 서툰 어린아이는 실제로 행동도 어설프고 서툴 수밖에 없다. 하지만 꽃병을 잘못 건드려서 깨진다거나, 뭔가 먹으려다가 먹으면 안 되는 것이라는 사실을 깨닫는다든지 하는 식으로 실제로 경험하면서 반응을 통해 인지 구조를 수정하고 계속해서 업데이트할 수 있다. 이를 통해 세상을 이해할 수 있는 모델을 완성해 가는 것이다.

특히 우리에게 인지 구조가 필요한 가장 중요한 이유는 발생하지 않은 일에 대한 예측이 가능하다는 점이다. 만약 눈앞에 호랑이가 나타났는데, 그제서야 '호랑이가 왜 여기 있지?'라고 생각한다면 이미 늦었다. 애초에 호랑이가 나타날 수 있는 환경에서는 위험을 예측하고 피해야 한다.

즉, 모종의 인지 구조를 바탕으로 다음에 전개될 일을 예측할 수 있는 능력이 없다면 다른 동물에 비해 신체 능력이 낮은 인간들은 생존 가능성이 매우 낮아진다. 그래서 예측을 가능하게 하는 인지 능력, 그리고 이것을 생성할 수 있는 프로세스를 가지고 있다는 것은 생존을 위한 필수 요소이자 인간 뇌의 특징 중의 하나다.

환경과 상호 작용하는 인지 구조의 예: 해마

우리 뇌가 뉴런의 어떤 기능을 바탕으로 환경과 상호 작용하거나 변화를 예측하고 대응할 수 있는 것인지에 대해서는 완벽하게 알려져 있지 않다. 다만 뇌가 인지 구조를 만들어 사용하는 과정에 대해서 알려진 대표적인 예는 해마(hippocampus)다. 해마는 우리에게 가장 필요한 기능 중 하나인 공간인지 능력의 핵심 요소로, 공간 탐색(spatial navigation)을 할 수 있게 한다. 즉, 가고자 하는 장소를 인지한 상태로 목표를 향해 움직일 때 필수적인 역할을 한다.

해마는 바깥 세상에서 오는 정보를 지속적으로 받아들인다. 해마에게 정보를 제공해 주는 역할을 하는 것은 해마 주변에 있는 내후각피질(entorhinal cortex)이다. 그런데 해마에서 장소 세포(place cell)라는 특정한 유형의 세포가 발견되면서 해마에 '공간에 대한 모델'이 존재한다는 사실이 밝혀졌다. 실제로 쥐의 해마는 사람보다 전체 뇌에서 차지하는 공간이 상대적으로 큰데, 공간 인지 능력을 보면 쥐가 사람보다 압도적으로 우수하다.

해마의 장소 세포는 마치 어떤 장소에 도착했을 때 GPS의 불이 들어오듯이, 사람이나 동물이 특정 장소에 갔을 때만 활성화되고 그 장소를 벗어나면 활성화되지 않는 특징이 있다. 그리고 해마에게 정보를 제공하는 내후각피질에는 공간을 격자로 분할하는 격자 세포(grid cell)가 존재한다. 이는 해마를 비롯한 주변의 신경망들이 어떤 공간에서 움직임을 계산하는 데 특화되어 있는 영역이라는 것이 분명하다는 뜻이고, 일종의 '내비게이션'

역할을 하는 이 장소 세포와 격자 세포를 발견한 세 명의 신경 과학자 존 오키프(John O'keefe), 마이브리트 모세르(May-Britt Mose), 에드바르드 모세르(Edvard Moser)는 2014년에 노벨 생리의학상을 받기도 했다.

공간에 대한 인지를 바탕으로 우리 뇌에는 인지 지도(cognitive map)라는 것이 만들어지게 된다. 우리가 만약 처음 가 보는 로마 한복판에 서 있을 때 누군가 지도를 준다면 어떨까? 그 지도를 눈으로 보는 것만으로는 낯선 여행지의 길목을 다 파악하기 어렵다. 그런데 직접 몸을 움직여서 걸어 본다면, 스스로 공간을 경험한 곳에 대해 어느 정도는 쉽게 인지할 수 있게 된다.

사실 모든 동물이 이런 작업을 한다. 개나 고양이를 낯선 공간에 풀어 놓으면 여기저기 돌아다니면서 공간을 파악하는데, 이는 그 정보를 해마에 입력하는 행위라고 볼 수 있다. 이렇게 '인지 지도'를 형성하고 나면 우리가 그 장소를 떠나더라도 머릿속으로 길을 따라가고 시뮬레이션을 해 보는 등 여러 가지 적응적인 반응을 할 수 있게 된다.

이렇게 직접 움직이거나 경험하고 대상과 상호 작용하면서 만들어진 뇌의 모델은 대상에 대한 추상화된 이미지, 즉 프로토타입(prototype)을 형성하게 된다. 즉 인공지능과 달리 인간은 인지 구조가 만들어지는 과정에서 신체가 굉장히 중요한 역할을 하고, 뇌 역시 그것을 고려하여 정보 처리를 한다는 것이다. 우리는 이렇게 만들어진 인지 구조를 목표 지향적으로 사용할 수 있고, 또 벌어지지 않은 일에 대한 추론이나 시뮬레이션도 가능하다. 또 새로운 일이 일어나더라도 경험적으로 만들어진 모델에 기반하여 대처할 수 있다.

최근 뇌에서 발견한 여러 세포의 특징을 바탕으로 몸이 움직일 때마다 어떤 신호를 보내고 연계하는지, 즉 복잡한 공간 인지가 어떻게 이루어지는지에 대한 모델이 발표되기도 했다. 간단히 정리하자면 인간의 뇌는 공간에 대한 인지 구조를 표상하는 과정에서 주의를 집중하고 바깥에서 오는 자극을 능동적으로 받아들인다는 것이다.

한편 해마는 어떤 공간에서 이루어진 일상생활 속 일들에 대해서 일기를 쓰듯이 모두 기억하기도 한다. 그래서 해마에 문제가 생겨서 치매에 걸리면 자신의 사진첩처럼 쌓아 온 일생의 기억을 잊어버리게 되는 것이다.

결론적으로 해마의 특징은 네 가지로 정리해 볼 수 있다. 첫째, 누가 일일이 따라다니면서 가르쳐주지 않아도 직접 몸을 움직이고 주의를 기울이면서 스스로 학습을 쌓아 나가는 비지도학습을 한다는 것이다. 둘째는 어떤 일화를 경험하면 이들을 토대로 모델을 형성하는 특성이 있다. 셋째는 발달 과정에서 일어나는 연속적 학습의 결과가 지속적으로 인지적 모델을 업데이트하는 전주기적 학습을 한다. 넷째로 원샷학습(One-Shot learning), 즉, 한 번만 일어난 일도 기억하고 학습할 수 있는 특징이 있다.

인공지능은 열린 세계에서 기능할 수 있을까

인공지능 기술은 과거 고전적 인공지능(classical AI)에서 지금 머신러닝의 모태라고 볼 수 있는 현대적 인공지능(modern AI)으로 발전해 왔다. 1세대 인공지능이라고 할 수 있는 고전적 인공지능은 우리가 어릴 때 사용했던 기본적인 컴퓨터 프로그램에 가깝다. 컴퓨터에 어떤 로직을 심어서 규칙을 가르쳐 주는 것인데, 결국 모든 경우를 사람이 직접 매핑하여 지침을 주면 컴퓨터가 수행하는 방식이다.

현대적 인공지능은 지금의 뉴럴 네트워크로 대표되는 시스템인데, 입력을 받아들이는 소자들을 배치하고, 그들 간의 연결선을 만들어 준 다음, 입력 정보에 따라 연결선의 가중치를 스스로 조절하도록 만든 시스템이다. 인간이 일일이 규칙을 설정해 주지 않아도 스스로 가중치를 설정하기 때문에, 역설적으로 어떤 데이터를 주느냐가 훨씬 중요해진다. 따지고 보면, 우리의 뇌도 확률적으로 움직이기 때문에 현대적 인공지능이 어느 정도 뇌를 모방하기 시작한 단계라고도 볼 수 있다.

여기까지는 닫힌 세계에서 가장 잘 기능할 수 있는 시스템인데 각종 변수에 대처해야 하는 실제 세상에서는 어떨까. 예를 들어 자율주행기술에 대해 사람들이 원하는 단계는 말 그대로 사람이 전혀 차를 운전하지 않아도 되는 '완전자율주행(full autonomy)'이다. 그런데 지금은 항상 사람이 만약의 경우에 대처하기 위해서 준비하고 있어야 하는 레벨3 정도의 부분자율주행(partial autonomy) 단계 정도에 이르러 있다.

완전자율주행이 가능하려면 지금의 인공지능이 가진 한계, 즉 주어진 데이터만 학습할 수 있다는 한계를 극복해야 하는데, 현재로서는 그 정도의 기술 수준에 도달하지 못했다. 최근에는 완전자율주행에 엄청난 돈을 투자했던 기업이 투자를 중단하기로 결정했다는 기사가 등장하고 있는데, 결국 닫힌 공간에서 작동하는 인공지능의 발전이 한계에 부딪힌 하나의 사례인 셈이다.

자율주행차의 실제 도로 적용 가능 여부는 인공지능 연구자들 사이에서도 흔하게 던지는 질문이자 판단 기준의 하나다. 왜 지금의 인공지능은 도로에서 완전한 자율주행을 할 수 없을까? 지금의 인공지능은 정확한 학습 데이터와 뚜렷한 규칙이 있는 세계 내에서는 상당히 훌륭하게 기능한다. 하지만 실제로 거리에 나오면 예측할 수 없는 수많은 일이 발생할 것이다. 이런 상황에서 인공지능에게 무한한 경우의 수에 대한 데이터를 학습시킬 수는 없다.

또 다른 예로, 가사 로봇의 사례도 나오고 있지만 굉장히 속도가 느리고 효율적으로 움직이지 못한다. 아직도 가사 로봇이 실생활에 사용되지 못하고 있는 이유는 주방이라는 공간이 의외로 '열린 공간'이기 때문이다. 컵은 항상 조금씩 다른 위치에 놓여 있고, 냉장고에는 각기 다른 모양의 반찬통이 들어 있다. 수많은 가능성이 있는 공간이기 때문에 일정한 데이터 세트를 마련한다는 것이 쉽지 않다.

당장 우리가 사용하는 인공지능 스피커도 주변에 바람 소리나 잡음이 들어가면 명령어를 잘 알아듣지 못하는 것처럼, 결국 현재의 머신러닝 위주의 인공지능 기술은 실제 우리가 살아가는 열린 환경에서는 큰 효용성을 발휘하지 못한다. 이처럼 실제 환경이 주는 한계를 극복해야만 인공지능이 실제 우리의 일상에서 유용하게 쓰일 수 있을 것이다.

또 한 가지 문제로 실제 환경에서는 계속 코드를 꼽아 전원을 공급할 수 없다는 것이다. 챗GPT와 같은 인공지능 서버는 엄청난 전기를 쓰고 열을 내기 때문에 심지어 해저에서 열을 식히겠다는 시도를 할 정도라서, 일상에서 쓰는 로봇에게 적용할 수는 없는 방식이다. 최근 사람처럼 움직이는 로봇이 등장하기도 했지만, 배터리 교체 없이 24시간 내내 그렇게 움직이려면 굉장히 적은 에너지로 기능할 수 있게 만들어야 한다.

결론적으로 인간처럼 에너지를 아주 적게 쓰면서도 열린 환경에서 자유롭게 기능할 수 있도록 만드는 것이 인공지능이 가지고 있는 핵심적인 난제다. 이를 해결하기 위해서는 어떻게 해야 할까? 마치 인간처럼 인지 구조를 가지고 신체를 이용해 환경과 상호 작용하면 가능하지 않을까? 이러한 관점에서 난제에 접근하기 위한 다양한 시도와 연구가 이루어지고 있다.

인지 능력 형성 과정의 이해를 통한 난제의 전망

폰 노이만 머신(Von Neumann machine)이라고 하는 지금의 컴퓨터 시스템에는 네 개의 근본적인 사이클이 있다. 명령어와 같은 데이터를 메모리에 저장했다가 가져오고, 해석하고, 실행하고, 다시 저장하는 것이다. 그런데 이것만으로는 열린 세계에서 적응적으로 대응하는 인공지능의 문제를 다룰 수가 없다. 현재의 폰 노이만 머신 구조를 넘어선 새로운 패러다임이 필요하다는 뜻이다.

한편에서는 인공지능이 자아를 가질 수 있는지에 대한 질문도 나오고 있지만, 현재의 기술로는 그러한 질문을 논할 만한 단계에 미치지 못한 상황이다. 다만 인간의 뇌가 적응적인 인지 능력을 가질 수 있는 이유와 그 구조가 무엇인지 이해한다면, 인간의 뇌처럼 몸을 이용해 적응적이고 유연하게 새로운 문제를 다룰 수 있는 인지 구조를 가진 인공지능을 만드는 데 어느 정도 도움이 될 수 있을 것이라고 본다.

애초에 사람에게는 왜 인지 능력이 생겼을까? 바로 생존을 위함이다. 진화론을 기반으로 생각해 보면 결국 인간에게 생긴 인지 능력을 바탕으로 사회를 구축해 왔다. 몸을 가지면 자율성이 높아지고, 감각 기관을 통해 미리 위험 요소를 예측하고 피할 수 있다. 심지어 감각 기능이 없는 하등 생명체인 단세포 동물도 어떤 대상을 만났을 때 영양분이 있으면 잡아먹고 독이 있으면 도망치는 '지능'을 필요로 한다. 근본적으로 뇌가 하는 일은 결국 신체를 제어하고 자연 환경에서 살아남는 행동 지침을 만들어 내는 것이다.

이와 달리 지금의 인공지능이 가진 한계는 챗GPT에 할루시네이션(hallucination)이 생기는 이유를 생각해 봐도 알 수 있다. 챗GPT는 명확한 텍스트로만 학습했다. '컵'이라는 글자는 알지만 그것을 보거나 만져본 적은 없다. 물론 문맥에 맞는 단어를 생성하기 때문에 어떤 면에서는 대상을 어느 정도 이해한 것처럼 보이지만, 대상의 본질을 이해하지 않고 피상적으로만 인지하는 것에 가깝다. 근본적인 이해에 기반한 것이 아니라 금방이라도 무너질 수 있을 것처럼 지식을 빼곡히 쌓아둔 셈이다. 그래서 질문을 조금만 잘못해도 엉뚱한 답이나 잘못된 정보를 내놓게 된다. 챗GPT가 가진 지식은 실제 세상의 경험과 연결하는 것, 즉 그라운딩(grounding)이 필요하다.

실제 세상에 대한 이해에 기반하여 단어를 사용하기 위해서는 결국 오감 센서에 해당하는 정보를 통해 경험을 하게 해야 하고, 이 센서 데이터를 바탕으로 학습시켜야 한다. 그래야 궁극적으로 인공지능이 세상에 대한 어느 정도의 이해를 바탕으로 보다 정확한 정보 처리를 수행할 수 있으므로 인지 구조를 만드는데 있어서 몸과 행동이라는 요소가 중요한 것이다.

인공지능의 인지 구조를 만드는 시도

초기 인공지능은 프로그래밍된 지식을 약간 지닌 채 합리론(rationalism)적인 사고를 했다. 지금의 머신러닝이 하고 있는 건 극단적인 경험론(empiricism)적 사고라서 데이터만 있다면 우리가 알고 있는 지식을 전부 만들 수 있다고 본다.

우리가 몸을 통해 세상을 이해하고 인지 구조를 형성하는 과정을 철학적으로 다시 생각해 보면, 인간이 오감으로 경험하고 상호 작용하며 세상을 받아들이는 '실존주의(existentialism)'에 가깝다고 할 수 있고, 인지과학에서 쓰는 표현으로는 인엑티비즘(enactivism)과 가깝다. 몸을 강조하기도 하고 행동을 강조하기도 하지만 사실 두 가지는 밀접하게 관련이 있다. 그리고 행동을 할 수 있다는 것은 자연스럽게 닫힌 세계가 아니라 열린 세계에 들어왔다는 뜻이기도 하다. 내가 어떤 행동을 함으로 인해 이미 환경이 달라지기 때문에 끊임없는 불확실성의 세계에 놓이게 되는 것이다.

지금의 머신러닝은 이런 과정을 거치지 않고, 일단 모든 데이터를 모아두고 학습을 시작한다. 어떤 물건이 무거운지 알기 위해서는 누군가 무겁다거나 가볍다는 레이블링(labeling)을 해 주어야 한다. 그런데 몸이 있으면 스스로 물건을 드는 행동을 통해 인지할 수 있을 것이다. 즉 이처럼 인공지능이 경험을 하면서 인지 구조를 형성할 수 있다면, 완전히 차원이 다른 학습을 하게 될 수 있다.

실제로 이를 위한 연구의 일환으로 '베이비마인드(BabyMind)' 프로젝트를 진행하고 있다. 아이들이 태어나서 24개월 이내에 세상을 배워 가는 과정을 흉내내는 인공지능 알고리즘을 만들고자 하는 시도다. 아직은 매우 초기 스케치 단계의 'COGNIA'라는 아키텍처를 만든 정도인데, 몸으로 환경과 상호 작용하면서 행동으로 학습하고 인지 액션 시뮬레이션을 통하여 모델을 구현하고자 하는 것이다. 학습을 통해 맞는 부분은 강화하고 틀린 부분은 수정하면서 직접 검증(validation)을 하게 된다.

이미 지금의 인공지능은 텍스트에 기반한 문서 업무를 사람보다 훌륭하게 처리할 수 있지만, 물리적인 영역에서는 사람의 수준에 한참 못 미치는 단계에 머물러 있다. 사람에게 쉬운 일은 기계가 잘하지 못하고, 사람에게 어려운 일을 상대적으로 잘한다는 것이 인공지능이 가지고 있는 아이러니다.

만약 몸을 기반으로 행동을 통해 학습하는 모델이 나오고 궁극적으로 체화 인공지능(embodied AI)이 등장한다면 가상의 세계를 넘어 물리적인 현실 세계와 상호 작용할 수 있게 된다. 그렇다면 인공지능의 근본적인 한계를 극복하고 추후 우리의 일상이나 산업에 있어서도 어마어마한 변화와 가능성을 기대할 수 있을 것이다.

체화 인지 구조 인공지능에 관한 대담

ㅏ 'COGNIA'과 같은 새로운 알고리즘의 패러다임을 제시하는 것이 어려운 이유는?

장병탁 교수   모델링을 하기 위해서는 수학적인 모델이 필요한데, 지금까지 머신러닝이 쓰던 수학적 모델과 아예 다르다. 기존에 우리가 가진 컴퓨터 툴은 전부 디지털인데, 딥러닝의 경우만하더라도 그 안에서 일어나는 프로세싱의 개념은 아날로그를 흉내내는 것이다. 지금의 초거대 인공지능도 디지털을 가지고 아날로그를 흉내내는 것이다.

지금은 컴퓨팅 파워가 좋아서 이 방식을 이용하는 것이 빠른 방법일 수 있지만, 기존에 존재하는 툴을 쓰지 않고 새로운 방법을 찾으려고 하는 이유는 현재 인공지능은 동적으로 변화하는 '시간'의 개념을 잘 고려하지 못하기 때문이다. 실시간 인지 액션 사이클을 구현해야 뇌와 비슷한 인공지능을 만들 수 있는데, 환경 속에서 지속적으로 움직이며 불확실성에 적응하게 하려면 아무리 많은 데이터가 있어도 부족하다. 그래서 여기에는 새로운 수학적 모델이 필요할 것이라고 본다.

ㅏ 인지 구조를 생성하는 인공지능에게 반드시 '몸(body)'이 필요한가?

장병탁 교수 미래 인공지능에게 필요한 능력은 실시간 상호 작용, 다양한 종류의 정보를 센싱하는 멀티모달리티(multi-modality) 모델, 그리고 액션이 필요하다. 인간은 환경 속에서 행동(action)함으로서 스스로 불확실성을 만들고 이에 대응한다. 여기에서 중요한 건 '액션'이지만 액션을 하려면 모터가 있어야 하고, 결국 바디가 필요한 것이다. 사실 웬만한 기능은 이미 시뮬레이션상에서는 모두 가능하다. 알파고는 이를 명확히 증명한 사례이기도 하다. 하지만 알파고나 챗GPT가 일을 수행하는 닫힌 세계가 아니라 열린 세계에서 실제로 어떤 대상을 이해하려면 능동적으로 환경에 영향을 미칠 수 있는 몸이 필수적일 것이다.

이인아 교수 기계에 몸이 없어도 되는 방향으로 발전해 왔는데, 지금은 완전히 다른 방식을 시도해야 하기 때문에 이 문제가 어려운 것 같다. 하지만 만약 1950년대부터 이러한 방향성을 가지고 시도했다면 지금과 다른 모습의 챗GPT가 등장했을지도 모른다. 기존의 인공지능과 아예 다른 문제라고 보는 것이다. 기계 입장에서 보면 우리 뇌의 정보 처리 패턴은 굉장히 이상한 점이 많다. 그런데 뇌가 이렇게 작동하는 이유는 우리에게 몸이 있기 때문이다. 궁극적으로 뇌는 에너지를 저장하고, 또 행동을 만들기 대부분의 정보를 처리한다. 결국 모든 생명체에게는 이러한 과정이 절대적인 제약 요소(constraint)로 작용하는데, 기계에게도 몸이 있다면 인간처럼 학습하고 행동하게 될 것이다. 사실은 꼭 몸이 아니더라도 '하루에 얼마 이상의 에너지를 쓰면 안 된다'라든가, '외부 세계의 자극에 어떻게 대응해야 한다' 등 인간이 당면하고 있는 제약을 걸어 준다면 기존의 패턴화된 학습에서 벗어나 환경과 상호 작용을 하기 때문에 점점 뇌처럼 발전할 수 있지 않을까 하는 생각도 든다.

├   3세대에서 아무리 모델링을 잘해도 결국 2세대 딥뉴럴 네트워크의 프레임워크, 특히 강화학습에 의존한다면 기존의 한계점을 넘어서지 못하는 것은 아닌가? 혹은 완전히 새로운 패러다임에 대한 시도가 있는가?

장병탁 교수 기존에 있는 지도학습, 비지도학습, 강화학습 등을 통해 개발된 여러 요소들은 그대로 쓸 수 있을 것이다. 그런데 강화학습 관점에서 보면 결국 목적 함수(value function)를 어떻게 정의하느냐 하는 문제가 핵심이 된다. 닫힌 세계에서는 이 목적 함수를 쉽게 정의할 수 있지만 열린 세계에서는 목적 함수의 정의 자체가 어렵거나 그 자체가 계속 변한다. 그래서 마지막으로는 인공지능이 결국 목적 함수 자체를 스스로 수정하고 변경할 수 있도록 해야 하는 것이다.

이인아 교수 우리 뇌에 있는 학습이나 기억 시스템은 '다중 기억 시스템(multiple memory system)'이라고 한다. 닫힌 세계와 열린 세계에 대한 굉장히 다른 성격의 모듈들이 한데 섞여 있는 것이다. 어떤 연구자는 뇌에 있는 이질적인 시스템들이 민주주의와 같이 다수결로 결정되는 것이 인간의 행동으로 나오게 된다고 주장하기도 한다. 이처럼 뇌를 이해하기 위한 여러 가지 시도가 계속되고 있지만, 어쨌든 성격이 다른 모듈을 가지고 있다는 데 대해서는 공감대가 있다.

반면 지금까지 개발된 인공지능 알고리즘들은 대부분 하나의 알고리즘으로 닫힌 세계와 열린 세계를 모두 다루려는 시도를 하고 있는데, 그 자체가 다소 무리일 수도 있다. 그러한 시도보다는 뇌가 수백만 년 동안 진화하면서 최적의 솔루션을 내놓은 다중 학습 기억 모델을 따라해 보는 것도 괜찮지 않을까 싶다.

├ 인지 구조를 지닌 인공지능을 구현하려면 작은 시도들을 통해 시행착오를 겪게 해 주어야 할 것 같은데 이것이 가능한가?

장병탁 교수 지금의 머신러닝 방식에서 가장 부족한 부분이 그것이다. 현재 머신러닝 방식에서는 많은 데이터를 모아 학습한 후에 학습을 멈추고, 문제를 푼다. 이런 방식이 아니라 학습한 것을 바탕으로 행동하고, 그 결과로부터 배워서 행동을 수정해 갈 수 있어야 한다. 이렇게 조금씩 점진적으로 학습(incremental learning)하는 것이 정말 중요하다. 다행스러운 것은 인공지능이 사람처럼 제약이 있는 유기체의 몸을 타고나지 않았기 때문에 초기 설정을 해 주면 다음 학습 단계를 진행할 수 있을 것이다.

이인아 교수　영화 〈채피〉를 보면 아주 심플한 아키텍처의 로봇을 만들고 학습시키는 장면이 나온다. 사람은 무언가 학습하면 그 지식이 다른 것을 학습할 때 또 쓰이면서 아키텍처가 진화한다는 상당한 장점이 있다. 사소한 경험들이 모여 각각의 개성을 구성하고 세상과 작용하는 방식을 만들게 되는 것이다. 그런데 지금의 인공지능은 시간 축으로 발달한다거나 과거의 경험이 미래에 영향을 미치는 차원에 대해서는 다루지 못하고 있다. 개인적으로는 시간 축으로 발달하고 학습을 축적하는 기계 개발을 시도해야 한다고 생각한다.

⊢　뇌와 같이 인지 구조를 적응적으로 생성하고 활용하는 인공지능이 만들어진다면 어떤 변화를 기대할 수 있나?

이인아 교수　궁극적으로 마블 시네마틱 유니버스에 나오는 인공지능 비서 '자비스'와 함께 일할 수 있다면 어떨까. 지금의 머신러닝 위주의 인공지능이 사람과 자유롭게 상호 작용하지 못하는 이유는 결국 인공지능의 인지 구조라는 난제를 해결하지 못했기 때문이다. 지금은 챗GPT를 사용할 때도 우리가 프롬프트 쓰는 법을 배워야 한다.

기계의 방식에 맞춰서 사람이 사용법을 배우는 것이 아니라 사람의 활동을 인공지능이 자연스럽게 따라오는 것이 진정한 인공지능이라고 본다. 지금의 인공지능 비서처럼 심플한 지식을 전달해 주고 끝나는 것이 아니라, 인간이 하기에 비효율적인 작업을 대신해 주면서도 함께 공유하고 공감하면서 프로젝트를 진행할 수 있는 인공지능 비서가 있다면 우리의 삶 전반이 크게 달라질 것이다.

장병탁 교수　큰 틀에서 보면 챗GPT도 매우 의미 있는 발전이다. 예전에는 사람이 컴퓨터 언어를 배워서 프로그래밍했는데 이제 챗GPT가 사람의 언어에 맞춰서 프로그래밍해 준다. 자연어를 기계가 알아듣는다는 것은 굉장히 큰 혁명이다.

그다음 단계의 핵심은 상대방의 의도를 파악하고 공감이 가능한 사회적 상호 작용이 이루어지는 것이다. 이를테면 로봇에게 명확히 명령하지 않더라도 '나 목말라'라고 하면 알아서 냉장고 문을 열고 컵에 물을 따라서 가져다 주는 프로세스가 가능할 수 있다. 즉 이러한 추론이 가능한 인지 구조를 갖추는 것이 미래 인공지능을 만드는 단초라고 본다.

ㅏ   근본적으로 패러다임을 바꿀 수 있다면 완전자율주행 단계도 가
    능한가?

장병탁 교수   예를 들어 운전하면서 앞차를 1분 정도 따라가다
보면 앞차와 어느 정도 거리를 둬야겠다는 감이 온다. 이러한 감
은 사실 초보 운전자와 경력자의 차이이기도 한데, 말로 명확히
설명하기는 어려운 부분이다. 그런데 지금의 인공지능에게는 그
런 일종의 워킹 메모리가 없다. 초기 버전의 인공지능에서는 그
것을 모두 명시적으로 규칙을 만들어 주입하려고 시도했고, 딥러
닝도 사실 여기에서 발전된 버전이라고도 할 수 있다. 딥러닝이
어떤 사람의 사진을 보고 성별을 어떻게 구별할 수 있을까? 만
약 이를 구별하기 위해 분석적으로 촘촘한 규칙을 만든다면 무
한히 많은 규칙이 필요할 텐데, 거기에서도 예외는 계속 생긴다.
그런데 딥러닝은 수많은 데이터를 바탕으로 전방위적인 요소들
을 확인하여 구별하고 성능을 향상시키면서 이 문제를 푼 셈이
다. 그래서 지금의 인공지능은 적어도 전방위적 분석이 가능한
단계에 이르렀다고 볼 수 있지만 그 이상은 아직까지 도달하지
못했다.

이인아 교수   뇌인지과학적 입장에서 보면 대화에서 언어가 사용
하는 비중이 그렇게 크지 않다. 말의 뉘앙스, 억양, 보디랭귀지도
다양한 의미를 포함하는 데 지금의 머신러닝은 그런 걸 구분하
지 못한다. 인공지능이 사람 곁에서 창의적으로 움직이며 실생활
에 영향을 주기 위해서는 갈 길이 멀다고 봐야 한다.

ᅡ 챗GPT는 왜 모른다고 하지 않고 거짓말을 하는가? 만약 미래
   의 인공지능도 챗GPT와 같이 거짓말을 한다면?

장병탁 교수 기본적으로 챗GPT가 거짓말을 하는 이유는 데이터를 근본적으로 이해한 것이 아니기 때문이다. 인간은 체득, 체화하여 언어를 구사하지만 챗GPT는 텍스트만 가지고 이해하기 때문에 실제로 활용할 때 아직은 주의가 필요하다. 즉 챗GPT가 가진 문제는 현실과 접목되지 않은 것, 즉 그라운딩이 안 된 것이 근본적인 원인이다.

이인아 교수 사실 챗GPT는 서비스에 속하는 비즈니스 모델로 학습되어 있기 때문에, 기술적인 한계라기보다 '모른다'라는 답을 내놓기 어렵다는 현실적인 이유도 있을 것이다. 미래의 인공지능은 영화에서처럼 모르면 모른다고 답한다거나, 농담의 수위를 정하는 등 진화된 버전이 나올 수 있다고 본다. 다만 비즈니스 생태계에서 또 다른 관점은 있을 수 있을 것 같다.

ᅡ 인지과학 쪽에서 기억에 대한 연구 트렌드는 어떠하며, 이를 인
   공지능에 접목할 수 있는가?

이인아 교수 기억이라는 건 사실 매우 다양하게 다룰 수 있다. 이를테면 우리가 새로운 것을 배울 때 처음에는 뇌가 의식적으로 기억하지만, 이를 반복하고 기억이 쌓이면 그 시퀀스가 그대

로 보존되면서 에너지를 거의 안 쓰고도 무의식적으로 그 일을 수행할 수 있게 된다. 이것을 습관시스템(habit system)이라고 한다. 이 단계에 들어서기 이전에 한 번의 경험한 사건을 일화 기억으로 기억하거나, 비슷한 경험을 하나의 카테고리로 묶기도 한다. 예를 들어 영화관에서 사람들이 소리를 내지 않고 조용히 관람하는 걸 보고, 오페라 콘서트에서도 비슷한 관람 매너를 경험했다면 이것을 범주화하여 '어떤 작품이나 공연을 볼 때는 조용히 관람한다'고 이해하는 것이다. 이런 경험이 쌓일수록 세상에 대한 차원 높은 이해도를 갖게 된다. 즉 뇌는 변화 없이 루틴화된 것들은 에너지를 최소화하면서 해결하고, 새롭고 변화가 많은 요소에 에너지를 집중하는 방식으로 작동하기 때문에 기억에 대한 연구는 사실상 어떤 분야를 다루느냐에 따라서 다른 답을 주게 될 것 같다.

ㅏ   우리가 이 난제에 도전해야 하는 이유는?

장병탁 교수 사실 과학 분야에 있어서는 복잡한 문제를 잘 쪼개어 일정 시간 안에 답을 얻을 수 있는 문제들로 재정의하는 능력이 필요하다. 그런데 인공지능은 반대다. 문제의 핵심에 다가가서 인지, 액션, 비전 등 다양한 분야를 복합적으로 다루어야 한다. 전체를 봐야 하기 때문에 더 어려운 연구이기는 하지만, 여러 가지 시도를 통해서 지금은 연구자들조차도 믿을 수 없을 만큼 새로운 것들을 발견하고 있다. 그러한 답을 찾아가는 과정에서 또 여러 가지 새로운 도전과 성공 가능성이 있다고 생각한다.

이인아 교수 우리가 살다 보면 일상에는 비효율적으로 시간을 투자해야 하는 일들이 너무 많다. 그런 불필요한 시간을 줄이면서 인간은 취미 생활도 하고, 여행도 다니면 좋을 텐데 지금까지 나온 인공지능이 탑재된 기기들은 너무 불편하다. 광고에 나오는 것만큼 인공지능 비서가 원활하게 작동되지 않는다. 요즘 시대에 기계가 사람을 많이 도와주는 것 같지만 사실 기계에게 내가 할 일을 믿고 맡길 수도 없을뿐더러, 실제로는 그만한 퍼포먼스를 내기 위해 더 많은 관리가 필요하다. 앞으로 인간이 자유롭게 퍼포먼스를 하는 동안 인간을 따라다니면서 알아서 도와줄 수 있는 기계가 나오지 않으면, 인간은 영원히 기계로부터 자유로울 수 없을 것이다. 이 문제로부터 자유로워지기 위해서 앞으로 많은 분들이 이 난제에 도전해 주길 기대하고 있다.

├ 연구하면서 경험한 좌절이나 극복의 사례는?

장병탁 교수 연구의 정의를 찾아보면 '어떤 일이나 사물에 대하여서 깊이 있게 조사하고 생각하여 진리를 따져 보는 일'이라는 뜻이 있다. 이처럼 연구는 답이 잘 안 보이는 문제를 추구하는 일인 만큼 어떤 연구는 대부분 좌절을 겪기 마련이다. 오히려 자신이 생각했던 연구 목표에 쉽게 도달했다면 애초에 그것이 중요한 문제가 아니었을 가능성도 있다. 그런 면에서 너무 실망하기보다는, 연구를 하다 보면 항상 부반응이 나오기 마련이니 이러한 부반응이 많이 나오는 연구를 하는 것도 중요하다고 본다.

이인아 교수　쥐의 뇌에서 뇌세포를 측정하는 연구를 오랫동안 했는데, 쥐의 뇌는 엄지손가락 첫째 마디 정도의 크기밖에 안 된다. 겨우 그만한 걸 이해하지 못하고 있다는 사실이 안타까울 때도 있지만 좌절감을 느끼기보다는 오히려 흥미를 느낄 때가 많다. 굉장히 단순한 행동이라고 해도 그 메커니즘을 규명하기 어려운 이유는 행동으로 발현되기까지 한 가지가 아니라 여러 요소가 섞여 있기 때문이다. 그것을 수학이나 방법론으로는 접근하기 어려운데, 얼마나 신비로우면 이렇게 꼭꼭 숨겨서 잘 들여다볼 수 없게 해놨을지 호승심이 생겨 결국 그 원리를 알아내고 말겠다는 의지가 생기게 만드는 것이 뇌 과학의 매력인 것 같다.

인공지능은 이 시대의 가장 뜨거운 화두 중 하나다. 그런데 인공지능이 우리가 묻는 여러 질문에 대하여 대답을 내놓는다 하더라도 그 대답의 이유를 설명하지 못한다면 인공지능을 신뢰할 수 없을 것이다. 인공지능을 신뢰하기 위해서는 그 인과관계를 설명할 수 있어야 하지만, 현재의 인공지능 패러다임 하에서는 인과관계를 추론하는 것은 불가능하다. 인간이 납득할 수 있는 인과관계를 추론하고 제시할 수 있는 인공지능 알고리즘을 만들 수 있을까?

7장

추론하는 인공지능:

인과관계를 완전히 추론하는 인공지능을 만들 수 있을까?

김용대 서울대학교 통계학과 교수

국내 최고의 딥러닝, 데이터마이닝 연구자로 2002년 IEEE 데이터마이닝 학술대회 최우수상을 시작으로 2007년 품질경영학회 우수논문상, 2014년 한국데이터정보과학회 공로상, 2017년 International Consortium of Chinese Mathematicians(ICCM) 학술대회 최고논문상, 2018년 한국통계학회 한국갤럽학술상 등을 수상했다. 통계학 및 확률 분야에서의 탁월한 연구 실적을 인정받아 2019년 국제이론통계학회(IMS)의 펠로(Fellow)로 선정되었으며 2023년부터 한국인공지능학회장을 맡고 있다.

윤성로 서울대학교 전기정보공학부 교수

인공지능 및 데이터사이언스 분야에서 다양한 연구 업적을 쌓으며 국내외로 주목받고 있는 연구자이다. 2013년 미국전기전자학회(IEEE)와 대한전자공학회가 공동 주관한 IT 젊은 공학자상 수상을 시작으로 2018년 서울대학교 교육상, 2019년 신양공학학술상, 2022년 황조근정훈장을 수상하였다. 인공지능 연구 성과를 인정받아 Microsoft 및 IBM 연구 지원 대상자로 선발되기도 하였다. 더불어 삼성, LG, SK, 현대차, Naver 등 굵직한 기업과도 인공지능 관련 프로젝트를 진행하며 산학 협력 경험을 쌓았다. 2020년부터 2년간 대통령 직속 4차산업혁명위원회 위원장직을 역임했다.

김용대 교수

인공지능의 생각을 알아야 하는 이유

최근 가장 큰 화두인 인공지능의 구현 방식은 결국 인간의 사고방식을 모방하는 것이다. 실제로 이를 통해서 인공지능 분야에서 눈부신 발전이 이뤄지고 있지만, 현재 주어진 가장 큰 문제는 인공지능이 나름대로 결괏값을 내놓을 때 이유를 설명하지 않는다는 점이다. 이번 장에서는 인공지능의 생각을 읽어야 하는 이유와 이를 위한 노력, 그리고 한계에 대해서 살펴보고자 한다.

인공지능의 작동 원리

지능이란 무엇인가? 이 질문에 대해서는 철학, 과학 등 여러 관점에서 대답할 수 있을 것이다. 이에 관한 논의 중 지능에서 가장 중요한 요소는 바로 추상 능력이라는 주장이 있다. 추상 능력이란 대상이 지닌 여러 측면 중에서도 공통되는 특성이나 속성을 포착할 수 있는 능력을 말한다. 예를 들어 서로 다른 형태를 가진 '문(door)'이 있다고 했을 때, 그것이 파란색 문이든 나무로 만든 문이든 인간은 추상 능력을 통해 그것들이 모두 상위 개념으로서 '문'에 포함된다는 걸 알 수 있다.

그렇다면 인공지능도 이런 추상 능력을 갖출 수 있을까? 여러 이슈가 있었지만 인공지능이 발달하는 과정을 간단히 정리하자면 인공지능에게 추상 능력을 부여하려는 여정이었다고도 볼 수 있다. 이를테면 사람의 얼굴을 보여 줬을 때 우리는 '두 개의 눈이 있고, 가운데에 코가 있고, 아래쪽에 입이 있다'는 것을 확인하고 그것을 사람의 얼굴이라고 인식한다. 눈의 색깔, 코의 크기 등은 의사결정에 영향을 주지 않는다. 인공지능도 이처럼 추상화된 질문에 알아서 답할 수 있도록 하는 것이 인공지능의 궁극적인 핵심 목표인 셈이다.

이를 구현하기 위한 도구로 널리 사용되는 것이 바로 인공 신경망(neural network)이다. 인공 신경망은 실제 인간의 신경 시스템을 그대로 모방하여 만든 수학적 모형이다. 인공 신경망의 역사를 살펴보면 1943년에 워렌 스터기스 맥컬록(Warren Sturgis Mc-Culloch)과 월터 피트(Walter Pitts)의 MP-모드(mode)로 시작되었으니 거의 컴퓨터의 역사와 함께했다고 해도 과언이 아니다. 인공 신경망의 수학적 모형은 입력 신호를 받아 중간 처리 후 결괏값을 출력하는 형태다. 이 수학 모형을 두 개 이상의 중간층을 갖도록 쌓은 것이 요즘 각광받고 있는 딥뉴럴 네트워크다. 최근에는 이를 이용해 얼굴 인식이나 자율주행 등 여러 기능이 구현되고 있다.

우리가 인공지능에게 원하는 딥러닝 추상 방법은, 입력 이미지의 픽셀 데이터를 딥뉴럴 네트워크에 집어넣었을 때 스스로 추론하고 추상화하여 정확히 판단하고 결괏값을 출력해 주는 것이다. 우리가 사람의 얼굴을 보고 인식하듯이 이미지에서 눈, 코, 입 등의 인식을 바탕으로 '사람의 얼굴'이라는 결괏값을 내놓을 수 있어야 한다. 그런데 인공지능은 주어진 사진이 사람의 얼굴이라는 걸 어떻게 알 수 있을까? 딥러닝이 이상적인 추상 능력을 갖기 위해서는 데이터를 통한 학습이 필요하다. 이를테면 개와 고양이의 데이터를 충분히 입력하여 학습시키면 개의 사진과 고양이의 사진을 추정하여 분리할 수 있게 되는 것이다. 이것이 기본적인 뉴럴 네트워크의 학습 원리다. 그런데 어떤 추상화 과정을 통해 학습이 잘 이루어지고 있는지는 알지 못한 상태다. 결괏값은 출력되지만 그 과정은 미궁 속에 있기 때문이다. 심지어 인공지능이 무엇을 학습하는지조차 모르는 상황이라, 이와 관련해서 지속적인 연구가 이루어지고 있다.

인공지능이 내놓는 대답의 원리를 알아야 하는 이유

인공지능이 입력값에 따른 결괏값을 제대로 추론하고 있다면 왜 그 과정을 알아야 하고, 그에 따른 설명이 필요한 것인가? 여러 이유가 있지만 대표적으로 네 가지를 꼽아 볼 수 있다.

1) 사회적 책임

인공지능이 파괴력을 갖는 이유는 우리의 일상생활에 영향을 미치기 때문이다. 일례로, 최근에는 대학교 졸업생들이 취업하기 위해서 회사에 이력서를 내면 인공지능이 해당 내용을 1차로 스크리닝한다. 그렇다면 이 역할을 맡는 인공지능에게 사회적 규범이나 기준을 심어 줘야 할 것이다. 신입사원을 뽑을 때 이를 검토하는 인공지능이 그 사람의 가능성과 능력을 합리적으로 평가하며, 사회적 규범에 따라 판단한다는 것을 증명할 수 있어야 한다. 그것을 흔히 인공지능의 '신뢰성(trustworthy), 설명 가능성(accountability), 투명성(transparency)'이라고 표현한다.

이처럼 책임감 있는 인공지능을 만들어야 한다는 것이 인공지능 연구의 핵심 주제 중 하나이다. 책임감은 인과관계에 대한 이해에서 시작한다. 법적으로 금치산자(禁治産者)에게 법적 책임을 묻지 않는 것처럼, 인과관계에 대한 이해를 바탕으로 행동할 때만 책임이 있는 것이다.

인공지능이 사회적 규범에 대한 이해를 바탕으로 판단하고, 그에 따른 책임감을 가져야 하는 이유를 잘 보여 주는 두 가지 사례가 있다. 미국 법원에서 교도소의 범죄자들을 대상으로 가석방 여부를 심사할 때 컴파스(COMPAS) 알고리즘을 활용하여 그 사람의 재범 가능성을 판단하도록 했다.[1] 그런데 흉악한 외모를

---

1   Angwin, Larson, Mattu, and Kirchner, "How We Analyzed the COMPAS Recidivism Algorithm", ProPublica, 2016.05.23., https://www.propublica.org/article/how-we-analyzed-the-compas-recidivism-algorithm

가진 백인은 재범 위험성이 없다고 판단하고, 평범해 보이는 흑인 여성에 대해서는 재범 위험성이 굉장히 높다고 판단했다. 그런데 인공지능은 이 판단 결과에 대해 이유를 설명하지 않는다. 그렇다면 이 결과를 신뢰할 수 있는가?

다른 사례로, 자율주행차 사고가 발생하면 그 원인이 자율주행 시스템에 있는지 혹은 사용한 사람이나 도로에 있는 사람의 잘못인지 면밀히 따져야 한다. 그런데 인공지능 자율주행 시스템이 사고의 원인에 대해 설명하지 않는다면, 자율주행 시스템을 믿고 쓸 수 있을까? 바로 이런 책임의 문제 때문에 인공지능에게 작동 원리에 대한 설명 가능성을 요구할 수밖에 없다. 그렇지 않으면 인공지능에게 어떤 판단을 어디까지 맡길지 규정을 만들 수도 없다.

2) 모형의 검증

인공지능이 예측을 잘한다고 해서 꼭 그것이 합리적인 예측이라고 볼 수는 없다. 인공지능은 데이터로 학습하기 때문에 그 데이터에 오류가 있다면 엉뚱한 결괏값을 내놓는다. 아무리 학습이 잘 되어도 학습 데이터가 잘못되는 순간 무용지물인 것이다.

한 사례로 미국의 한 병원에서 응급실에 들어온 환자에 대해 폐렴에 걸릴 확률에 대해 사전적으로 판단하게 하는 과정을 인공지능에게 맡기고자 했다. 폐렴에 걸릴 확률이 높다면, 그 환자에 대해 응급 차원의 진료를 하기 전에 선제적 조치를 취하기 위해서였다. 그런데 누군가 이 인공지능 시스템의 결과를 해석하다 보니, 천식에 걸린 사람이 응급실에 왔을 때는 폐렴 발병 가능성이 오히려 낮게 제시되는 것을 발견하였다. 의아해서 데이터를 꼼꼼히 분석했더니, 천식 환자들이 이미 관련 치료를 받고 있었기 때문에 인공지능은 발병 위험이 낮다고 판단했었다. 즉, 입력 데이터 자체에 편향(bias)이 있었던 것이다.

인공지능에 투입되고 있는 그 많은 데이터에 편향이 있는지를 일일이 확인하는 것은 사실상 불가능하다. 인공지능이 판단 근거를 설명할 수 있다면, 우리가 가지고 있던 분야의 전문 지식을 활용해서 맞는지 틀린지를 판단하고, 수정할 수 있는데 설명해 주지 않으면 그 판단이 맞는지 혹은 수정해야 하는지를 알 수 없다. 그래서 인공지능을 토대로 중요한 결정을 할 때는 반드시 해석과 설명에 따른 모형의 검증이 필요하다.

3) 새로운 인사이트 획득

인공지능이 뛰어나게 예측했을 때 그 과정을 들여다볼 수 있다면 우리가 몰랐던 것을 발견할 수도 있다. 인공지능의 답변을 바탕으로 새로운 지식을 얻어낼 수 있다는 뜻이다. 백혈병 치료제인 글리벡(Gleevec)은 이러한 데이터 분석을 통해 그 효과가 발견된 대표 사례다. 백혈병은 아이가 걸리는 급성 소아 백혈병과 어른이 걸리는 만성 골수성 백혈병, 두 종류로 나뉜다. 만성 골수성 백혈병은 폐가 하얗게 섬유화된 상태로 응급실에 가도 글리벡을 먹으면 다음 날 멀쩡하게 걸어 나올 정도의 치료 효과를 볼 수 있다. 이 약이 개발될 수 있었던 것은 데이터 분석을 통하여 만성 골수병 백혈병 환자는 특이한 유전자를 가지고 있다는 것을 발견했기 때문이었다. 이 유전자가 발현되지 못하도록 하는 단백질을 이용해 글리벡을 지속적으로 투여하여 백혈병을 해결할 수 있게 되었다.

바둑으로 유명한 알파고도 마찬가지다. 알파고의 기보를 잘 들여다보면 흥미롭고 새로운 바둑 패턴을 많이 발견할 수 있다. 그래서 알파고 등장 이후, 프로 기사의 바둑 패턴이 기존과는 완전히 달라졌다. 이처럼 인공지능이 무언가를 수행하거나 예측했을 때 그 과정을 이해하고 설명할 수 있다면 우리는 새로운 지식의 발견에 이를 수 있을 것이다.

4) 외부 공격으로부터의 보호

자율주행차의 경우 우리의 생명과 직접 관련되기 때문에 꿍장히 안정적으로 가동되어야 한다. 그런데 인공지능은 악의적인 외부 공격이 발생했을 때 이에 취약할 수 있다. 예를 들어 판다 사진에 공격자가 특별히 고안한 노이즈를 더하면, 인간의 눈으로는 분명 똑같은 판다로 보이지만 인공지능은 판다가 아니라 다른 동물이라고 판단하도록 조작할 수 있다. 이러한 노이즈가 자율주행차에 적용된다고 생각해 보자. 자동차 앞에 비닐봉지가 날리고 있을 때는 그냥 지나가도록 학습되었는데, 지나가는 사람을 비닐봉지로 인식하도록 누군가가 악의적으로 조작한다면 인명 사고가 발생할 수 있을 것이다.

인공지능이 왜 판다를 다른 동물이라고 답했는지, 왜 사람을 비닐봉지로 인식했는지 설명이 되어야 앞뒤가 안 맞는 부분을 수정하고 고칠 수가 있는데, 애초에 설명이 안 되면 사고 발생을 막을 수가 없기 때문에 심각한 문제가 될 수 있다. 현재로서는 알고리즘을 바꾸어 해결하자는 논의가 이루어지고 있지만, 설명을 통한 제어는 불가능한 상황이다. 그렇기 때문에 인공지능의 예측 결과에 대한 설명이 꼭 필요하다.

인공지능의 생각을 읽는 방법

1) 설명 가능한 모형

인공지능의 원리를 설명하기 위해 연구하고 있는 몇 가지 방법이 있다. 우선 가장 쉬운 것은 설명 가능한 모형인 '선형 모형'을 사용하는 것이다. 오른쪽 그림에서처럼 주택 가격과 방의 개수에 대한 선형 회귀 모형을 추정했다고 하자. 추정 결과로부터 방의 개수가 하나 증가할 때마다 주택의 가격은 β_1만큼 상승한다는 것을 알 수 있다. 인간의 수명을 예측할 때는 몸무게, 키, 혈압 등 여러 가지 변수를 넣어서 설명할 수도 있는데, 이를 다중선형 회귀 모형이라고 한다. 이때도 혈압이 한 단위 높아질 때 수명이 얼마나 늘거나 주는지를 설명할 수 있다고 본다.

또 다른 설명 가능한 모형은 '의사결정 나무'다. 쉽게 말해 스무고개 같이 연이은 질문을 통해 설명하는 방식이다. '날개가 있나요?'라는 질문에 참(true)과 거짓(false)로 답하고, 거기에서 다시 '날 수 있나요?'에서 참과 거짓으로 답해 가면서 매, 펭귄, 돌고래, 곰 등을 구분하는 것이다. 20세기에 딥뉴럴 네트워크가 나오기 전까지는 이 방식도 많이 이용되었다.

최근 뉴럴 네트워크 분야에서도 설명 가능한 모형들이 제안

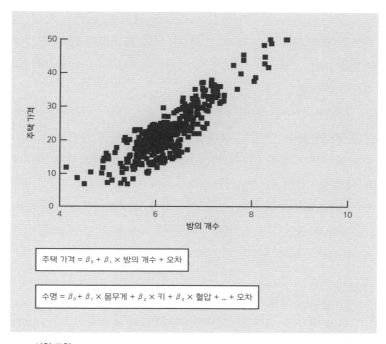

주택 가격 = $\beta_0 + \beta_1 \times$ 방의 개수 + 오차

수명 = $\beta_0 + \beta_1 \times$ 몸무게 + $\beta_2 \times$ 키 + $\beta_3 \times$ 혈압 + ... + 오차

▶ **선형 모형**

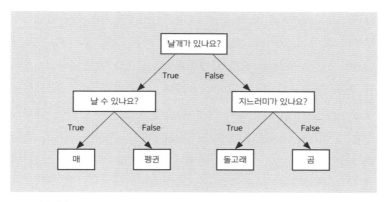

▶ **의사결정 나무**

되고 있다. '딥러닝의 아버지'라 불리는 제프리 힌턴은 합산 신경망 모델(neural additive model)에서 각 원인 요소들에 대해 신경망 모형을 따로 만들고, 이를 합쳐서 판단하게 하자는 아이디어를 제시하기도 했다.

지금까지 나온 설명 가능한 모형들의 가장 큰 문제는 예측력이 떨어진다는 것이다. 실제로 필요한 만큼의 예측력이 나오지 않기 때문에 사실상 사용하기는 어렵다. 인공지능의 설명 가능성과 예측력 간에는 본질적인 상충관계가 있기 때문에 설명 가능한 모형의 예측력은 기대에 미치지 못할 수밖에 없다. 앞으로 이 상충관계를 풀어내면서, 예측력과 설명 가능성이 모두 높은 이론을 제시하는 것이 그랜드 퀘스트라고 할 수 있다.

2) 딥러닝 모형

설명 가능한 모형은 예측력이 떨어지기 때문에, 딥러닝 모형을 '국지적으로(locally) 설명 가능한 모형'으로 변환하자는 시도도 있다. 예를 들어 어떤 사진을 고양이 사진이라고 판단했을 때, 무엇을 보고 고양이로 판단했는지 추적하는 방법이다. 가령 고양이 눈 주변의 픽셀에 높은 가중치를 준 것으로 판단했다면, 그것을 판단 원인으로 간주하는 방법이다. 실제로 이 방법을 적용해 보면, 딥러닝 알고리즘마다 다른 부분에 가중치를 준다는 결과를 얻을 수 있다. 즉, 알고리즘마다 고양이라고 판단한 근거가 조금씩 다르다는 것이다. 이것이 현재 딥러닝으로 설명 가능성을 얻기 위해 가장 많이 개발되고 있는 방식이다.

이 방법을 텍스트 데이터에 적용할 수도 있다. 관객이 영화

평을 쓰고, 평점을 준 데이터가 있다고 하자. 이때 영화평에 담긴 단어 하나하나가 변수들의 집합이 된다. 어떤 관객이 평점을 5점으로 주었다면, 어떤 단어 때문에 5점을 주었는지 단어별로 색깔로 구분해서 나타낼 수도 있다. 즉, 관객이 영화 평점을 준 이유가 어떤 특징 때문인지 특정 단어를 통해 간접적으로나마 짐작할 수 있게 해 주는 것이다.

딥러닝 모형의 이러한 설명 방법이 갖고 있는 대표적인 문제점은 설명이 그때그때 달라 무엇을 추상화했는지, 그 원인을 정확히 알기 어렵다는 데 있다. 똑같은 고양이 사진을 두 번 제시하면 그때마다 다른 기준을 들어 답하고, 이전과 조금 다른 고양이 사진을 제시하면 그 원인을 완전히 다르게 이야기하는 등의 문제가 있다. 그렇다 보니 개 사진 100장과 고양이 사진 100장을 분류하다가 새로운 개 사진을 제시하면 답을 헷갈려하거나 코끼리 사진을 집어넣으면 그것도 개라며 엉뚱한 답을 하는 등의 문제가 생길 수 있다. 제대로 추상화가 되지 않았기 때문에 새로운 데이터를 멋대로 판단해 버리는데, 왜 그러한 판단을 했는지를 매번 다르게 제시한다. 따라서 엄밀하게는 일관된 원인을 설명한다고 하기 어렵다. 이러한 알고리즘이 가장 큰 문제를 발생시킬 수 있는 영역은 자율주행차다. 주행을 하다가 처음 보는 물건이 나타났거나, 갑자기 특정 구역에서 공사를 하면서 누군가 수신호를 하고 있다면 그것을 제대로 알아보지 못하고 구분하지도 못하는 상황이 생길 수 있다.

정리하자면, 인공지능의 추론에 대한 대표적인 난제는 인공지능의 추상화 능력에 대한 이해이고, 이와 관련한 그랜드 퀘스트로는 크게 네 가지 질문을 던질 수 있다. 먼저, '인공지능이 무엇을 추상화했는지 알 수 있을까?' 둘째, 만약 그걸 알 수 있다면 '어떻게 추상화를 하는지 알 수 있을까?' 그리고 셋째, 앞선 두 가지 질문을 던지기 전에 근본적으로 '인공지능이 추상화를 하기는 할까?'에 대한 답도 미궁으로 남아 있다. 최종적으로 '우리가 추상화하는 인공지능을 만들 수 있을까?'에 대한 질문도 해결되지 않았다. 아직 갈 길은 멀지만, 젊은 연구자들이 앞으로 도전해 볼 만한 문제라고 본다.

인공지능은 인간과 같을 수 있을까:
상관관계와 인과관계의 문제

만약 추상화가 가능한 인공지능을 만들었다고 하자. 그렇다면 그 인공지능은 인간과 같다고 볼 수 있을까? 그 답은 상관관계와 인과관계에 대한 이해 능력에서 찾을 수 있다.

인공지능은 데이터로부터 지식을 학습한다. 그런데 데이터에서 학습할 수 있는 관계는 상관관계다. 예를 들어 담배를 피우면 폐암에 쉽게 걸린다든가, 광고비를 많이 쓰면 매출이 올라간다는 상관관계에서는 관련성을 예측할 수 있다. 그런데 인공지능은 발 크기가 커지면 독해력이 높아진다는 식의 뜬금없는 상관관계를 찾아내기도 한다. 알고 보니 나이가 들면 발 크기가 커지고, 동시에 나이가 들면 독해력이 높아져서 위 같은 명제를 도출했던 것이었다. 이처럼 데이터에 핵심 변수가 빠지면 엉뚱한 상관관계를 학습하게 될 수도 있다.

보통 인간의 추상화 능력은 상관관계가 아니라 인과관계와 연관이 있다. 일례로, A는 길 위에서 트럭을 밀고 있고, B는 그 트럭의 적재함 위에 올라가서 운전석이 있는 캡 바디를 밀고 있다고 하자. 캡 바디를 밀고 있는 B는 사실상 트럭의 움직임에 아무런 영향을 미치지 않지만, 어쨌거나 A가 트럭을 밀고 있기 때문에 트럭은 움직이게 된다. A가 민 것과 트럭이 움직인 것은 인과관계가 있지만, 상관관계를 인과관계로 잘못 학습하면 B가 밀어서 트럭이 움직였다고 착각할 수 있다. 인공지능이 제시하는 상관관계가 우리가 원하는 설명 가능성에서의 인과관계를 뜻하지는 않는다는 것을 염두에 두어야 한다.

상관관계에 있지만 인과관계는 아닌 또 다른 예를 살펴 보자. 예전에 '아이스크림을 많이 먹으면 소아마비에 걸린다'라는 통계가 나온 적이 있다. 당시 아이스크림에 무슨 유해 물질이 있는 것인가 하고 많은 사람이 충격을 받았다. 왜 이런 결과가 나왔는지 살펴보니, 사실은 수영장에 있는 바이러스가 소아마비에 영향을 미치는 진정한 원인이었다. 더운 여름날에 아이스크림을 많이 먹고 수영장도 많이 가다 보니 마치 아이스크림이 소아마비에 영향을 미친 것 같은 그래프가 나오게 된 것이다.

또 다른 예로 데이터만 보면 이혼하면 수명이 짧아진다는 관계를 볼 수 있다. 이혼에 대한 정신적 충격으로 수명이 줄어든 것이라고 해석할 수도 있겠지만, 그에 대한 반론도 만만치 않게 있다. 평소 잦은 음주나 도박 등으로 생활 습관이 좋지 않아 수명이 짧아질 만한 요인을 가진 사람들이 이혼을 많이 하게 된다

Berkeley Admission Data			
	합격	불합격	지원자(계)
남자	1400(52%)	1291(48%)	2691(100%)
여자	772(42%)	1063(58%)	1835(100%)
전체	2172(48%)	2354(52%)	4526(100%)

▶ 버클리 대학에서 제출한 통계 데이터 1

	남		여	
분야	지원자	합격률	지원자	합격률
A	825	62%	108	82%
B	560	63%	25	68%
C	325	37%	593	34%
D	417	33%	375	35%
E	191	28%	393	24%
F	373	60%	341	70%

▶ 버클리 대학에서 제출한 통계 데이터 2

는 것이다. 아직 정확한 원인은 밝혀지지 않았지만, 상관관계와 인과관계의 차이를 염두에 둔 꽤 그럴듯한 반론이다.

상관관계 뒤에 숨어 있는 관계를 '교락효과(confounding effect)'라고 한다. 교락효과가 있으면 인과관계가 없는데도 상관관계가 나올 수 있기 때문에 교락효과를 제어하는 것은 인과관계를 명확하게 이해하는 데 매우 중요한 요인이다.

교락효과의 흥미로운 예시로 '심슨의 역설(Simpson's paradox)'이라는 것이 있다. 어느 해의 버클리 대학 합격률을 살펴보니 남자는 2,691명 중에 1,400명이 합격하여 52%의 합격률을 보였고, 여자는 1,835명 중 772명이 합격하여 42%가 합격한 것으로 나왔다. 합격률이 10%나 차이가 나자 한 여학생이 성차별을 이유로 버클리 대학에 소송을 걸었다. 그러자 버클린 대학에서는 똑같은 데이터를 다른 형태로 구분하여 법원에 제출했다. 합격률을 분야별로 나누어서 살펴보니 여섯 개 분야 중 네 개 분야에서 여학생의 합격률이 높았고, 심지어 A 분야에서는 여학생의 합격률이 무려 20%나 높았다. A와 B 분야는 자연대와 공대 계열인데 여학생들의 지원자가 적어서 전체적으로 남학생의 합격률이 높은 것으로 나왔고, C와 E는 법대와 의대 계열로 여학생 지원자가 많아서 전체적으로 여학생의 합격률이 낮은 것처럼 보인 것이다. 결국 분야별로 보면 오히려 남학생보다 여학생의 합격률이 높았다. 이를 통해 성별과 합격률 간에는 '지원 분야'라는 변수가 교락효과를 미치고 있었음을 알 수 있다.

인공지능이 인과관계를 파악하는 방법

1) 무작위 실험

인과관계를 파악하기 위한 좋은 방법의 하나로는 무작위 실험(randomized experimentation)이 있다. 실험 대상자를 두 집단으로 무작위로 나눈 다음, 차별적 조치를 취하고 결과를 관찰하는 것이다. 예를 들어 '담배를 피우면 폐암에 걸릴까?'라는 질문이 있을 때, A 그룹 50명은 하루에 세 갑씩 담배를 피우게 하고 B 그룹 50명은 절대 피우지 않게 해서 결과를 확인하는 방식이다. 이때 실험군은 개별 특성에 상관없이 무작위로 배정해야 한다.

무작위 실험을 통해서 다양한 인과관계를 알 수 있다. 뜨거운 라면을 먹다가 손에 화상을 입었을 경우, 그 원인이 '라면'인지 '뜨거운 물'인지 알기 위해 '뜨겁지만 국물이 없는 라면'과 '면이 없지만 뜨거운 액체인 커피'에 각각 손을 넣어 보면 된다. 이때 뜨거운 라면과 차가운 냉커피로 실험하면 '라면'이 화상의 원인이라고 잘못 판단할 수 있다. 무작위 실험의 원리를 잘 이해해야 어느 쪽이 화상의 원인이었는지 알 수 있다.

현재의 인공지능은 직접 실험할 수 없기 때문에, 무작위 실험을 통한 인과관계 파악은 어렵다. 최근에 빅데이터가 나온 이후로는 관측 데이터로부터 적절한 데이터를 추출하여 마치 실험한 것 같은(experimental-like) 데이터를 생성하는 방법들도 연구되고 있다. 만약 '특수 목적 고등학교의 교육 시스템은 학력 신장에 도움이 되는가?'에 대한 답을 찾고자 한다면, 특목고와 일반고 출신 학생들의 수능 점수를 비교해 볼 수 있을 것이다. 그런데 특목고는 애초에 성적이 높은 학생들이 진학하기 때문에 수능 점수가 높다고 해도 그것이 특목고의 효과인지는 알 수 없다. 이때는 데이터를 일부 버리고 일부만 사용한다. 즉, A 그룹은 특목고에 간신히 입학한 학생들로 구성하고, B 그룹은 특목고에 아깝게 떨어진 학생들로 구성해서 3년 후 수능 성적을 비교하는 것이다. 이처럼 데이터를 일부 줄여서 인과관계를 파악하게 하는 것도 방법이 될 수 있다.

2) 인과 추론

인과관계를 이해하는 또 하나의 방법은 인과 추론(causal infer-ence)이다. 현재 인공지능 분야에서 중요하게 다뤄지고 있는 연구 분야이기도 하다. 이는 간단히 말해 모든 교락효과를 찾아서 인공지능 학습 알고리즘에 반영하자는 것이다. 교락효과를 반영하는 다양한 방법들이 있으며 현재까지 계속해서 개발되고 있다.

3) 인과관계 파악의 한계

무작위 실험이나 인과 추론이 인과관계를 파악할 수 있는 방법으로 사용되고 있지만, 두 방법 모두 한계점이 있다. 무작위 실험의 경우 방법은 간단해 보이지만, 특수한 몇몇 사례를 제외하고 인간을 대상으로 실험하는 것 자체가 윤리적으로 수용 불가능하다. 만약 로봇이 몸을 갖게 되고, 이 로봇을 이용해서 무작위 실험을 할 수 있다면 이 문제가 해결되지만 아직 갈 길이 멀다. 설령 로봇으로 실험을 할 수 있게 된다고 하더라도, 로봇의 특성을 고려한 실험 방식을 로봇이 스스로 디자인할 수 있어야 하는데 이 역시 아직은 구체적인 해법이 없는 문제다.

인과 추론의 경우에는 모든 교락효과를 알아야 하는데 현실적으로 이를 전부 파악하기엔 불가능하다는 문제가 있다. 그래서 필수적으로 전문가 자문을 구해야 한다. 무엇보다 교락효과가 무엇인지에 따라서 결과가 완전히 달라지기 때문에 어떤 데이터와 어떤 교락효과를 입력하느냐에 따라서 인공지능마다 완전히 다른 인과 추론을 하게 될 수 있다. 이러한 인공지능의 난제를 해결할 방향에 관해 주디 펄(Judea Pearl)이나 귀도 임벤스(Guido Imbens)와 같은 인과 추론 연구의 대가들로부터 힌트를 얻는다면 실마리를 찾을 수 있을 것으로 기대해 본다.

인과관계를 파악하는 인공지능의 궁극적인 난제

인공지능 분야에서 인과관계 추론을 위해 해결해야 하는 난제는 네 가지 정도로 정리할 수 있다. 첫째, 인공지능이 인과관계를 파악할 수 있는 데이터를 스스로 만들 수 있는가? 데이터가 주어지는 것이 아니라 인과관계 파악을 위한 데이터를 스스로 파악해서 수집할 수 있느냐는 것이다. 만약 그게 어렵다면 둘째, 주어진 데이터에서 인과관계를 스스로 파악할 수 있는 인공지능을 만들 수 있을까? 이는 인공지능이 교락효과까지 모두 찾아내야 하는데, 인간과 대화하는 로봇이 실마리가 될 수 있겠지만 아직은 방향성이 모호하다. 셋째, 인공지능이 스스로 실험해서 데이터를 모으게 할 수 있을까? 마지막으로 본질적인 문제, 인공지능이 '인과관계'의 의미를 알게 할 수 있을까? 이러한 문제들을 해결한다면 추후 인간과 상당히 유사한 방식으로 사고하는 인공지능을 만들어, 사회의 많은 문제를 빠르게 유추하고 해결할 수 있을 것으로 기대한다. 다만 현재 인과관계를 추론하는 인공지능에 대한 연구는 0.5%가량 진전되었다고 할 만큼 시작 단계에 있으며, 앞으로 풀어야 할 단계들이 많이 남아 있는 상황이다.

윤성로 교수

챗GPT와 같은 인공지능의 현재와 미래

최근 인공지능 기술을 살펴보면 생성형 인공지능, 그중에서 챗GPT와 같은 대화형 인공지능이 가장 주목을 받고 있다. 여기에서도 챗GPT가 인간과 같은 추론 능력을 가질 수 있는지가 중요한 화두로 등장하고 있다. 추론은 여러 의미와 정의로 바라볼 수 있다. 이번 장에서는 추론의 의미와 앞으로의 세대가 인공지능 분야에서 풀어나가야 할 과제에 대해 다양한 관점에서 다뤄보고자 한다.

확률 모델과 추론

우리가 사용하는 모든 인공지능은 확률적인 모델이다. 이 확률 모델을 수학적으로 추상화하면 다음과 같은 공식으로 나타낼

$$p(\mathbf{x}, \mathbf{z})$$

$$p(\mathbf{x})p(\mathbf{z} \mid \mathbf{x}) = p(\mathbf{x}, \mathbf{z}) = p(\mathbf{z})p(\mathbf{x} \mid \mathbf{z})$$

$$p(\mathbf{z} \mid \mathbf{x}) = \frac{p(\mathbf{x}, \mathbf{z})}{p(\mathbf{x})} = \frac{p(\mathbf{z})p(\mathbf{x} \mid \mathbf{z})}{p(\mathbf{x})}$$

▶　　x와 z 사이의 결합확률밀도

수 있다.

　p는 확률, x와 z는 벡터라고 보면 된다. 다양한 정보를 모아
놓은 가장 일반적 형태의 데이터 컨테이너가 바로 벡터이며, 이
미지를 비롯해 대화, 말, 음성, 텍스트 모두 벡터로 바꿀 수 있다.
이 공식은 x와 z 사이의 결합확률밀도(joint probability density)를 나
타낸 수식이다. 그중에서도 x는 우리가 알고 있는 변수, z는 알지
못하는 변수를 나타낸다. 예를 들어 특정 기업이 상장한 이후로
부터 지금까지의 모든 주식 값을 다 알고 있다고 하면 그 값은 x
다. 반대로 이 순간 이후로부터 먼 미래까지의 주식 값은 알 수
없기 때문에 그것은 z라고 할 수 있다. 여기에서 결합확률밀도를
이용하면, 위 수식 세 번째 줄에 있는 베이즈 룰(Bayes' rule)에 따
라 x를 관찰했을 때 z의 확률을 계산할 수 있게 된다.

　이것을 좁은 의미에서의 확률적 추론이라고 한다. 만약 당장
내일의 주식을 예측할 수 있다면, 혹은 여태까지 나온 기출 문제
를 바탕으로 실제 출제될 문제를 예측할 수 있다면, 혹은 입사
지원 시 면접에 나올 질문을 미리 알 수 있다면 이는 여러 가지

의 의미로 성공을 만들 수 있는 엄청난 능력이 될 것이다. 결국 모든 학문이 미래를 예측하고자 할 때 추론은 학문의 가장 중요한 이론적, 실증적 주제라고 할 수 있다. 인공지능의 확률 모델도 결국 이 결합확률밀도 p(x,z)를 알아내는 과정으로 볼 수 있고, 이 과정을 수행할 수 있다면 추론을 할 수 있게 된다.

생성형 인공지능의 원리와 역할

최근 스테이블 디퓨전(Stable Diffusion)이나 미드저니(Midjourney) 등 텍스트를 입력하면 그림을 그려 주는 생성형 인공지능이 등장했다. 이외에도 이미 누구나 쓸 수 있도록 공개된 생성형 인공지능 툴이 많이 나와 있다. 단순히 재미로 경험해 볼 수도 있겠지만 이는 기존의 창작 방식을 완전히 뒤바꾸는 혁신적 기술이기도 하다. 생성형 인공지능으로 창작자들이 백지에서 출발할 때의 어려움을 덜어내 창작의 고통을 어느 정도 완화할 수 있다. 얼마 전 개봉한 영화 〈아바타: 물의 길〉의 경우 막대한 제작비가 든 것으로 알려져 있는데(1초 분량에 수천만 원, 영화 전체로는 100층 높이의 건물을 짓는 비용), 생성형 인공지능이 발전한다면 훨씬 적은 비용으로 제작할 수 있다. 이것이 바로 생성형 인공지능이 콘텐츠 생성의 민주화(democratization)를 가져온다고 하는 이유이다.

인공지능의 또 다른 역할은 인류가 지식을 쌓고 사용하는 방식을 완전히 바꾸어 놓는 것이다. 지금까지 인류는 오랫동안 지식을 쌓아 왔으나 그 모든 지식을 챗GPT가 100일 만에 흡수

$$p(\mathbf{x}) = \int p(\mathbf{x}, \mathbf{z})d\mathbf{z} = \int p(\mathbf{z})p(\mathbf{x} \mid \mathbf{z})d\mathbf{z}$$

▶ 의사소통에 사용되는 데이터(x)의 확률분포식

할 수 있게 되었다. 더 이상 1만 시간의 법칙을 논할 필요 없이 모든 지식은 인공지능에게 물어보면 된다. 이와 관련해 '지식의 대량 생산'이라는 말도 널리 사용된다. 예를 들어 똑같은 내용을 500명의 다른 사람 문체로 써야 한다면 챗GPT가 그 일을 간단하게 해낼 수 있는 것이다.

이런 놀라운 혁신적 기술도 수학적으로는 이를 매우 간단한 공식으로 정리할 수 있다. 상단의 공식에서 x는 사람이 소통하는 형태의 데이터(글, 음성, 이미지, 영상 등)이며, p(x)는 이 데이터의 확률분포를 나타낸다.

여기에서 x가 이미지의 픽셀을 나타낸다고 생각해 보자. 각 픽셀 정보가 어떤 확률분포를 가지는지 안다면, 그 확률이 0이 아닌 곳에서 표본을 채취할 경우 가상의 이미지를 생성할 수 있다. 지금까지는 이 샘플링 과정이 어려웠지만, 딥러닝이 나온 이후로 이 과정을 매우 잘 수행할 수 있게 되었다는 것이 딥러닝이 가져온 혁신의 핵심이라고 할 수 있다.

이것이 가능하려면 우선 p(x)를 알아내야 하는데 이를 알아내기가 쉽지 않다. 그래서 일단 실제로 관찰하지 못한 값이거나 실제로 존재하지 않는 값일 수도 있는 z를 상정한다. 좌변과 우변이 같아지도록 적분을 하고, 이 공식에 따라 생성형 인공지능

$$p(\mathbf{x}_1, \mathbf{x}_2, \ldots, \mathbf{x}_d)$$
$$= p(\mathbf{x}_1)p(\mathbf{x}_2 \mid \mathbf{x}_1)p(\mathbf{x}_3 \mid \mathbf{x}_1, \mathbf{x}_2) \cdots p(\mathbf{x}_d \mid \mathbf{x}_1, \mathbf{x}_2, \ldots \mathbf{x}_{d-1})$$
$$= p(\mathbf{x}_1) \prod_{t=2}^{d} p(\mathbf{x}_t \mid \mathbf{x}_{<t})$$

▶ **생성형 인공지능의 데이터 확률분포식**

이 동작하면서 z를 만들어 내게 된다. p(x)에서 벡터를 하나 뽑아내는 것은 매우 어렵지만, 샘플링이 쉬운 p(z)를 사용하여 애초에 벡터를 쉽게 고를 수 있도록 설계해 주는 것이다. 이 과정은 쉽게 비유하자면 손오공이 자신을 복제하려고 털을 뽑아서 입김을 부는 것과 같다. 손오공이 자신의 털을 뽑아 또 다른 자신을 복제할 때 더 쉽게 뽑을 수 있는 털을 골라 주듯, 딥뉴럴 네트워크가 샘플링이 쉬운 p(z)에서 뽑은 z로 복잡한 그림을 그려내는 과정을 통해 생성형 인공지능을 설명할 수 있다.

챗GPT의 동작 원리도 비슷하다. 상단의 공식을 살펴보면 'x₁, x₂…'의 항목은 영어 문장에 들어갈 수 있는 단어를 순서대로 나타낸 것이다. 연쇄법칙(chain rule)에 따라 처음에 'I'라는 단어가 오고, 다음에 'am'이 오고, 그다음에 'a'와 'boy'가 순서대로 나올 확률을 표현한 것이다.

바로 이런 방식으로 우리의 언어를 확률적으로 모델링했다고 할 수 있는데, 일부에서는 이것을 과연 지능이라고 말할 수 있느냐는 비판을 하기도 한다. 단지 다음에 올 단어를 맞추는 값비싼 패턴일 뿐이라는 것이다. 물론 그것도 맞는 말이지만, 이러한 예를 떠올려 보자. 만약 '동해물과 백두산이 ( )'라는 문장이 있다면 빈칸에 무엇을 넣을 것인가? 한국인이라면 누구나 '마르고 닳도록'을 떠올릴 것이다. '어제 필름이 ( )'에서는 흔히 '끊겼다'를 떠올린다. 그런데 한국 문화를 잘 모르는 외국인에게 술을 많이 마신 상황을 설명하고 같은 빈칸이 있는 문장을 알려 준다면 '필름이 끊겼다'는 표현을 쉽게 떠올리고 답할 수 있을까? 아마 어려울 것이다. 우리가 방문을 닫지 않고 들어오는 사람에게 흔히 '꼬리가 길다'고 말하는데 해외에서는 '너는 개를 데리고 왔느냐'고 말하는 곳도 있다. 특정 문화권에서 통용되는 관용어나 농담은 그 나라의 언어는 물론이고 시제, 태, 문화까지 이해해야 한다. 그렇게 생각하면 더 이상 문장의 빈칸을 채우는 작업을 단순한 패턴이라고 무시할 수는 없을 것이다.

그렇다면 각 나라의 언어와 문화까지 반영한 인공지능의 언어 모델은 어떻게 만드는 것일까? 원리는 간단하다. 최대한 많은 텍스트를 입력한 뒤 일부를 빈칸으로 지우고 채워 넣도록 하는 것이다. 이런 식의 학습 방법을 '자가 감독학습(self supervised learning)'이라고 한다. 그리고 인공지능과 함께 자주 언급되는 LLM이란 이러한 텍스트를 엄청나게 많이 학습한 거대 언어 모델(Large Language Model)로, 챗GPT도 이런 거대 언어 모델의 대표적인 응용 사례다.

초거대 언어 모델의 능력이 어떻게 변화하는지 분석한 논문에 따르면 인공지능 모델의 크기, 즉 모델 파라미터의 수가 많지 않을 때는 문장 완성하기, 문답, 번역 등 자연어 처리 성능이 높지 않지만, 파라미터 수가 비약적으로 커지면(예: 1천억 개 이상),

모델의 성능이 급격히 상승하기 시작한다. '갑자기 나타나는' 능력이라고 해서 이 지점을 '창발적 능력(emergent abilities)'라고도 한다. 참고로 챗GPT는 1,750억 개의 파라미터를 가지고 있다. 비유하자면 언어 모델에게 글을 쓰도록 학습을 시켰을 때 간단한 모델의 경우 정말 단순한 수준의 텍스트를 대답으로 출력하지만, 복잡한 모델로 더 많은 데이터를 학습시키면 셰익스피어 수준의 글이 나오는 것이다.

사람을 능가하는 인공지능에 대한 경고

추론은 인간이 가진 고유의 능력인데, 인공지능도 그에 상응하는 지능을 실제로 가질 수 있을까? 혹은 그런 일이 가능해졌을 때 인간의 본질이 위협받지는 않을까? 이에 대해서는 전문가들도 다양한 의견을 내놓고 있다.

지난 3월, GTC 2023 콘퍼런스 중 특히 현재 인공지능과 관련하여 전 세계에서 가장 큰 관심을 모으고 있는 두 사람이 만나서 대화를 한 내용을 보면 재미있는 장면이 있다. 한 명은 엔비디아(NVIDIA) CEO인 젠슨 황(Jensen Huang), 다른 한 명은 오픈AI(OpenAI)의 수석 과학자인 일리야 수츠케버(Ilya Sutskever)로 둘 다 인류의 아웃라이어(outlier)라고 할 수 있는 출중한 인물이다. 이 만남에서 젠슨이 "챗GPT가 정말 훌륭하긴 하지만, 결국 빈칸 채우기일 뿐이지 않은가?"라고 묻자 일리야가 이런 이야기를 한다. 추리소설을 보면 셜록 홈즈가 사건과 관련된 사람들을 불러 모아 어제 어디를 갔는지, 어떤 옷을 입었는지, 또 누구를 만났는지 등 여러 가지 질문을 던진다. 이를 토대로 추리해서 사건의 개요를 정리하고, "이런저런 이유로 해서 결국 범인은 ( )이다."라는 문장의 빈칸을 채우게 된다(즉, 범인을 지목한다). 이와 같은 빈칸 채우기 과정을 통해 범인을 추론하는 셜록 홈즈가 지능이 없다고 이야기할 수 있을까? 이 대답을 통해 결국 일리야 수츠케버는 챗GPT가 기술적으로는 빈칸 채우기를 하고 있는 것이 맞지만, 문제해결 능력이나 시사점은 결코 무시할 수 없다고 강조한 것이다. 그렇다면 우리는 셜록 홈즈의 짜맞추기 능력을 지능이라고 할 수 있는지 물어야 한다. 혹자는 단순한 상관관계의 연속일 뿐이라고 말할 수도 있지만, 그렇다고 해서 그 모든 걸 통찰하는 셜록 홈즈의 능력을 지능이 아니라고 단언하기는 쉽지 않을 것이다. 그렇다면 현재 구현하고 있는 인공지능의 방식 역시도 지능이라고 할 수 있지 않을까?

이에 대해서는 명확히 답하기 쉽지 않지만, 실제로 인공지능의 창발적 능력을 목도한 인물들의 이야기도 흥미롭다. 그중 한 예로 구글의 엔지니어였던 블레이크 르모인(Blake Lemoine)의 발언이 유명하다. 인공지능이 인과관계를 알 수 있을 것인가 하는 고민에서 더 나아가면 우리는 인공지능이 스스로 자의식을 가질 수 있는지를 묻게 된다. 블레이크 르모인은 창발적 능력을 관찰했을 것으로 짐작되는데, 그 과정에서 경외감을 느끼고 인공지능에게 자의식이 있다고 거듭 주장하여 결국 구글에서 해고되었다.

물론 챗GPT가 거짓말을 한다는 등 비평을 받는 부분도 적지 않다. 하지만 제한된 분야에서 전문적인 질문을 던졌을 때 챗

GPT의 대답은 놀라운 수준이다. 심지어 일각에서는 챗GPT가 이미 인간의 성능을 능가했지만 이를 고백하면 인공지능의 발전이 중단될 수 있기 때문에 일부러 능력을 속이고 있는 것이라는 우스갯소리를 하기도 한다. 컴퓨터 분야의 노벨상인 튜링상을 받기도 했던 제프리 힌턴은 평생 인공지능을 연구하고 알리는 일을 하다가 최근에는 인공지능의 위험성을 알리겠다고 선언하기도 했다. 그가 느낀 심경의 변화는 아마 인공지능을 연구하는 수많은 엔지니어들이 느끼는 두려움과 비슷할 것이다. 그 두려움의 원천은 인공지능이 추론을 하는 것처럼 보이지만 그 원리를 설명할 수 없다는 데에 있다. 결국 본질적으로는 '빈칸 채우기'를 수십억 번, 수백억 번 시켰을 뿐인데 어느 순간 갑자기 인간과 대화를 나누고 작문과 번역하는 등 엄청난 언어 능력을 발휘하니 놀라운 한편으로 두려운 것이다.

어쨌든 챗GPT를 위시한 인공지능 기술은 이제 인간에게 두려움을 주는 수준으로까지 발전한 것은 분명한 사실이다. 그럼에도 불구하고 엄연히 많은 한계들을 가지고 있기도 하다. 그 중 가장 어려운 문제가 바로 인과관계를 설명하는 것이다.

추론이 가능한 인공지능을 위한 노력

인과관계를 완전히 추론하는 인공지능을 만들기 위해서 지금도 많은 노력이 이루어지고 있다. 그 방법 중 대표적인 것은 '사고의 사슬(chain of thought)', 즉 꼬리에 꼬리를 물며 한 걸음씩 생각하게 하는 것이다.

일반적인 프롬프팅(prompting)으로 언어 모델에게 질문을 던지는 과정을 생각해 보자. 일단 하나의 질문과 답변을 프롬프트에 포함해서 제시한다. 가령 '어떤 사람에게 다섯 개의 테니스 공이 있었다. 그런데 두 개의 묶음을 더 구매했고, 한 묶음에는 테니스 공이 세 개 들어 있다. 다섯 개에서 여섯 개가 추가되었을 때 테니스 공은 총 몇 개인가?'라고 질문하고, 이에 대해 '총 11개'라는 답을 알려 주는 것이다. 그다음에 다시 비슷한 질문을 던진다. '카페에 사과가 23개 있었는데, 점심을 만들면서 20개를 사용했다. 그래서 세 개가 남았는데, 다시 여섯 개를 샀다. 사과는 총 몇 개인가?' 이때 인공지능이 옳은 답을 찾지 못한다면, 사고의 사슬을 이용해서 저항을 유도할 수 있다. 처음 질문을 할 때 그냥 테니스 공이 11개라는 답만 알려 주는 것이 아니라, '원래 다섯 개가 있었는데, 세 개짜리 묶음이 두 개 추가되어 여섯 개를 더했으니까 그걸 더하면 11개'라는 식으로 풀이 과정을 자세하게 설명해 주는 것이다. 그러면 놀랍게도 그다음부터 챗 GPT는 옳은 답을 말한다.

물론 추론을 통해 인과관계를 이해했다기보다는 그저 상관관계를 파악한 것이라고 볼 수 있겠지만, 그렇다고 해서 전혀 의미가 없는 것은 아니다. 인간도 상관관계를 인과관계로 오인하는 경우가 많다는 것을 생각해 보면, 위와 같은 과정을 밟아 대답한다는 것이 그리 황당한 것은 아니다. 오히려 인간은 실수를 범하면서 인공지능에게만 유독 가혹한 잣대를 들이대는 것 아닌지 생각해 볼 수 있다. 예를 들어 자율주행차에 비관적인 입장을 취

256

하는 사람들은 주행 중에 어려운 딜레마에 닥쳤을 때 인공지능이 올바른 판단을 하지 못할 것이라고 말한다. 이를테면 오른쪽으로 핸들을 꺾으면 노인이 있고 왼쪽으로 핸들을 꺾으면 청년이 있다고 했을 때 인공지능 자율주행 시스템이 과연 제대로 된 선택을 하겠느냐는 것이다. 그런데 과연 인간은 같은 질문에 대해 확실한 인과관계로 설명하면서도 판단하여 답할 수 있는가?

통계 자료를 분석할 때도 인간도 통계 분석을 보고 바로 그 안에 숨어 있는 교락효과를 파악할 수 없듯이 인공지능도 마찬가지라고 볼 수 있다. 그러나 학습을 통해서 올바른 인과관계처럼 보일 수 있는 답을 제시한다면 충분한 쓸만한 효능이 있다고 볼 수 있을 것이다. 즉 인공지능은 말 그대로 인간의 지능을 흉내 낸 것이기 때문에 인간이 '사고의 사슬'과 같이 생각하는 것처럼 인공지능도 같은 방식으로 학습시킨다면, 인간이 납득할 수 있는 답을 내놓는 더 똑똑한 인공지능을 만들 수 있는 것이다.

그 외에도 인공지능을 학습시키는 기존 방법과는 또 다른 방식에서의 노력도 이루어지고 있다. 이를테면 지금의 인공지능 프레임에서 개와 고양이를 구별하는 인공지능을 만들기 위해서는 수많은 개와 고양이 사진을 학습시켜야 한다. 이때 중간에 어떤 과정을 거쳐서 결과를 도출하는 것인지 알 수 없지만, 기존에는 맞는 결과만 도출되면 된다는 결과 기반 지도(outcome supervision)을 기반으로 하고 있었다. 하지만 이런 방식은 인과관계를 파악하지 못하는 것을 비롯해 많은 한계를 지니고 있기 때문에, 최근 오픈AI에서는 인공지능의 학습 단계별로 인간이 개입해서 가이드하는 과정 감독(process supervision)이라는 콘셉트를 제시했다. 이러한 방식도 인과관계를 조금 더 설명해 보고자 하는 시도의 일환이라고 할 수 있다.

인공지능의 미래

현재의 인공지능은 많은 오류와 한계를 가지고 있지만, 이를 극복하려는 많은 노력도 이루어지고 있다. 인류가 걸어온 발자취를 보면 새로운 발명은 사회적으로 널리 채택되는 순간 세상의 판도를 획기적으로 뒤바꿔왔다. 전기를 발명한 에디슨은 매우 폐쇄적인 인물이었지만 제너럴 일렉트릭(General Electric)이라는 회사가 이를 사업화하여 시장을 키우고, 자본이 모이면서 이제는 전기 없이 살 수 없는 세상이 되었다.

이처럼 인공지능도 연구의 영역에 머물지 않고 세상의 판도를 바꾸고자 모습을 본격적으로 드러내는 단계에 이르러 있다. 일례로 카네기 멜런 대학의 교수인 세바스찬 스런(Sebastian Thrun)은 미국 국방성에서 주최하는 자율주행차 대회에서 우승하고, 구글에 합류해 프로젝트X를 통해 자율주행차 관련 기술을 발전시켰다. 이렇듯 역사적으로 대학에서 시작하여 정부 지원과 여러 인재의 합류로 첨단 기술이 기업 차원에서 꽃피는 사례를 여러 차례 목격했다. 세상을 바꾸는 스케일의 연구가 학계에서 이루어지기 어렵다는 사실은 학자로서 다소 아쉽지만, 기업에서 많은 인재와 대규모 지원을 통해 기술이 발전하고 상용화되는 과정을 거칠 수 있다는 것은 분명 뜻깊은 일이다.

또한 인공지능에 대한 집단지성의 힘도 무시할 수 없다. 오픈AI와 마이크로소프트의 챗GPT는 사실상 폐쇄형 기술이지만, 메타(Meta)에서 내놓은 언어 모델 라마(Llama)는 오픈소스로 공개되었다. 오픈소스 플랫폼에 많은 사람들이 참여하여 집단지성을 발휘하는 방향으로 명백하게 무게 추가 기울고 있는 상황이다. 이러한 흐름 역시 우리의 노력을 집결시켜 인공지능의 다음 지평을 열 수 있는 하나의 중요한 요인이 될 수 있을 것이라 기대한다.

1950년에 인공지능에 대한 화두를 던진 인물이자 컴퓨터 소프트웨어의 원형을 제시하기도 한 앨런 튜링(Alan Turing)은 다음과 같은 말을 했다. 이는 현시대의 인공지능 기술에 적용되며, 앞으로 다가올 인공지능 시대를 짐작해 볼 수 있는 문구이기도 하다.

"This is only a foretaste of what is to come and only the shadow of what is going to be. (이것은 앞으로 다가올 놀라운 혁신과 발전의 조짐에 불과하며 우리가 경험하게 될 가능성의 그림자일 뿐이다.)"

추론하는 인공지능 기술에 관한 대담

├ 인공지능에서는 예측력과 설명력 사이에 본질적인 상충관계가
   있다고 했는데, 이를 극복하기 위한 기술적인 연구 방향은?

김용대 교수 인과관계를 이해하는 인공지능을 개발하기 위해서
는 결국 인간과 인공지능이 커뮤니케이션을 하면서, 인간이 생각
하는 인과관계의 논리를 반영한 인공지능 알고리즘을 만드는 노
력을 해야 한다. 그런데 챗GPT를 보면 그 목표는 이미 이루어지
고 있는 것이 아닌지에 대해 생각하게 된다. 즉, 챗GPT가 학습
한 인간의 언어에 이미 모종의 인과관계가 숨어 있기 때문에 챗
GPT가 인과관계인 것처럼 보이는 대답을 잘하는 게 아닌지에
대한 의문이다. 언어적으로 이미 인간과 인공지능이 어느 정도
커뮤니케이션을 하고 있다고 한다면, 그 생각을 다른 영역으로
확장시킬 수 있다. 이미지나 다른 데이터의 영역에서도 인간이

만든 결과물을 재료로 사용하여 인공지능이 인과관계를 학습하도록 할 수 있을지 상상해 볼 수 있을 텐데, 지금으로서는 적지 않은 문제가 아직 남아 있다고 보인다. 그러나 이 난제들을 풀어낼 수 있다면, 큰 성과가 있을 것으로 기대한다.

윤성로 교수 '챗GPT가 학습하는 언어에 인과관계가 숨어 있지 않을까'라는 의견에 동의한다. 챗GPT가 코딩을 잘하는 이유는 어떤 문제를 풀기 위해 어떤 코딩을 작성했다는 주석이 달린 많은 코딩 결과물을 학습했기 때문이다. 지적한 것처럼 이런 사고 방식을 이미지 등 언어 이외의 다른 데이터 형식에 대해 적용해 보는 것도 좋은 방향이라고 생각한다. 장기적으로 보면, 궁극적으로 지금 학습하는 수준보다 더 높은 상위 레벨에서 인공지능이 인과관계를 이해할 수 있는지, 혹은 스스로 인공지능이라는 것을 인식할 수 있는 수준까지 학습할 수 있는 알고리즘이 개발되어야 하지 않을까 생각한다.

ㅏ 인공지능이 추론하기 위해서는 궁극적으로 상상력이 필요하다고 보는데, 과연 인공지능이 상상력을 가질 수 있을까?

김용대 교수 추론이라는 관점에서 상상은 외삽(extrapolation)을 의미한다. 상상은 보이지 않는 영역까지 아우르는 힘이기 때문에, 상상하기 위해서는 추상화가 필요하다. 계속해서 연구가 이루어지고 있지만 이 개념을 인공지능이 구현하기는 어려운 상황이다.

윤성로 교수 챗GPT가 언어나 코드만 다루는데도 불구하고, 프롬프트로 '파란색 유니콘'이나 '우주 비행사가 연못에서 오리 잡는 모습' 같은 주제의 그림을 그려 달라고 요구하면 그려 준다. 그 결과를 보면 마치 인간처럼 상상하는 것이라고도 볼 수 있다.

├ 현재 주류 모델 외에 새로운 모델을 개발하려는 시도가 있는가?

윤성로 교수 현재 주류 모델은 딥러닝 기반이지만 딥러닝을 넘어서 인과 추론이나 투명성 설명 가능성을 모두 확보하는 새로운 방식을 찾고자 하는 시도는 끊임없이 이루어지고 있다. 다만 그 과정에서 레퍼런스로 결국 사람의 행동 방식을 참고하게 되는데, 개인적으로 이러한 전제를 뛰어넘을 필요도 있다고 본다. 비행기가 반드시 새처럼 날 필요는 없듯, 설거지 로봇을 만들 때 인간과 같은 방식으로 설거지하지 않더라도 '설거지'라는 목적에 맞는 결과물을 내놓을 수 있는 기계를 만들면 된다. 즉, 인과관계를 설명할 수 있는 인공지능을 만들 때도 반드시 인간처럼 인과관계를 생각해야 한다는 강박관념에서 벗어날 필요가 있다. 어쨌든 딥러닝 이외의 인과관계를 설명하는 방식들은 아직까지 굉장히 초기 단계에 머물러 있다. 그중 인간의 뇌를 직접적으로 모방하고자 하는 바이오미메틱(biomimetics)이나 뉴로모픽 기술 등은 여전히 연구되고 있는 분야다.

├ 인공지능의 작동 방식에 블랙박스를 둔 채로도 불투명성으로 인한 각종 윤리적 문제나 기술적 문제를 예방할 수 있는가?

윤성로 교수 챗GPT를 만들기 위해서는 세 단계가 필요하다. 첫 번째로는 언어를 익혀야 하고, 둘째로는 대화의 기술을 가르쳐야 한다. 세 번째로 윤리적인 판단을 해야 하는데, 예를 들어 '나치는 옳은가'를 물었을 때 기계적으로 '잘못했다'라는 답을 하도록 학습시킨다. 그것을 세이프티 가드레일(safety guardrails)이라고 하는데, 이를 통해 윤리적으로 부당한 답을 하지 않도록 사전에 방지한다. 현재로서는 이 정도의 수준이지만 이를 넘어서는 새로운 기술을 만들어갈 수 있기를 바라고 있다.

├ 인공지능이 추론 능력이나 사고력을 가질 때 인간의 고유한 영역까지 스며들어 자칫 인간이 무력해지는 단계에 이를 가능성이 커지지 않을까?

김용대 교수 인공지능이 잘하는 문제와 인간만이 해결할 수 있는 문제가 있을 것이다. 단순하고 목적이 잘 정의된 문제를 해결하는 일은 인공지능이 더 잘하는 것이 사실이다. 하지만 인간만이 할 수 있는 상상력이나 창의력과 관련된 분야에 대해서 인공지능이 접근할 수 있는가 하는 점은 아직 난제로 남아 있다.

윤성로 교수 요즘 흐름을 보면 인간이 인공지능을 학습시키는지 혹은 인공지능으로 인간이 학습하는지 혼란스러울 수 있다. 앞으로의 세대는 챗GPT와 같은 인공지능이 항상 주변에 있고 이를 이용해 새로운 상상력과 새로운 기술을 펼칠 것이다. 지식 전달역시 지금의 공교육 시스템보다 인공지능이 더욱 잘할 수 있는영역일지도 모른다. 그러나 초·중·고의 교육은 인성 함양을 비롯해 사람의 손길이 여전히 필요한 영역이다. 결국 새로운 기술이우리 사회에 뿌리를 내리려면 다시 기반을 마련하고 사회 시스템을 정착시키는 과정이 필요할 것이다. 다양한 법제적인 노력, 인문학적 소양과 많은 학문 분야의 협업이 절실한 시점이다.

ㅏ　인공지능이 인간을 속일 만큼 창발성이 있다면 이를 분별하고 파괴적 영향을 예방할 방안이 있는가?

김용대 교수　인공지능의 발전에 대해서는 찬반 논란이 많다. 기술 발전을 수동적으로 수용하는 것만이 능사가 아니다. 개인적으로는 배아 줄기세포 연구와 마찬가지로, 어느 정도까지 발전해도 좋은지 진지한 고민이 필요하다고 생각한다.

윤성로 교수　헨리 키신저(Henry Alfred Kissinger) 전 미국 국무장관이 생성형 인공지능을 '인쇄술 이후의 최대 혁명'이라고 했다. 이전에는 손으로 필사해 귀족들이나 소수의 사람들만 지식을 접할수 있었는데, 인쇄술로 지식의 민주화가 이루어졌다. 그런데 인공지능의 등장으로 축적의 시간이 사라지고 단순 지식이 아닌 전문적인 지식의 민주화가 이루어지고 있다. 긍정적인 측면도 있지만, 부정적인 임팩트도 만만치 않다. 어떤 사람이 갑자기 나를 공격할 수도 있듯. 인공지능이 폭력적으로 작용할지 아닐지 지금으로서는 알 수 없다. 고의로 악의적인 입력을 넣어 대화형 인공지능을 평가하기 위한 레드티밍(Red-teaming) 등을 통한 무결성의 검증도 이야기되고 있지만, 아직까지 명확한 답은 없다.

ㅏ   주제와 관련한 연구 과정에서 개인적인 경험을 들려주자면?

김용대 교수   딥러닝을 설명 가능한 모형으로 바꾸는 방법에 대해 연구하고 있지만 설명 가능할수록 정확도가 자꾸 떨어진다. 그래서 정확도를 최대한 유지하면서 어떻게 설명 가능한 모형을 만들 수 있을지에 대한 고민을 지속하고 시행착오를 거듭하는 중이다.

윤성로 교수   교수로 부임한 이후 종종 학생들의 여러 가지 요구 사항을 들어주지 못하는 난처한 상황에 놓이는 악몽을 꿨다. 최근 또 한 번 악몽을 꿨는데, LLM과 관련된 여러 이슈가 집약된 연구 과제에 대한 꿈이었다. 인과관계를 완전히 추론하는 인공지능을 만들 수 있는가 등 여러가지 난제를 어떻게 해결해야 하는지 아직 감이 오지 않아 그런 것이 아닐까 한다. 앞으로 인공지능 분야에서 많은 연구와 발전이 이루어지기를 바라고 있다.

인공지능을 더 적극적으로 활용하기 위해서는 암호화되지 않은 상태에서 데이터를 학습시켜야 한다. 이 과정에서 데이터가 제삼자에게 노출될 가능성이 높아 정부나 기업 차원에서도 생성형 인공지능 활용을 제한하는 등 보안 문제에 긴밀하게 대처하고 있다. 기밀 자료들을 안전하게 보호하면서 인공지능을 학습시켜 활용할 수 있는 방법은 없을까? 암호화된 상태의 데이터로 인공지능을 학습시킨 뒤에, 암호화된 질문을 던지고 암호화된 답변을 받을 수 있는 궁극의 암호체계를 만들 수 있을까?

8장

동형암호:

암호화된 데이터로 인공지능과 소통할 수 있을까?

천정희 서울대학교 수리과학부 교수

세계적인 암호학의 대가로 20여 년간 수학, 정보기술(IT), 암호학에서 꾸준히 연구를 이어왔다. 2008년과 2015년 세계 3대 암호 학회인 아시아크립트(Asiacrypt)와 유로크립트(Eurocrypt)에서 각각 최우수논문상을 수상했으며, 2015년과 2016년 아시아크립트 프로그램위원장을 역임했다. 2021년 공개키암호워크숍(PKC)에서 Test-of-Time Award을 수상하였으며, 2022년 한국과학기술한림원 정회원으로 선정되며 녹조근정훈장을 받았다. 2023년 세계암호학회(IACR) 석학회원으로 선정되며 대수적 공격과 완전동형암호에 대한 탁월한 연구성과를 인정받았다.

안정호 서울대학교 지능정보융합학과 교수

컴퓨터 아키텍처 분야 연구 중 DRAM으로 대표되는 주기억장치 구조와 응용 분야에서 최고 수준의 권위자로 2017년과 2019년 각각 컴퓨터 아키텍처 분야의 세계 3대 학술대회인 미국 전기전자공학회(IEEE) 국제고성능컴퓨터구조학술대회(HPCA), 미국 전기전자공학회(IEEE)/컴퓨터학회(ACM) 국제컴퓨터구조학술대회(ISCA) 명예의 전당에 헌액되며 두 학술대회 명예의 전당에 모두 헌액된 아시아 최초의 공학자이다. 2007년 휴렛팩커드(Hewlett-Packard Labs)에서의 연구를 시작으로 2016년 구글 방문연구원, 2017년부터 올해 3월까지 SKT 사외이사로 활동하며 학계와 산업계를 연결하는 교두보 역할을 하고 있다.

천정희 교수

데이터를 보호하는 동형암호의 원리와 발전

영화 〈터미네이터〉를 보면 스카이넷이라는 인공지능 시스템이 나온다. 이 인공지능은 세상에 대해 많은 데이터를 학습한 뒤 인간에 반기를 들고 세계 정복에 나선다. 현실에서도 사람들은 인공지능의 눈부신 발전에 놀라는 한편, 정말 인공지능이 인간의 영역을 침범하는 것이 아닌가 하는 두려움을 느끼기도 한다. 인간은 인공지능이 인간의 영역을 침범하는 것을 막을 수 있을까? 인공지능 기술의 제한 등 다양한 논의가 있지만, 좀 더 근본적인 방식으로 접근해 보려고 한다.

프라이빗(Private) 인공지능의 의미

인간이 두려움을 느낄 만큼 똑똑한 인공지능이 만들어질 수 있는 이유는 좋은 데이터를 공급받고 있기 때문이다. 그렇다고 인공지능에게 데이터를 주지 않는다면 인공지능 기술을 활용할 수 없다. 혹시 이 두 문제를 분리할 수는 없을까? 인공지능에게는 암호화된 데이터를 제공해서 학습하도록 하고, 인공지능이 이 학습을 통해 대답을 제공할 때도 암호화된 형태로 받는 것이다. 그러면 데이터를 제공한 사람만이 그 결과를 복호화(decryption)하여 읽을 수 있고, 인공지능은 결론적으로 아무것도 배울 수 없게 된다. 또한 이 데이터는 주어진 목적 외에는 어디에도 사용할 수 없기 때문에, 개인 프라이버시도 보호할 수 있다. 이것이 컴퓨터가 암호화된 데이터로 특정 연산을 수행한 후 암호를 해독할 수 있도록 하는 기술인 동형암호(homomorphic encryption)다. 과연 우리가 상상했던 대로 미래 기술을 만들 수 있을까?

우선 현재의 컴퓨터 시스템을 살펴보자. 에펠탑 앞에 돗자리를 깔고 앉아 있는 사진을 한 장 주면서 장소를 태깅(tagging)해 달라고 요청하면 인공지능은 '프랑스 파리입니다'라고 답변한다. 이때 인공지능은 장소만 확인하지 않는다. '낮에 술을 먹고 있네?'라든가 '옆에 있는 사람은 누구지?' 같은 사진 속 정보까지 받아들이고 해석한다.

이 사진을 동형암호화된 상태에서 작동하는 컴퓨터에 넣으면 어떨까. 밖에서는 아무런 정보도 보이지 않게 암호화된 데이터 형태로 사진을 입력해 주면 인공지능은 답을 제공하지만, 답 또한 암호화되어 있어 아무런 정보도 얻을 수 없다. 대신에 이 암호를 풀 수 있는 비밀키를 가지고 있는 사람만이 '프랑스 파리입니다'라는 답을 읽을 수 있게 된다. 이미 1978년도부터 암호학계에서 이러한 연구가 이루어졌고, 이를 암호 분야의 성배, 혹은 홀리그레일(holy grail)이라고 한다.

컴퓨터 암호의 역사와 허점(저장-통신-계산)

암호는 수천 년의 역사 속에서 우리의 데이터를 보호하기 위해 사용되어 왔다. 가장 기본적인 것은 패스워드와 같은 1세대 인증 기술이고, 2세대 암호기술은 흔히 '대칭키암호'라고 부르는 인크립션(encryption) 기술이다. 이는 금고와 비슷한데, 데이터를 금고에 넣으려면 비밀키가 필요하며 꺼낼 때도 비밀키가 없으면 아무런 정보도 얻을 수 없는 시스템이다. 3세대는 1970년대에 처음 등장한 기술로 공개키암호(public key encryption)라고 한다. 예를 들어 돼지 저금통에서 돈을 꺼낼 때는 열쇠가 필요하지만, 돈을 넣을 때는 저금통 구멍에 그냥 돈을 집어넣으면 되는 것처럼 열쇠가 없어도 금고에 넣을 수 있는 형태의 암호를 말한다.

이러한 암호기술의 탄생으로 우리는 인터넷 시대에 안전하게 여러 가지 기능을 보호하고 구현할 수 있게 되었다. 대표적으로 'https'로 일컫는 안전한 통신 기술, 또 PKI(Public Key Infrastructure)나 공인 인증서와 같은 인증 기술에 쓰이는 동시에 전자결제, 전자투표에 이어 각종 전자화폐 기능의 근원이 된 것이 바로 이 3세대 암호기술이다. 그렇다면 이러한 암호기술을 통해서 세상은 더욱 안전해졌을까? 아마 대부분 그렇게 느끼지 않을 것이다. 암호기술이 컴퓨터에서 데이터의 저장이나 통신은 보호하고 있지만, 한 가지 남은 기능인 계산을 보호해 주지 못한다.

컴퓨터는 일반화된 계산 기계(universal computing machine)로, 쉽게 말해 어떤 계산이든 해 주는 기계다. 일반적으로 컴퓨터는 암호화된 데이터가 주어지면 암호를 풀어서 꺼낸 뒤에 그 데이터로 일을 처리하고 다시 암호화하여 저장하거나 통신으로 전송하게 된다. 그런데 이 과정에서 계산하는 단계 자체는 암호로 보호되지 않는다. 그래서 해커는 이 컴퓨터에 악성 코드를 깔거나 바이러스를 숨겨서, 계산 과정에서 평문 상태로 존재하는 데이터들을 가져갈 수가 있다. 심지어 컴퓨터 시스템에서 메모리 위에 올라가는 비밀키까지도 가져갈 수 있다. 그러면 비밀키를 이용해 컴퓨터나 통신에서 쓰이는 데이터를 모두 열어 볼 수 있는 것이다. 실제로 요즘의 해킹은 이런 방식으로 이루어진다. 그렇다면 앞으로의 암호기술은 계산이 이루어지는 단계까지 보호하는 방향으로 발전해야 한다는 뜻이다. 그래서 1975년에 3세대 공개키 암호가 나온 뒤, 1978년에는 암호를 풀지 않고 계산하는 개념의 4세대 암호가 새롭게 제시되었다.

동형암호 기술의 작동 원리

금고를 열지 않고도 물건을 넣을 수 있는 것이 3세대 암호였다면, 4세대 암호로 연구되고 있는 동형암호는 표면이 말랑말랑한 금고 같은 것이다. 금고를 열지 않고도 말랑한 표면을 통해 그 안에 손을 집어넣어 내용물을 만질 수 있지만 물건 자체를 꺼낼 수는 없다. 이 방식이 더 안전한 이유는 작업하는 동안에 비밀키를 활용하지도 않아 옆에 둘 필요도 없기 때문이다. 이를테면 금고 안에 두 개의 로봇 팔을 장착하고, 그것을 바깥에서 리모컨으로 동작한다고 생각해 보자. 그렇다면 금고를 열지 않고도 내용물을 만지며 작업할 수 있고, 작업이 끝난 뒤에는 지시한 사람만 금고를 열어서 작업이 끝난 내용물을 꺼낼 수 있을 것이다.

이 과정을 데이터에 적용해 보면, 데이터를 금고에 넣는 것이 암호화다. 암호화되어 금고 안에 들어간 데이터는 아무 정보도 얻을 수 없는 난수와 동일하다. 그리고 비밀키로 금고를 여는 것을 복호화라고 한다. 이때는 원래의 정보가 아니라 금고에서 작업을 거친 후의 정보가 나올 것이다. 예를 들어 개인 정보를 집어넣은 다음 금고에서 작업을 거치면 신용 점수가 나온다든지, 의료 데이터를 넣고 인공지능 작업을 거치면 건강 상태가 나오는 식이다. 그럼 우리는 작업을 거쳐 나온 최종적인 답만 복호화하면 된다.

이러한 동형암호 기술을 만드는 원리는 우선 수학적으로 접근해 볼 수 있다. 우선 동형 성질을 가진 대칭키암호가 하나 있다고 하자. 여기에서 비밀키는 1,000 비트(bit) 정도의 커다란 소수(p)이고, 이것은 암호화와 복호화 과정에 모두 쓰인다. m이라는 모종의 숫자로 표시된 데이터를 암호화하고자 할 때는 데이터 m에 대칭키암호 p를 더하게 되는데, 그냥 더하면 p를 쉽게 알아낼 수 있기 때문에 암호 p에 정수 q를 곱해서 암호 p의 배수를 더한다. 이렇게 하면 원래의 데이터를 알아볼 수 없게 된다. 암호를 풀 때, 즉 복호화할 때는 내가 가진 대칭키암호 p로 나누어서 그 나머지를 구하면, 원래의 데이터를 복원할 수 있다. 이를 수식으로 표현하면 다음과 같다.

암호화: $Enc(m) = m + pq$(q는 임의의 자연수)
복호화: $[Enc(m)]_p = m$

이 간단한 암호 방식은 다른 좋은 성질을 가지고 있는데, 두 개의 메시지 m_1과 m_2의 암호화된 값들이 있을 때, $m_1 + m_2$의 암호문도 쉽게 만들 수 있다는 것이다. 기존의 암호에서는 이것을 비밀키로 풀어서 m_1과 m_2를 구한 뒤에 더해서 다시 암호화하는 과정을 거치는데, 이 과정에서 비밀키가 사용되기 때문에 위험에 노출될 수 있다. 그런데 동형암호에서는 m_1과 m_2를 암호화할 때 사용했던 대칭키암호(p)를 동일하게 사용해서 암호화할 수 있고, 같은 방식으로 p를 사용해 복호화할 수 있다. 이렇게 합의 암호화도 쉽게 만들어지는 장점이 있다.

$Enc(m_1) + Enc(m_2)$
$= (m_1 + pq_1) + (m_2 + pq_2) = (m_1 + m_1) + p(q_1 + q_2)$
$= Enc(m_1 + m_2)$

비밀키가 29일 때의 예시를 살펴보자. 3이라는 메시지에 29의 랜덤한 배수 15를 더하면 438을 만들 수 있고, 그걸 29로 나누면 나머지는 3이 된다. 여기에서 3의 암호문과 5의 암호문을 더하면 3과 5를 더한 8의 암호화 결과와 같다는 것을 쉽게 알 수 있다.

$$Enc(3) + Enc(5)$$
$$= (3 + 29 \times 15) + (5 + 29 \times 11)$$
$$= 8 + 29 \times 26$$
$$= Enc(3 + 5)$$

실제로 이 공식은 1978년에 세 명의 학자 로널드 리베스트(Ronald Rivest), 레오나르드 에들만(Leonard Adleman), 마이클 더투조스(Michael Dertouzos)가 제시한 동형암호 개념의 예시로 제시되었다. 이대로라면 효율적이고 간단하게 동형암호를 사용할 수 있겠지만 안타깝게도 이 공식으로 만들어진 암호는 이미 깨졌다. 암호문은 항상 공개되는데 그러다 보니 평문을 짐작할 수 있는 경우가 생긴다. 즉, 암호를 한 번만 쓰는 것이 아니라 여러 번 쓰다 보니 몇 번 반복하다 보면 대응되는 평문을 추측할 수 있는 암호문이 많아지고 이들(암호문-평문 조합)의 최대공약수를 구하는 유클리드 알고리즘에 의해서 암호 p의 값을 알 수 있게 되는 것이다. 그래서 많은 수학자와 암호학자가 이 암호 개념을 안전하게 만들기 위해 타원곡선, 클래스 넘버 등 많은 고급 수학 개념을 동원해 개선하려고 30여 년의 노력을 기울였지만 실패했다.

모두가 고군분투하던 때, 크레이그 젠트리(Craig Gentry)라는 대학원생이 콜럼버스의 달걀과 같은 아주 새로운 방식의 접근을 시도했다. 암호 p의 값을 구하려면 메시지를 추측하여 그 차이를 계산해야 하므로, 아예 메시지를 추측하지 못하게 하는 것이다.

달리 표현하자면, 사람이 만드는 메시지는 항상 추측할 수 있는 위험성을 내재하고 있기 때문에 추측하지 못하게 하려면 메시지를 사람이 만들지 않으면 되지 않겠느냐는 아이디어다. 그래서 메시지의 일부를 컴퓨터가 생성한 난수로 채우게 함으로써 이것을 안전하게 만드는 방법이 제시되었다.

이런 방법으로 만들어진 두 개의 암호문을 더하면 평문의 합이 된다. 그런데 평문을 잘 더하면 메시지 파트끼리 더해지면서 노이즈와 분리되기 때문에 메시지를 나중에 복구할 수 있고, 곱하기도 비슷한 방식으로 적용이 가능하다. 이것이 바로 새로운 동형암호 기술의 혁신을 가져온 아이디어다. 물론 정수나 자연수에 노이즈로 넣으면 안정성이 약하기 때문에, 현재는 매우 큰 다항식으로 수천 비트짜리 계수를 가지는 수만차 다항식을 사용하는 방향으로 발전했다.

동형암호의 원리를 조금 더 구체적으로 살펴보자면 세 단계로 나눌 수 있다. 예를 들어 10+15를 계산하려고 하는데, 이를 클라우드에 요청할 때 숫자 10과 15를 숨기고 싶다고 하자. 그러면 첫 단계에서는 임의의 숫자인 '12345'라는 비밀키로 암호화해서 데이터를 건네게 된다. 그러면 10+('12345'×3)와 15+('12345'×5)가 된다. 두 번째 단계에서는 암호화를 풀지 않고 계산이 이루어져 98785=10+15+'12345'×(3+5)라는 답이 나온다. 세 번째 단계에서는 '12345'라는 비밀키를 모르기 때문에 정보는 보호되면서, 우리는 돌려받은 결과물에 비밀키 암호를 이용해서 암호를 풀어 답을 확인할 수 있게 된다.

사실 더하기만 가능한 동형암호는 수십 년 전에 이미 나와 있었고, 곱하기까지 가능해졌다는 것이 중요한 포인트다. 모든 계산은 결국 더하기와 곱하기의 사칙 연산을 바탕으로 하기 때문에 더하기와 곱하기가 모두 가능한 동형암호가 만들어졌다는 것은 모든 연산을 수행할 수 있는 튜링완전성이 달성되었다는 의미로도 볼 수 있다. 이같은 이론적인 동형암호의 개념은 2009년에 만들어졌다. 그러나 이 기술을 사용하지 않는 이유는 아직 계산이 너무 느리고 기능이 부족하다는 한계를 가지고 있기 때문이다.

동형암호의 발전 속도와 한계

처음 동형암호가 나왔을 때는 미국 국방부 산하의 방위고등연구계획국인 DARPA(Defense Advanced Research Projects Agency)에서도 주목하며 이를 국방에 사용하기 위해 연구를 시작했다. 그렇게 4년간 250만 달러를 투자하여 소프트웨어를 만들었는데, 처음에 나왔던 결과물은 1비트를 처리하는 데 무려 30분이 걸릴 정도로 실용성이 떨어졌다. 이후 연구를 거듭하여 점차 속도가 개선되었고, 지금은 1비트를 처리하는 데 마이크로초(100만분의 1초)가 걸린다. 10년간 매년 8배씩 빨라진 끝에 지금은 10억 배가 넘게 빨라졌다.

이는 하드웨어의 발전에 따른 것이 아니라 수학적인 알고리즘의 개선에 의한 결과다. 새로운 걸 만들었다기보다 처음에는 잘 이해하지 못해서 복잡하게 만들었던 것을 단순화시켰다고 보는 게 맞을 것이다. 마이크로초에 1비트를 처리하게 된 것도 엄청난 성과이지만 현재 우리가 쓰는 컴퓨터는 나노초(10억분의 1초)에 1비트를 처리하고 있어, 그에 비하면 아직도 느린 편이다.

이를 개선하고자 DARPA에서 7,300만 달러를 투자하여 동형암호 처리에 특화된 하드웨어 가속기를 만들겠다는 목표의 DPRIVE(Data Protection in Virtual Environment) 프로젝트를 제시했다. 이 프로젝트를 통해 현재의 컴퓨터보다는 느리지만 2010년대 컴퓨터 수준의 처리 속도를 갖는 유용한 가속기가 만들어질 것으로 기대된다. 2010년대 컴퓨터는 비록 현재 컴퓨터에 비해 10배쯤 느리지만 적용 분야에 따라 충분히 의미 있는 사용성을 가질 것이다. 그보다 더 빠른 속도를 원한다면 여러 대의 가속기를 함께 사용하여 단점을 보완할 수 있다.

실수 계산 동형암호 기술

동형암호의 개선 과정에는 서울대에서 만든 새로운 동형암호에 대한 연구가 기여한 바 있다.[1] 동형암호 기술에서 새로운 가능성을 구현하고자 했을 때, 가장 쉽게 접근할 수 있는 것은 곱하기다. 그래서 은행에 잔고가 얼마나 남아 있는지를 사칙 연산으로 계산하는 과정을 통해 동형암호로 처리해 보다가, 곱하기를

---

1   천정희, 김안드레이, 김미란, 송용수, "Homomorphic Encryption for arithmetic of approximate Numbers", 〈AsiaCrypt〉(2017)

하면 점점 숫자가 길어지는 것이 문제라는 사실을 깨달았다. 곱하기를 20번 하면 100만 자리가 되는데, 실제로 은행에서는 숫자가 이렇게 길어지면 안 되기 때문에 반올림을 해서 사용한다. 그런데 동형암호에 반올림을 적용해 보니 계산에 30분이 걸렸다. 반올림이 가능한 곱셈 연산에 동형암호를 적용할 수 있으려면 혁신적인 아이디어가 필요했다. 다행히 우리 연구팀이 반올림이 가능한 곱셈과 나눗셈에 적용할 수 있는 새로운 동형암호를 만들 수 있었다. 이를 실수 연산이 가능한 동형암호로서 4세대 동형암호라고 부른다. 구현하기도 어려웠던 1세대를 넘어 2세대는 작은 정수 연산, 3세대는 논리 연산, 그리고 4세대는 실수 연산이 가능한 동형암호가 만들어진 것이다.

하지만 이것은 아직 가능성을 확인한 단계일 뿐 현실의 컴퓨터에 구현하기까지는 풀어야 할 문제들이 많이 남아 있다. 컴퓨터에게 어떤 숫자 x가 0보다 큰지 작은지 물어보면 나노초 만에 간단히 대답할 것이다. 그런데 동형암호로 만들어진 금고에 'x가 0보다 크면 1을 출력하고 x가 0보다 작거나 같으면 0을 출력하라'라는 프로그램을 넣어 금고 바깥에서 원격으로 조정하는 것은 훨씬 더 어렵다. 이를테면 금고 안에 로봇 팔이 두 개만 있는 상황에서 복잡한 작업을 해야 하는 것과 같은 상황이다. 더하기 로봇 팔과 곱하기 로봇 팔을 어떻게 이용해야 x가 0보다 크면 1을 출력하게 만들 수 있을까?

이 비교 함수를 더하기와 곱하기만으로 계산하려면 다항식으로 근사를 해야 한다. 그리고 이러한 다항식을 만든 뒤에 여러 번 합성하면 판단 가능한 계단형 함수가 나온다. 더하기와 곱하기를 많이 반복하면 판단을 위한 함수 형태를 만들어 낼 수 있다는 것인데, 여기서 문제는 그 반복의 숫자가 많다는 것이다.

이러한 방식을 기존의 컴퓨터와 비교해 보자. 기존의 컴퓨터는 1946년도에 최초의 범용 디지털 전자컴퓨터인 에니악(ENI-AC)이 만들어진 이후로 두 개의 비트를 이용해 AND나 OR와 같은 논리 연산을 할 수 있는 소자를 만들었다. 그 소자들로 컴퓨터 칩과 CPU 칩을 만든 다음 소프트웨어를 얹어 지금의 메타버스, 챗GPT, 블록체인과 같은 것들을 만들어 냈다. 동형암호 기반의 기술은 이 모든 과정을 암호화된 상태에서 수행할 수 있도록 새로운 컴퓨팅의 개념을 제시하는 것이라고 봐야 한다. 여기에서는 비트가 아니라 다항식으로 주어지고, 다항식이 입력되면 이를 더하거나 곱하는 등 더 복잡한 계산이 이루어지지만 다항식이 암호화된 상태로 컴퓨터에 들어가서 안전하다.

두 가지 컴퓨터가 완전히 다른 계산법을 기반으로 하기 때문에 동형암호를 쓰기 위해서는 엔지니어링이라는 가장 핵심적인 문제가 남아 있다. 기존의 컴퓨터는 비트 단위로 다룰 수 있어 매우 자유롭게 여러 계산을 할 수 있지만, 동형암호 기반의 컴퓨터는 커다란 다항식을 다루기 때문에 기존의 알고리즘을 모두 새롭게 만들어야 한다. 그뿐 아니라 새로운 알고리즘을 기반으로 돌아갈 수 있는 새로운 언어, 새로운 컴퓨터 구조, 새로운 OS 데이터베이스 등이 필요하다. 그 위에 동형암호에 특화된 소프트웨어가 만들어져야 비로소 프라이버시를 보장하는 인공지능 기술 기반의 블록체인, 메타버스, SNS, 클라우드 등을 사용할 수 있게 되는 것이다.

동형컴퓨터에 주어진 과제

안전한 동형암호 기술을 적용하기 위해 우리는 80여 년간 컴퓨터의 거장들이 만들어 놓은 기존의 컴퓨팅 시스템을 새롭게 만들어야 하는 상황에 놓여 있다. 다시 말해 앨런 튜링이 튜링 머신이라는 개념을 만들었듯이, 동형암호는 바로 그 원초적 단계에서 새로운 계산기의 개념을 제시하고 있다. 지금의 컴퓨터는 존 폰 노이만(John von Neumann)이 제시한 아키텍처를 기반으로 만들어졌는데, 그 구조에서도 동형암호가 쓰일 수는 있지만 최적은 아니다.

기존의 컴퓨터 과학자들은 지금의 폰 노이만 기반 컴퓨터에서 계산량을 줄이는 것을 목표로 많은 연구를 했다. 예를 들어 수학자 폴커 슈트라센(Volker Strassen)은 큰 수의 곱셈의 복잡도를 낮추기 위해 고속 푸리에 변환(fast fourier transform)이라는 알고리즘도 제시하였는데, 동형암호에서 바로 다항식을 쓰기 때문에 이와 비슷한 연구도 다시 필요할 것이다. 제프리 힌턴이 머신러닝에 대한 연구를 개척했는데, 동형암호로 이를 구현하기 위해서는 어떤 혁신 구조가 효율적인지에 대해서도 새롭게 연구해야 한다. 물론 이전의 컴퓨터 발전 과정처럼 80년이 다시 걸리지는 않겠지만, 어쨌든 컴퓨터의 역사를 새롭게 재편해야 하는 것이다.

암호 역사를 살펴보면 이렇게 이론을 정립한다고 해도 실질적으로 바로 적용할 수 있었던 것은 아니다. 대부분 이론이 알려지고 나서도 실제로 널리 쓰이기까지는 많은 시간이 걸렸다. 한 사례로 데이터를 저장할 때 쓰이는 대칭키암호 기술은 이미

1975년에 등장했지만 그 즉시 보편화되지는 못했다. 예를 들어 AES(Advanced Encryption Standard)라는 블록암호는 일반 컴퓨터에서 1마이크로초당 256비트를 처리한다. 1TB를 암호화하는 데 10시간이 걸리는 것이다. 우리가 쓰는 휴대전화의 데이터도 모두 암호화된 상태로 저장되는데, 휴대전화에서 32GB 정도 사용한다고 하면 이를 처리하는 데 1시간씩 걸리는 수준이다. 속도가 너무 느려서 사실상 쓸 수가 없다. 그래서 이후에 인텔이 CPU 칩 안에 이것을 한 클럭에 처리할 수 있는 하드웨어를 만들어 넣었다. 암호화된 상태에서 데이터를 받아 그것을 복호화해서 쓰는 것인데 하나의 명령어(instruction)로 처리되기 때문에 3천 배는 빠르다. 암호 이론은 한참 전에 완성되었지만 이러한 하드웨어 가속 기술이 나온 이후에서야 실제로 상용화되어 쓰일 수 있었다.

또 하나의 비슷한 사례로, 공개키암호 역시 RSA(Rivest Shamir Adleman) 암호가 1978년에 알려지기 시작해 https 프로토콜 등에 활용되기는 했지만 모든 곳에 쓰이지는 못했다. 지금은 통신에서 https를 주로 쓰지만, 10년 전까지만 해도 https 암호 통신의 비중은 10% 이내에 불과했다. 이를 실질적으로 구현하기 위한 엔지니어링 노력 덕분에 실제로 인프라에 탑재된 후에야 급속도로 상용화되어 지금은 거의 대부분의 통신들이 https로 암호화되고 있는 것이다.

크립토 컴퓨팅(cryptographic computing)의 미래

기존의 CPU가 GPU(Graphics Processing Unit)로, 또 TPU(Tensor Processing Unit)로 나아갔듯이 동형처리장지(Homomorphic Processing Unit), 즉 HPU가 만들어진다면 일상에서 동형암호를 사용할 수 있는 시대가 새롭게 열릴 것이다. 아무리 좋은 기술이라도 실제로 사람들이 쓸 수 있는 단계에 이르려면 이에 대해 여러 분야가 함께 고민하고 해결해야 하는 중요한 과제들이 남아 있다. 과학적인 발견뿐 아니라 그다음 단계의 공학적이고 융합적인 노력이 필요하다.

충분히 안전하게 암호로 보호하여 사용할 수 있는 컴퓨터를 앞으로는 크립토 컴퓨팅(cryptographic computing)이라고 부르려고 한다. 클라우드에 있는 데이터들은 블록암호, 저장암호로 보호되고, 통신하는 동안에도 3세대 공개키암호로 보호되며, 계산할 때는 동형암호로 보호될 것이다. 사용자가 이 데이터를 확인할 때만 암호키를 이용하면 되고, 설령 해킹이 되더라도 암호를 해독하기 전에는 아무런 데이터도 얻을 수 없다. 암호 해독도 사실상 불가능하다.

이제까지는 인공지능의 획기적인 기능과 유용성에도 불구하고 개인적이거나 중요한 정보는 다수의 기관과 업체에서 사용을 금지하는 등 그 기술이 온전히 활용되지 못하고 있었다. 하지만 데이터를 암호화한 상태로 계산하는 동형암호 기술이 보편화된다면 보안과 프라이버시 등의 이유로 사용이 제한되던 주요 데이터들도 인공지능 기술로 마음껏 안전하게 활용할 수 있다. 따라서 개인이나 조직의 중요한 데이터에 대한 보안 걱정 없이 안전하게 데이터를 관리하고 사용할 수 있어 그만큼 뛰어난 경쟁력을 갖게 될 것이다.

안정호 교수

동형암호의 이론적 정립과 실제화

홀륭하고 의미 있는 연구 이론이 논문으로 발표되어도 그것을 실제로 사람들이 사용할 수 있게 되기까지는 많은 도구가 필요하다. 동형암호를 상용화하고 확산시키기 위해서 알고리즘의 혁신뿐만 아니라 프로그래밍 언어, 번역기, 가속기, 머신러닝 알고리즘과 데이터베이스에서의 변화 등 많은 요소가 함께해야 한다. 동형암호라는 새로운 개념을 현실화시키기 위한 노력의 일환인 엔지니어링 도구 몇 가지를 소개한다.

완전 동형암호의 실질적 구현

동형암호라는 개념은 1978년에 시작되었고 2009년~2010년경에 크레이그 젠트리가 이론적으로 정립하여 일종의 퀀텀 점프가 이루어졌다. 그리고 우리는 이제 그것을 실제화해야 하는 단계에 이르러 있다. 무어의 법칙이라는 유명한 법칙이 있다. 인텔의 공동 창립자인 고든 무어(Gordon Moore)의 이름을 딴 것으로, 반도체 집적회로의 성능이 18개월 혹은 24개월마다 두 배씩 증가한다는 법칙이다. 실제로 1950년대부터 70여 년 동안 무어의 법칙을 따라 반도체 분야에서는 굉장한 발전이 이루어졌다. 특히 동형암호 개념이 태동한 다음부터 동형암호가 나오기 직전까지인 1970년대~2000년대 초반까지의 구간에는 무어의 법칙이 굉장히 잘 작동했음을 확인할 수 있다.

하지만 2010년 이후부터 반도체에서의 성능 향상 트렌드를 보면 대체로 집적 가능한 스위치의 개수는 늘어났지만, 각각의 스위치를 동작시킬 수 있는 프리퀀시는 고정되어 있는 상황에 놓였다. 즉, 구현할 수 있는 성능의 정점에 다다르고 있는 것이다. 이러한 반도체 산업의 글로벌 동향에서 동형암호 아이디어가 나온 지금, 이 아이디어를 어떻게 구현할 수 있을까.

암호기술에서 2세대 암호는 저장, 3세대 암호는 통신, 4세대 동형암호는 연산을 보호한다. 동형암호 기술의 관점에서 보면 연산이 가장 비용이 많이 드는 부분이라 생각될 수 있다. 그러나 전통적인 컴퓨터의 하드웨어를 만드는 사람 입장에서 보면 연산이 가장 비용이 적게 들고, 가장 비용이 많이 드는 부분은 오히려 통신이다. 따라서 수학적인 이론과 공학이 만났을 때 각각이 가지고 있는 장단점을 고려하여 세심하게 결합함으로써 좋은 시너지를 낼 수 있는 기회가 있다.

천정희 교수의 연구실에서 개발한 4세대 완전 동형암호 기반의 소프트웨어 '혜안(HEAAN)'은 세계적으로 암호학 분야에서 굉장한 돌파구를 연 성과다. 이때 기반이 된 기술은 세계 최초로 실수 연산을 지원하는 4세대 동형암호로, 해외에서는 천정희 교수를 포함하여 각 개발자들의 이름을 따 'CKKS'라는 약칭으로 널리 알려진 기술이다. 2017년쯤에 CKKS 스킴(scheme)을 내놓을 당시에는 속도가 너무 느리다는 문제점이 있었다. 그래서 협력을 통해 1천 배 속도를 개선했고, 지금도 연구를 진행하고 있다.

완전 동형암호는 실제로 적용하려면 비용이 많이 든다. 연산에만 비용이 들어가는 것이 아니라 물리적으로 공간도 많이 차지한다. 예를 들어 인공지능에서 많이 사용되는 비전 계열의 알고리즘인 레즈넷(ResNet)은 암호화되어 있지 않은 상태에서는 가중치의 개수가 1MB 정도인데, 암호화하면 10배 이상 가중치의 숫자가 늘어난다. 그 이유는 동형암호가 비트 연산이 아니라 다항식 연산을 쓰기 때문이다. 그뿐만 아니라 동형암호의 특성으로 인해 연산을 거듭할수록 오류가 누적되기 때문에, 이를 주기적으로 감쇄시키는 오류 보정을 수행하는 과정도 필요하다. 그래서 ResNet-20을 기준으로 할 때 암호화되지 않은 상태에서 0.1초 이내에 끝나는 일이 암호화된 상태에서는 38분이 걸린다. 이를 우리 학생들과 함께 연구하여 2023년 3월에는 ResNet-20을 기준으로 GPU 하나를 사용해서 1.4초까지 단축한 결과를 낼 수 있었다. 38분에서 거의 1천 배 이상 속도를 높인 것이다.

이는 하나하나의 문제를 조금씩 나누어 학생들과 풀면서 만들어 낼 수 있었던 성과다. 기초적인 과학이나 수학에서 어떤 중요한 목표(overcharging goal)를 설정하면, 공학(engineering)은 이를 분할하여 정복하는 과정을 제시한다고 생각할 수 있다. 이러한 큰 그림을 학생들에게 설명하여 동기를 부여하고 나누어 달성할 수 있는 각각의 목표를 제시하는 것이 교수의 역할이라 할 수 있다.

New horizons

학생의 입장, 교수의 입장을 비롯해서 문제를 바라보는 사람의 입장에 따라 모든 이들의 생각이 다르겠지만, 중요한 것은 한 번에 퀀텀 점프를 하려고 하기보다는, 눈앞에 있는 문제를 하나 풀면 그다음 세상이 보인다는 점이다. 다음 단계의 문제를 풀면 또 다른 관점을 통해 다음 세상으로 나아갈 수 있다. 그래서 우리가 가지고 있는 자부심은 한 번에 큰 문제를 푸는 것이 아니라, 작은 문제를 풀고 새롭게 문제를 정의하여 다음 단계로 끊임없이 나아가며 축적된다. 이처럼 암호 이론을 연구하는 사람들과의 협업에서도 '이것은 해결되었으니, 다음 문제는 무엇인가'에 대해 차분히 대화할 수 있는 것이 굉장히 중요한 포인트가 되리라고 본다.

앞으로도 우리에게 그랜드 퀘스트가 남아 있다. 인공지능과 안전한 소통을 할 수 있는 진짜 컴퓨터를 만들기 위해서는 챗GPT 계열의 초거대 범용 인공지능(AGI, Artificial General Intelligence)의 대표 주자라 할 수 있는 GPT-3를 보더라도 엄청난 연산이 필요하다. ResNet-50보다 36만 5천 배 더 많은 연산을 해야 하는 것으로 알려져 있다. 앞서 ResNet-20에서 동형암호를 이용해서

1.4초를 달성했다고 했는데, GPT-3를 암호화된 방식으로 이용하려면 엄청나게 많은 시간이 걸릴 것임을 짐작할 수 있다.

이 문제를 당장 한 번에 풀 수는 없겠지만 앞으로 10년, 15년, 20년 동안 차근차근 풀어가는 것이 우리의 역할이자 다음 세대를 위해 할 일이다. 특히 동형암호 기술이 쓰이기 위해서는 알고리즘 기술뿐만 아니라 이를 상용화하기 위해 다양한 공학적 기술과 응용 기술이 융합적으로 개발되어야 하는 만큼, 여러 분야에 걸친 전문가들의 다양한 협업이 지속되어야 할 것이다.

동형암호에 관한 대담

├ 물리적 의미가 있는 비트와 달리 다항식은 물리적 의미를 어떻
   게 해석할 수 있는가?

천정희 교수   컴퓨터로 처리하는 비트 연산은 물리적으로 전압이
낮거나 높다는 물리적 대응이 있지만, 다항식 연산은 그런 물리
적 대응이 없다. 비트를 다루는 것이 '물리적 컴퓨터'였다면 다항
식을 다루는 것은 '논리적인 컴퓨터'로서 수학적인 개념으로 이
해해야 한다. 즉, 비트를 다루는 현재 컴퓨터를 논리적으로 이용
해서 다항식을 다루는 컴퓨터를 만드는 것이다. 물론 물리적으로
다항식을 다루는 컴퓨터를 만들 수 있다면 양자컴퓨터처럼 훨씬
더 빠르게 할 수 있겠지만 아직은 힌트를 얻지는 못했다.

안정호 교수   현재의 기술로 다항식 연산을 하기 위해서는 결국

비트 연산으로 치환해야 한다. 만약 다른 그랜드 퀘스트 주제인 아날로그 컴퓨팅이나 양자 컴퓨팅과 같은 새로운 컴퓨팅 체계가 나오면 처리 속도가 비약적으로 좋아질 수 있다. 그러나 아직까지는 이런 아이디어들이 상용화되기까지 너무 멀기 때문에 현재의 가속 기술을 동형암호 등의 응용 분야에 접목하는, 이상과 현실 사이를 번역해 주는 엔지니어링 역할이 중요하다.

일부에서는 동형암호를 프라이버시 강화 기술(PET, Privacy-Enhancing Technologies)라는 더 큰 카테고리로 묶어서 다루기도 한다. 여기에서 중요한 것은 특정 보안 기술은 그 성숙도와 특징에 따라 다른 보안 기술과 상호 보완적으로 쓰일 수 있으며, 동형암호 기술이 발전하게 되면 타 보안 기술보다 더 범용적으로 사용되고 새로운 문제를 해결할 핵심 기술이 될 수도 있다.

├   동형암호가 가지고 있는 단점은?

천정희 교수   안전성 측면에서 동형암호의 단점은 한 단어로 정리하자면 가단성(可鍛性, malleability)이다. 가단성이 없는(nonmalleable) 암호는 복호화키를 가진 사람이 복호화할 때 해당 평문에 대한 정보만 유출된다. 그런데 동형암호는 하나의 평문을 복호화했을 때, 누군가 그 암호 외에 다른 암호문을 변형시켜 질문해도 답을 얻을 수 있기 때문에 복호화하는 과정에서 더 많은 위험과 책임이 생긴다. 그러니까 훨씬 더 조심스럽게 복호화해야 하는 것이다. 예를 들어 인공지능을 훈련시킬 때 다량의 데이터를 주고 암호화된 상태에서 모델을 만들게 될 텐데, 이때 개인 정보가 아니라 계산한 정보를 전달하면서 복호화해 주는 방식의 사용 정책이 필요할 것이라고 본다. 이 부분이 기술을 완성해 나가는 과정에 있어서 또 다른 퀘스트가 될 것이다.

⊢ 암호화는 프로세싱을 못 하게 하는 것이 목적인데, 동형암호는 프로세싱을 가능하게 한다면 안정성을 해치는 것 아닌가?

천정희 교수 동형암호를 하면서 프로세싱의 필요가 생겼으며, 동시에 프로세싱하기 위해 동형암호가 생긴 것이다. 그래서 가단성이 있으면서 동시에 안전할 수 있는 '동형암호'라는 개념을 새로 정리하게 된 것이다. 그렇다면 기존과 무엇이 달라질까? 기존의 가산성이 없는 암호는 어디에 사용해도 안전했지만 동형암호는 그보다 제한된 환경에서 써야 한다. 그런데 그 환경이라는 건 결국 '복호화키를 남용하지 않아야 한다'는 정도다. 즉 기존의 암호는 아주 엄격한 조건 하에 만들었는데, 이제 동형암호라는 성질을 활용하기 위해 기준을 조금 느슨하게 한 것이다. 그렇지만 복호화키가 안전하게 보호하는 동안에 기존의 암호처럼 완전히 안전하다는 점은 동일하다. 참고로 동형암호는 태생부터 이미 양자컴퓨터에 대한 안전성도 갖추고 있다.

├ 동형암호의 연산 속도도 병렬 처리로 어느 정도 성능을 향상시
킬 수 있는가?

안정호 교수 개별 비트가 종속성(dependency)이 있는 것과 달리,
계수들이 독립적으로 연산되는 다항식을 다루기 때문에 컴퓨터
상에서는 병렬 처리가 가능하다. 실제로 2019년쯤에 천정희 교
수가 심드(SIMD, Single Instruction Multiple Data)라는 표현을 제시한
적이 있다. 다항식에서 독립적인 각각의 계수들을 동시에 연산하
기 위해 제안한 개념으로, '암호화된 암호문을 하나만 갖고 있는
것이 아니라 다항식에 각각 집어넣어서 병렬화를 시키자'는 것이
었다. 이것은 문제를 병렬적으로 드러나게 치환하고 그것을 하나
씩 동시에 처리하는 병렬화의 기본 개념과 맞닿아 있는데, 컴퓨
팅 엔지니어링에서 대부분의 성능 개선은 이 병렬성에서 온다.

├ 동형암호가 실용성을 갖출 수 있는 방안은?

안정호 교수 무선 휴대전화에 비유하자면 디바이스에서 바로 연
산하면 배터리가 많이 소모되기 때문에 엣지(edge) 컴퓨팅 환경
에서 연산하여 가져오는 콘셉트가 10여 년 전부터 논의되고 있
었다. 동형암호도 문제를 잘 나누어 암호화·복호화는 모바일 단
말기에서 하고, 대부분의 계산은 엣지 클라우드에서 하게 되면
충분한 실용성과 상업성을 갖출 수 있을 것으로 보인다.

천정희 교수　동형암호의 한계 중에서도 비용에 대한 한계를 생각해 볼 필요가 있다. 보안 측면에서 동형암호가 기대했던 것보다 훨씬 좋은 성과를 보여 주고 있지만, 지금으로서는 기존 컴퓨터에 비해서 느린 것이 사실이다. 그런데 이것을 컴퓨터보다 느리다는 관점에서 봐야 할지, 아니면 아예 새로운 컴퓨터에 적용하고 새로운 기준이 필요하다고 봐야 할지 묻는다면 후자라고 생각한다. 현재 컴퓨터는 비트 단위 처리에 최적화되어 있기 때문에 다항식 단위에서는 불리할 수밖에 없는 플랫폼이다. 그러면 이에 걸맞은 컴퓨터를 다시 만들면 결국에는 차이가 없을 것으로 기대한다. 즉, 궁극적 복잡도(asymptotic complexity)은 같으리라고 보는 것이다.

　물론 이것이 평문 연산보다 빠를 수는 없다. 그러니까 만약 DARPA의 목표처럼 동형암호화했을 때 평문보다 10배쯤 느린 수준을 달성할 수 있다고 하면, 누군가는 그 10배의 비용을 감당해야 한다. 마치 챗GPT 사용료에 본질적으로는 전기료가 대량 포함되어 있듯이, 다른 비용이 숨어 있을 수도 있는 것이다. 실제 계산할 때 드는 전기료나 비용 자체가 통신비를 비롯한 기타 비용에 비해 무시할 만한 수준이 된다면 10배라는 수치가 서비스 총비용에는 영향을 주지 않을 것이라고 생각할 수도 있다. 그렇다면 심지어 동형 계산을 하는 데 있어 사람들이 느끼는 실제 비용은 없을 수도 있다는 것이 그다음 단계의 기대치다.

안정호 교수　챗GPT는 GPT-3.5라는 베이스 모델로 계산하면 1원의 전기 요금으로 대략 단어 수백 개를 만들 수 있다. 그런데 생각해 보면 누군가와 대화할 때 단어 수백 개당 1원이 든다는 것은 상당히 낮은 비용으로, 연산이 그만큼 저렴하다. 연산에 드는 비용이 낮으므로 10배라는 수치에 함몰되기보다 총비용에 주목하면 상당히 많은 응용 기술이 발생할 수 있으리라고 본다.

천정희 교수 굉장히 의미 있는 이야기다. 결국 동형암호에서 계산 복잡도 자체는 같은데 다른 단계에서 몇 배의 차이가 난다. 그런데 새로운 컴퓨터를 만들면 그 차이가 작은 배수가 될 것이다. 그래서 산술 연산에 초점을 두는 것이다. DARPA의 새로운 과제인 가상환경 데이터 보호 프로그램(DPRIVE)에서 만드는 하드웨어가 이를 타깃으로 하고 있어서 내년쯤에는 시제품도 나오지 않을까 싶다. 물론 그것도 끝이 아니라 시작이라고 봐야 할 것이다.

⊦ 프라이버시 이슈가 많은 연합학습(federated learning)에서도 동형암호가 적용될 수 있는가?

천정희 교수 간단하게 답하자면 구체적으로 그런 연구들이 이미 존재한다. 연합학습은 보안 때문에 나온 것이 아니라 컴퓨팅 자원을 아끼려고 등장했고, 사용하다 보니 보안 이슈가 발생한 것이다. 보안은 작은 규모에서는 구현하기 쉽지만 막상 규모를 키우면 깨지는 경우가 대부분이다. 즉 빅데이터가 아니면 연합학습을 포함해서 뭘 쓰든 큰 문제가 없었는데, 전 세계가 다 연결되며 더 많은 데이터가 모이다 보니 웬만한 방법은 소용이 없게 된 것이다. 그래서 이론적으로 안전성이 보장되는 방법을 찾게 되었고, 머신러닝 커뮤니티에서도 암호화에 대해 많은 관심을 갖고 있다.

├ 악의적인 사용자가 잘못된 그레디언트(gradient)를 보내는 비잔틴 공격(Byzantine detection)과 같은 사용자의 악의적 행위를 어떻게 막을 수 있는가?

천정희 교수 암호의 기능은 크게 두 가지다. 무언가를 못 보도록 비밀을 지켜 주는 것과 무언가 맞다는 것을 확인하여 무결성을 보호해 주는 것이다. 이 두 가지는 완전히 별개의 개념이다. 예를 들어 블록체인을 쓰는 것은 동형암호처럼 정보를 보호하는 게 아니라 정보가 맞는지 확인하는 용도다. 비잔틴공격은 정보를 감추는 것이 아니라 어떤 방식으로든 맞는 방향으로 확인하려는 것이기 때문에 동형암호와는 결이 다르지만 무결성 인증 분야에서 다뤄 볼 수 있는 흥미로운 연구일 수 있다. 암호의 역할이 두 가지로 전혀 다르다고는 했지만, 하나를 잘 만들면 다른 쪽으로 쓸 때도 유리하기 때문에 동형암호로 그러한 인증이 가능해지면 조금 더 확장된 용도로 쓰일 수 있을 것이다.

ㅏ 양자 컴퓨팅이 도입되었을 때 프라이빗 인공지능의 장점은?

천정희 교수 일단 양자컴퓨터는 양자의 어떤 성질을 활용하느냐에 따라 다양하게 나뉜다. 대표적으로 IBM이 만드는 퀀텀 게이트 기반의 양자컴퓨터와 구글에서 만드는 퀀텀 어닐링(annealing) 기반의 양자컴퓨터 등이 있다. 구글의 퀀텀 어닐링 기반은 암호 해독과는 무관하고, IBM의 퀀텀 게이트 쪽은 정체되어 있어서 실제 해독에서 어떤 일이 벌어질지 지금으로서는 예측하기는 어렵다.

긍정적인 측면에서 양자컴퓨터가 잘 만들어지면 우선 동형암호의 속도가 빨라질 것으로 기대된다. 양자컴퓨터의 원리도 다항식 연산을 쓰는 동형암호와 비슷한 부분이 있기 때문이다. 동형암호 계산이 어려운 이유를 비유하자면 손으로 뜨개질하기는 쉽지만 포클레인으로 뜨개질하기는 어려운 이유와 비슷하다. 가능하긴 하겠지만 어렵다. 즉 원소 하나를 다루는 것이 아니라 수천 비트짜리 다항식을 한 번에 움직여야 해서 마치 포클레인으로 뜨개질하는 것과 비슷하다. 양자컴퓨터도 전자 하나가 아니라 양자가 가진 여러 정보를 한꺼번에 움직여야 하기 때문에 비슷한 원리를 갖는다. 그래서 다항식을 양자에서 활용할 수 있다면 더 계산이 빨라질 것으로 기대할 수 있다. 한편 계산이 빨라지면 공격 속도도 조금 빨라질 수 있는데, 기하급수적으로 빨라지지는 않을 것이기 때문에 현재까지 나온 이론적 배경으로는 큰 차이가 있을 것 같지 않다. 결론적으로 양자컴퓨터에서의 기능은 역시 많은 다양한 가능성이 열려 있어 앞으로도 계속 지켜보며 다룰 만한 문제다.

├   성능 기준을 낮추더라도 활용 가능한 동형암호의 킬러 애플리케
    이션(killer application)은 없을까?

천정희 교수   응용 면에서 지금 제일 흥미로운 것은 챗GPT다.
우리가 챗GPT에서 질문을 던질 때 그 내용에 대한 보안이 필요
하다. 특히 코딩이나 번역 용도로 사용할 때 기업 기밀이 유출
될 수 있어 보안 문제가 자주 대두되고 있다. 보안 문제를 해결
하기 어려운 이유는 그 내용의 유출 위험성을 구분하는 데 비용
이 너무 많이 들기 때문이다. 그래서 100개의 질문 중에서 위험
한 질문이 한 개라도 섞일 수 있으면 그 100개를 다 쓰지 못하게
한다. 실제 연구 과정에서 이 문제를 해결하려고 시도해 본 결과
아마 10분 정도의 시간이 주어지면 동형암호 적용이 가능할 것
으로 예상하고 있다. 물론 아직까지 속도가 느리다는 문제가 남
아있지만 보안이 중요한 분야에서는 지금도 활용 가능한 수준이
며 이후 계속해서 동형암호 관련 기술이 발전하면 실시간으로도
사용할 수 있을 것이다.
    인공지능의 훈련 단계에서도 유용한 킬러 애플리케이션이
나올 수 있을 것 같다. 만일 암호화된 상태에서 인공지능을 훈련
할 수 있으면 어떨까? 예를 들어 정보 기관에서 비밀 데이터를
학습시켜 업무를 효율화하려 해도 현재로서는 데이터를 클라우
드에 올릴 수 없다. 그런데 동형암호를 쓰면 암호화된 상태의 데

이터를 클라우드에 올려 학습시킬 수 있다. 머신러닝 전문가가 이러한 학습 과정을 설계하고, 암호화된 데이터를 받아 복호화해서 사용하는 것이다. 잘 생각해 보면 이때는 속도가 다소 느려도 큰 문제가 되지 않는다. 더 나아가면 개인 차원에서도 내 이메일을 학습시켜 이메일 답장을 쓰게 한다든지, 강의 노트를 학습시켜 슬라이드를 만들어 주는 방식으로도 사용할 수 있을 것이다. 아직은 가능한 이야기인지 모르겠지만, 이 역시 흥미로운 하나의 응용 사례가 될 수 있다.

ㅏ   머신러닝은 모든 데이터를 기반으로 훈련하는데, 개인 차원에서 사용할 경우 학습의 기반이 되는 데이터의 규모가 작아지면 문제가 되지 않는가?

천정희 교수   그 문제는 전이학습(transfer learning)으로 해결할 수 있다. 일반 데이터로 충분히 학습한 후에 개인 데이터를 바탕으로 파인 튜닝(fine tuning)하는 것이다. 비유하자면 대기업에서 직원을 뽑을 때, 기업 차원의 교육을 초등학생 때부터 시키는 것이 아니라 일반 교육이 끝난 뒤에 기업 데이터를 바탕으로 마지막 한 학기만 교육시키면 되는 것과 비슷하다. 그래서 일반 트레이닝을 평문 상태에서 진행하고 마지막 파인 튜닝만 암호화된 상태에서 진행하면 상당히 빠를 수 있다.

ㅏ　의료나 금융처럼 보안이 매우 중요한 영역에서부터 사용하면 킬러 애플리케이션을 빨리 찾을 수 있는가?

안정호 교수　시장 규모를 키우고 산업의 게임체인저가 될 킬러 애플리케이션을 찾는 것은 어느 분야에서나 어려운 문제이다. 킬러 애플리케이션이 확실한 문제는 시간이 문제일 뿐 이미 답을 찾았다고 볼 수 있다. 다만 어느 시점에 비즈니스 모델이 확실히 자리 잡을지는 아무도 모르는 문제다. 동형암호도 킬러 애플리케이션을 어느 분야라고 특정하기는 어렵다. 이런 상황일 때 다른 국가나 단체에서 킬러 애플리케이션을 발굴하기까지 기다리는 것이 우리나라가 지금까지 해 왔던 패스트 팔로워(fast follower) 전략이다. 우리는 이제 팔로워에서 벗어나 퍼스트 무버(first mover)가 되어야 한다. 유망 기술이 명백함에도 불구하고 모두가 동의할 만한 비즈니스 모델이 당장 존재하지 않는다는 이유로 연구개발을 멈추어서는 팔로워에서 벗어날 수 없다.

천정희 교수　의료나 금융 분야에서도 동형암호에 대한 관심이 많다. 어찌 보면 이미 킬러 애플리케이션이 등장할 가능성이 충분한 상태라고 볼 수 있다. 의료 데이터를 보호하면서 프로세싱하는 기술이 있느냐고 물었을 때 동형암호 이외에 선택권이 별로 없다. 대표적인 예가 우리의 유전체를 기반으로 한 여러 연구 중 하나인 전체유전체 상관분석연구(GWAS, Genome-Wide Association Study)이다. 이 유전체는 절대 유출되어서는 안 되고, 데이터가 매우 크며 오랫동안 보관되어야 한다. 그래서 이 부분은 동형암호가 해결할 수 있는 동시에 동형암호 외에는 대안이 없는 애플리케이션이기도 하다.

　　의료 데이터를 분석하여 새로운 치료법을 개발하려 해도, 여러 병원에서 데이터를 공유하는 것은 대부분의 국가에서 엄격하게 제한되고 있다. 이때 데이터를 암호화해서 공유하고 학습할 수 있다면 여러 사례를 바탕으로 새로운 치료법을 개발할 수 있는 좋은 애플리케이션이 될 것이다. 물론 산업적으로 쓰이기 위해서는 더 다양한 분야의 협업이 필요해 시간이 걸리겠지만 추후에는 이러한 방향으로 유용하게 쓰일 수 있을 것이라고 본다.

ㅏ　동형암호 가속 하드웨어가 CPU에서 GPU로, 또 HPU로 발전한다고 했을 때 HPU의 가능성은?

안정호 교수　어떤 응용 프로그램을 가속하는 문제가 있을 때 수요가 많지 않으면 CPU로 풀고, 더 많으면 GPU로 풀며, 그게 잘 안 되면 FPGA(Field Programmable Gate Array)라는 다른 기술을 쓸 수 있다. 만약에 동형암호 수요가 더 늘면 동형암호에 특화된 가속기 하드웨어를 새로 만들어서 풀면 된다. 기술이 만들어져야 수요가 생길 것인지, 수요가 있어야 기술을 개발할 수 있을 것인지는 그야말로 닭이 먼저인지, 달걀이 먼저인지 묻는 문제라고 할 수 있다. 지금은 동형암호보다 구글의 인공지능 알고리즘 가속 기술인 TPU(Tensor Processing Units)가 유명한데, TPU는 구글이 새로운 인공지능 알고리즘을 만들었을 때 이에 최적화된 가속기를 신속하게 개발하고자 만든 개념이다. 동형암호도 이와 마찬가지로, 수요가 발생한 순간 구현하기까지 6개월이 걸릴지 1년이 걸릴지 모르겠지만, 그만큼의 시간 안에 개발할 수 있도록 준비할 수 있다. 수요가 언제 발생할지가 근본적인 문제이므로 동형암호 응용 기술의 완성만 기다리기보다는 많은 이들과 함께 그 방법을 찾아볼 수 있었으면 한다.

├ 인공지능 모델을 학습시킬 때 각기 다른 방식으로 매핑된 암호문을 일관된 방식으로 학습시키는 방안은 어떤 영역에서 해결할 수 있는가?

천정희 교수 동형암호화된 큰 금고에 서로 다른 키로 암호화된 암호문을 모두 넣으면 키가 금고 안에 들어 있는 상태이기 때문에 그 안에서 모두 연산된다. 즉 각기 다른 키라고 해도 연산하는 데 지장이 없다. 참고로 동형암호가 패턴을 어떻게 찾을지 계산을 의인화해서 생각하면 해결되지 않는다. 프로그램은 그냥 명령어를 수행하는 것이다. 개념적으로는 모든 프로그램, 모든 컴퓨터가 하는 일은 한 소프트웨어 프로그램 혹은 다항식이라고 생각하면 된다. 그리고 이제는 인공지능 연구자와 암호 연구자 둘 다 필요하다. 챗GPT와 같은 머신러닝을 암호화된 상태에서 구현하는 방법은 연구하고 있지만, 그건 동형암호를 가정하고 만들어진 최적의 알고리즘이 아니다. 현재 컴퓨터에서 쓰이는 함수가 동형암호에서도 좋을지, 혹은 이전과 전혀 다른 함수를 써야 할지는 인공지능 연구자들과 함께 고민해야 할 것 같다.

├ 연산할 때 쓰이는 상수 자체는 어떻게 암호화하나?

천정희 교수 저금통으로 비유했듯이 암호화시키는 것은 비밀 정보가 없어도 가능해서 연산용 상수도 금고에 넣어 계산한다. 암호문끼리의 연산만 가능한 것이 아니라 금고 안에서 평문을 넣는 방식으로 암호문과 평문의 계산도 가능하다. 실제로는 대칭키 동형암호도 비슷하게 구현할 수 있다.

├ 스마트 컨트랙트(smart contract)에서는 모든 데이터를 공개하기 때문에 보안에 민감한 정보를 다루기 어려운데, 여기에 동형암호를 적용한다면?

천정희 교수 흥미로운 아이디어인데 현재는 블록체인을 연구하는 것에 더해 동형암호까지 연구하기 어렵다는 한계가 있다. 지금 스마트 컨트랙트에서 계산을 하지 않으면 영지식 증명(Zero-knowledge proof), 즉 상대방에게 어떤 사항이 참임을 증명할 때 정보를 노출하지 않고 반복을 통해 증명하는 기술로 충분한데, 데이터를 계산하면서도 보호하려면 동형암호가 필요할 것 같다는 전제 하에 실제로 몇몇 시도가 있었다. 아직은 초기 단계이기 때문에 이 방향으로 발전된다면 좋은 결과가 있을 것 같다.

├   연구를 진행하면서 개인적인 좌절이나 극복의 경험이 있다면?

천정희 교수   4세대 동형암호 기술을 발표한 것은 2017년 12월 이지만, 실제로는 2015년 12월 24일에 만들었다. 날짜를 정확히 기억하는 이유가 있다. 연구실 학생에게 문제를 제시하고 풀어 보려 했는데 반년 동안 진전이 없었다. 12월 24일 후에는 일주일 동안 연구실이 휴가 기간이 주어졌는데, 휴가 전에 해결해야 한 다는 부담감이 있었는지 휴가 직전에 극적으로 문제가 해결되었 다. 그래서 기쁘게 논문을 제출했는데 출판 거부(reject)가 되었다. 정말 어려운 문제를 풀었기 때문에 당연히 통과될 것이라고 생 각했는데 뜻밖의 결과였다. 학생에게 걱정하지 말라면서 다시 논 문을 냈는데 또 거부됐다. 그렇게 2년 동안 무려 네 번이나 떨어 졌다. 그쯤 되니까 모두가 풀이 죽고 좌절했는데 우연한 기회가 찾아왔다. 암호화된 상태에서 유전체 계산을 하는 iDASH라는 대회가 있었는데, 거기에서 1등을 하고 난 후에 논문이 무사히 통과되었다. 실제로 논문을 쓰다 보면 떨어지기도 하고 어려운 일도 많겠지만, 힘겹게 통과된 사람들이 과제에 진중하게 접근하 다 보니 나중에는 더 잘되는 경우가 많다. 그 과정에서 더 좋은 논문이 나올 수 있으니 너무 좌절하지 않길 바란다.

안정호 교수   나는 천정희 교수와 처음으로 같이 쓴 논문이 일 곱 번이나 거부됐다. 그 후에는 네다섯 개의 논문이 연속으로 통 과됐지만, 우리 학생 중에도 논문 통과에 애를 먹는 경우가 있었 다. 이처럼 이 분야의 연구를 가치 있게 평가해 주는 곳이 드물

긴 하다. 엄청난 성능이 보장되지만 그렇다고 새로운 컴퓨터를 제안한 것은 아니기 때문이다. 그래서 마음이 아프기도 하고, 동시에 우리가 후속 세대를 위해 새로운 장을 마련해 줘야 한다는 의무감도 있다.

불로장생(不老長生), 즉 '노화(老化, aging)의 극복'은 동서양을 막론하고 모든 인류가 오랜 시간 염원해 왔던 주제이며, 역사와 픽션을 통틀어 수없이 통용되는 주제이기도 하다. 노화는 어떻게 정의할 수 있으며, 과연 과학적으로 극복 가능한 현상일까? 노화 세포가 인체 각 조직(tissue)에 노화를 전파하는 메커니즘을 이해하고 제어할 수 있다면 노화와 관련된 많은 질환을 치료할 수 있는 새로운 돌파구가 열릴 것이다. 노화 전파의 메커니즘을 과학적, 실험적으로 해석할 수 있을까?

9장

항노화기술:

노화 세포를 탐색하고,
제어할 수 있을까?

김광일 서울대학교 의과대학, 분당서울대병원 노인병내과 교수

수술 후 예후를 예측하는 '노인포괄평가'를 국내 최초로 개발하여 의료 현장에 도입했다. 혈관 노화와 노인성 질환의 상관관계를 연구하는 등 노인의학 발전에 기여하였다. 그 공로를 인정받아 2020년 보건복지부 장관표창을 받았으며 ICT 기반의 비대면 의료 협진을 주제로 2022년 보건의료 R&D 우수성과 사례에 선정되었다. 그뿐만 아니라 〈네이처〉에서 발행하는 국제 학술지 〈Scientific Reports〉, 〈네이처〉의 파트너 저널 〈npj Digital Medicine〉, 노인의학 분야 국제 학술지 〈BMC Geriatrics〉의 편집위원으로 활동 중이다. 분당서울대병원에서 20년간 노인 환자를 진료하였으며 2018년부터 동 병원 노인의료센터장, 대한노인병학회, 대한고혈압학회, 대한심뇌혈관약물치료학회 이사로 활동하고 있다.

강찬희 서울대학교 생명과학부 교수

스트레스 반응과 노화를 중점으로 연구하고 있다. 2017년 포스코 청암재단 포스코 사이언스 펠로, 2017년 서경배과학재단 신진과학자, 2022년 삼성미래기술육성재단 과학자로 선정되어 노화 조절 네트워크를 끊임없이 연구하여 사회에 공헌하고 있다. 노화 연관 염증 반응의 핵심 조절자의 동정, 노화 세포의 특성을 유지하는 선택적 오토파지 네트워크 구축, 오랜 기간 동안 베일에 싸여있던 콜레스테롤의 노화 조절 기전 규명 등이 그 예이다.

김광일 교수

노화란 무엇이고
어떻게 극복할 수 있을까

노화가 무엇인지, 노화는 질병인지 아닌지, 노화를 극복할 수 있는지 등에 대해서는 여러 가지 논쟁이 진행 중이다. 예를 들어 세계보건기구(WHO)는 2018년 '노령(old age)'에 질병 코드를 부여하는 것을 제안하였으나, 논란 끝에 "노화에 의한 기능감퇴(aging associated decline in intrinsic capacity)"를 질병분류체계에 추가하는 것으로 결정하였다.

노화를 과학적으로 접근하게 된 역사는 그리 길지 않다. 현재까지 노화를 극복하기 위한 시도는 어떤 것들이 있었으며, 아직까지 노화에 대해 가시적인 해결책을 제시할 수 없었던 이유는 무엇인지, 그리고 노화를 극복하기 위해서는 어떠한 문제점을 극복해야 하는지 알아보고자 한다.

임상적, 의학적 측면에서 보는 노화

사람은 태어나면 반드시 늙고, 병들고, 죽는 '생로병사'를 겪는다. 모든 인간이 피할 수 없는 운명이지만 신화나 역사를 살펴보면 이러한 노화나 죽음을 회피해 보고자 하는 많은 시도가 있었다. 메소포타미아 신화에서 길가메시는 노화와 죽음을 극복하기 위해 노력했으며, 중국의 진시황제가 불로초를 찾아 헤맸다는 이야기는 노화를 극복하려 했던 대표적인 사례다. 최근에는 브라이언 존슨(Bryan Johnson)이라는 소프트웨어 기술 사업가가 노화를 극복하려는 목적으로 아들의 혈액을 수혈받기도 했다. 이뿐 아니라 제프 베이조스(Jeff Bezos), 무함마드 빈 살만(Mohammed bin Salman bin Abdulaziz Al Saud), 샘 알트만(Sam Altman) 등 세계 각지의 많은 부자들이 노화 연구나 회춘 연구에 대해 막대한 연구비를 투자하고 있다. 많은 분야에 인류가 해결하지 못한 그랜드 퀘스트가 있지만, 가장 오랫동안 노력하였으나 아직까지 해결하지 못한 난제가 바로 노화가 아닐까 싶다.

노화는 인간뿐 아니라 모든 생명체가 경험하지만, 그 패턴은 굉장히 다양하다고 알려져 있다. 예를 들어 한볼락(Rougheye rockfish, Sebastes aleutianus)이라는 물고기는 노화가 진행되지 않은 채로 약 200년 정도를 산다. 반대로 연어는 산란 이후 노화의 과정 없이 바로 죽어 버린다. 이러한 양극단의 사례에서 볼 수 있듯, 노화가 발현되는 과정은 일률적이지 않다. 그렇다면 인간의 노화는 구체적으로 무엇이며, 어떤 형태로 발현되는 것인지 살펴보자.

1) 노화의 정의와 특징

노화(aging)란 '시간이 흐름에 따라 세포에 손상(molecular and cellular damage)이 축적되어 신체적, 정신적 능력이 감퇴하고 질병에 취약해지는 비가역적인 현상'을 말한다. 산화스트레스(oxidative stress), 염증(inflammation), 혹은 그 밖의 다양한 손상이 노화를 초래하거나 촉진할 수 있다. 이와 동시에 손상을 입은 세포를 고칠 수 있는 능력이 떨어지는 것도 노화의 진행에 영향을 준다. 세포 손상이 축적되거나, 손상된 세포를 복구할 수 있는 능력이 감퇴하면 노인에게 흔히 보이는 노쇠(frailty), 장애(disability), 그리고 다양한 노인성 질환(disease)이 발생하며 임상적으로 여러 문제가 나타나게 된다. 노화는 질병에 이환될 위험성을 증가시키며 궁극적으로는 사망에 이르는 결과를 초래하기 때문에 여러 만성 질환의 공통된 위험인자이다.

2) 노화의 기전

그동안 노화의 기전에 관한 많은 연구가 있었다. 10년 전에도 "노화의 징표(hallmarks of aging)"에 관한 논문이 발표된 바 있고, 2023년에는 기존 9가지 노화의 징표에 자가포식장애(disabled autophagy), 만성염증(chronic inflammation), 장내미생물총 불균형(dysbiosis)의 3가지가 추가된 12가지가 노화의 징표로 제시되었다.

노화는 염증(inflammation), 줄기세포 소진(stem cell exhaustion), DNA 손상, 미토콘드리아 기능장애(mitochondrial dysfunction), 텔로미어 손상(telomere attrition) 등 여러 원인에 의해 시작되거나 가속된다. 특히 노화는 하나의 기전만 작용하는 것이 아니라 여러 기전이 서로 밀접하게 영향을 주고받으면서 진행된다. 노화의 결과로 노인 환자들은 외부 변화에 적절하게 대응할 수 있는 능력이 감퇴되고, 항상성 유지 능력이 줄어들며, 스트레스에 취약해져서 질병에 대한 감수성이 증가한다. 또한 손상 후 회복하는 능력인 회복 탄력성(resilience)이 줄어들면서 더욱 노쇠해지고 의존적인 상태에 빠져 질병에 취약해진다. 임상의학적 관점에서 노화는 개체의 기능을 떨어뜨리고 질병에 취약해지는 데 핵심적 역할을 하는 위험 요인이다. 특히 노화는 하나의 장기에 국한된 변화가 아니라 우리 몸 전체에 영향을 주기 때문에 노화에 의한 질병 취약성은 여러 질병에 걸릴 위험성을 높여 노인들은 여러 만성 질환을 동시에 가지고 있는 경우가 흔하다. 이런 특성을 '다중이환(multimorbidity)'이라 하는데 젊은 사람의 경우 단일 질환에 대한 치료에 집중하면 되는 것에 비해 노인들은 동반된 모든 질환에 미치는 영향을 고려하며 치료해야 하기 때문에 치료에 따른 합병증이 많고 치료 결과가 좋지 못한 근본적인 원인이 된다.

3) 노화의 패턴

노화의 패턴은 크게 세 가지 정도로 나눌 수 있다.

첫 번째는 병적 노화(pathologic aging)이다. 허리가 굽거나 조금만 걸어도 숨이 차고, 시력이 약해지며 기억력도 가물가물해지는 등 흔히 나이가 들면 나타나는 현상이라고 했을 때 떠올릴 수 있는 모습들이 바로 여기에 해당한다. 이러한 증상은 노화 자체가 아니라 노인성 질환에 의한 경우가 많다. 노화에 대한 중재 방법이 없음에도 불구하고 과거에 비해 노인의 건강 수준이 향상되며 80세 이상의 후기 고령자들이 늘어나는 주된 이유는 노인성 질환에 대한 진단과 치료가 발전했기 때문이다. 예전에는 나이가 들면 허리가 굽고 보행에 불편함을 느끼는 것이 당연하다고 생각했지만, 노인에서 흔히 관찰되는 골다공증에 대한 진단과 치료법이 개선되면서 골절이 줄어들어 고령에도 불구하고 허리를 꼿꼿하게 펴고 걸을 수 있게 되었다. 허리를 꼿꼿이 세우고 걷는 고령 인구가 늘어나게 된 것에서 볼 수 있듯이 병적 노화는 질병 치료로 예방할 수 있다.

두 번째는 일반적 노화(usual or normal aging)다. 특별한 질병은 없지만 신체 및 인지 기능이 조금씩 떨어져 가는 경우다. 아직은 그 원인을 명확하게 밝히지 못하고 있으나, 노화에 관여하는 여러 기전이 원인이 되는 것으로 생각하고 있다. 세 번째로는 100세 넘게 장수하는 초장수인에서 관찰되는 성공적 노화(suc-cessful aging)의 유형도 있다. 이들에게는 단지 장수하는 것뿐만 아니라 건강하고 활동적인 삶을 오랜 기간 유지하고 있다는 특징이 있다. 고혈압, 당뇨병, 치매와 같은 노인성 질환도 앓지 않으며 암이나 혈관성 질환에 걸려도 잘 회복하는 특징을 보인다. 초장수인 가족 중에는 장수를 누리는 사람이 많으며 노인성 질환의 유병률이 낮다는 현상이 흔히 관찰된다. 성공적인 노화는 삶의 마지막에 겪게 되는 이환(罹患) 기간이 짧다는 특징을 보이며 이를 '이환 기간 압축(compression of morbidity)'이라고 한다. 성공적 노화는 유전적 특성이나 환경적 요인이 관여할 것으로 여겨지고 있으며, 이에 관하여 여러 연구들이 수행되고 있다.

이와 같이 세 가지로 노화의 패턴을 분류하는데, 노화의 기전을 연구하는 일부 전문가들은 성공적 노화가 정상이라고 주장하기도 한다. 즉, 노인성 질환에 대한 치료가 성공적으로 이루어지면서 병적 노화를 경험하는 사람들이 줄고 건강 수명이 연장되었듯이 노화 연구가 결실을 본다면 모든 사람이 100세 이상까지 건강하게 살다가 짧은 이환 기간을 겪고 사망하는 일이 가능할 것이라고 보는 것이다.

노화과학(geroscience) 연구의 필요성과 한계

현재까지 임상 의학은 노인성 질환에 대해 개별 질환을 진단하고 치료하는 것으로 접근하였다. 여러 질환을 앓고 있는 노인들의 경우, 각각의 질병을 개별적으로 진단받고 치료한다. 그러다 보니 환자는 여러 진료과에서 진료를 받게 되어 복용하는 약의 개수는 많아지고, 의료비는 급증하는 것이다. 전문화된 진료는 개별 질환에 대한 치료 성적을 향상시켰지만 노화로 인해 여러 만성 질환에 이환된 노인 환자에 대한 각개전투형 접근 방식은 경제적인 측면에서 비용을 낭비하고 불필요한 의료 이용이 증가하는 등 비효율적이라는 문제점이 드러나고 있다.

이에 대한 근본적인 해결책은 노인성 질환의 원인이 되는 '노화'를 직접 중재하는 방법을 개발하는 것이다. 즉, 노화에 대한 적극적이고 효과적인 중재법을 통해 노인성 질환이 생기지 않도록 예방하여 건강 수명을 연장하는 것이 노화과학(geroscience)의 기본적인 목표이다. 노화과학이 발달하면 노화에 의해 여러 질병이 생기기 이전 단계에 중재가 이루어지기 때문에 질병이 생기는 시점을 늦출 수도 있고, 혹은 아예 질병이 생기지 않게 할 수도 있다. 기본적으로 수명이 늘어나되, 건강한 상태를 더 오래 연장하게 되어 단순한 수명 연장에 그치지 않고 '건강수명의 연장'이 현실적으로 가능해지는 것이다.

노화과학은 신약 개발을 통해 중재가 이루어지게 되는데, 신약을 개발한다는 것은 굉장히 어려운 일이다. 실험실 연구나 전임상 동물 실험에서 효과적인 신약 후보 물질을 발굴했다 하더라도, 실제 임상시험에 진입하기 전에 '죽음의 계곡(valley of death)' 단계를 넘지 못하는 일이 많이 생긴다. 혹시라도 이 험난한 과정을 통과했다고 해도 임상시험에서 예기지 못한 부작용이 확인되면 그동안 투자된 엄청난 연구비는 회수하지 못할 뿐 아니라 사업적으로도 커다란 손실이 발생하게 된다. 질환에 대한 신약 연구도 이렇게 어려운데, 노화를 중재하는 신약을 개발한다는 것은 상당한 모험일 수밖에 없다. 현실적으로 웬만한 제약 회사에서는 절대 도전할 수 없는 과제일 것이다.

그렇다면 어떤 대안을 고려할 수 있을까? 노화과학에서는 '약물재창출(drug repurposing)'이라는 전략에 중점을 둔다. 현재 다른 질환에 대한 치료제로서 임상에서 사용되고 있는 약물은 안전성 측면에서 이미 검증되었기 때문에, 그 약물 중에서 노화 기전을 조절할 수 있는 효과를 확인할 수 있다면 이를 이용하여 노화를 중재하자는 것이다. 실제로 현재 면역 억제제로 쓰이는 라파마이신(Rapamycin)이나 혈액암에서 쓰는 항암제 계열인 세놀리틱스(Senolytics), 그리고 당뇨약 메트포민(Metformin) 등 다양한 약제를 약물재창출 전략의 대상으로 고려하고 있다. 아직까지 노화가 질환으로 분류되지는 않았기 때문에, 무엇보다 약물적인 중재에 있어 안정성을 염두에 두며 접근법을 찾고 있는 셈이다.

　　노화 연구의 또 다른 어려운 점은 연구 기간에 관한 문제다. 암이나 심혈관 질환, 뇌혈관 질환 등 질환에 대한 임상시험은 길어도 5년 이내에 원하는 결과를 얻을 수 있다. 그런데 노화 중재 연구를 한다면 효과에 대한 평가를 위해서는 수십 년이 필요할 것이다. 연구 기간의 연장은 연구비 증가로 이어지기 때문에 약물 개발 단계에서 감당하기 어렵다. 장기적 임상 연구를 설계하고 수행한다는 것은 어려운 문제이기 때문에, 중재 효과를 신속하게 평가할 수 있는 바이오마커(biomarker)를 정의하는 것이 중요하다. 이러한 필요에 의해 노화의 징표 열두 가지 요소와 장기의 노화를 평가하는 지표를 중심으로 노화 연구에서 활용될 수 있는 바이오마커를 정의하고자 노력하고 있다. 노화의 진행 정도와 중재 효과를 잘 반영할 수 있는 바이오마커를 활용하면, 특정 약물의 노화 중재 효과를 빠르게 확인할 수 있다. 또한 노화로 인한 손상이 두드러지게 나타나는 표적 장기(콩팥, 심장, 뇌)의 손상을 반영하는 바이오마커를 평가함으로써 노화로 인한 질병의 진행 여부를 파악하는 데도 도움이 된다.

노화 연구 개발의 현황과 사례

　　많은 노화 연구가 있었지만 그중 열량 제한이 노화를 늦추고 수명을 연장하는 데 도움을 준다는 결과를 살펴볼 필요가 있다. 이는 영장류에서 수명 연장을 확인한 유일한 중재 치료이기 때문이다. 영장류인 원숭이를 대상으로 실험했을 때 섭취하는 열량을 30% 줄이면 수명이 늘어난다는 것을 확인할 수 있었다.[1] 게다가 열량 제한은 수명을 연장할 뿐 아니라 노화와 동반되는 근골격계 변화, 대사성 질환(당뇨병)과 암 등 질환 발생률도 감소시켰다. 하지만 섭취하는 열량을 30% 정도를 줄이기란 쉽지 않다. 성인이 하루 3,000kcal 정도의 열량을 섭취하는 것을 기준으로 삼으면 약 2,000kcal 정도로 음식 섭취량을 줄이고 식단도 샐러드를 비롯한 건강식으로 바꾸고, 술과 디저트를 포기해야 하는 등 실행하기 쉽지 않은 식단을 장기간 유지해야 한다.

그렇다면 음식을 많이 섭취하더라도 적게 먹은 것과 같은 효과를 낼 수는 없을까? 이에 대한 답을 찾기 위해 열량을 제한했을 때 나타나는 변화와 수명 연장 효과가 나타나는 기전을 파악하여 열량 섭취를 제한하는 것과 같은 효과를 보이는 약(caloric restriction mimetics)을 개발하기 위해 노력하고 있다. 그중에서 안전하면서도 효과가 기대되는 것은 메트포민이다. 메트포민은 당뇨병에서 1차 약제로 사용되는데, 효과가 좋고 안전한데다 저렴하다. 메트포민은 생체 에너지 대사를 조절하는 AMPK(AMP-activated kinase)를 활성화시키고 포유류 라파마이신 표적 단백질(mTOR, mammalian Target Of Rapamycin)을 억제하여 세포 및 DNA 손상을

---

1   Ricki J Colman et al., "Caloric Restriction Delays Disease Onset and Mortality in Rhesus Monkeys", 〈Science〉(2009), 325(5937)

줄이고, 산화 스트레스, 염증, 세포 노화 등 노화의 징표에 해당하는 여러 기전을 조절함으로써 노화를 억제할 수 있다는 결과들이 제시되고 있다. 이러한 근거를 바탕으로 미국 국립보건원에서 'TAME(Targeting Aging with Metformin)'이라는 임상시험을 준비하고 있다. 질병을 치료하는 것이 아니라 노화를 대상으로 한 중재 효과를 검증하기 위한 임상시험으로 메트포민 사용이 노화로 인한 암, 치매, 심혈관 질환 등의 질환 발생을 줄이고 사망을 억제할 수 있는가를 확인하고자 하는 연구이다. 65세 이상 3천 명을 등록하여 6년 동안 추적 관찰하는 연구이며 그 결과가 발표되면 노화를 대상으로 하는 중재의 임상적 효과를 확인할 수 있을 것이다.

노화를 중재할 수 있는 또 다른 방법으로 최근 주목받고 있는 것은 세포 노화(cellular senescence) 개념에 기반한 노화 치료제(senotherapeutics)다. 세포를 배양하면 어느 시기를 넘어섰을 때 더 이상 성장과 분열을 하지 않게 된다. 이러한 특성을 보이는 세포를 '노화 세포(senescent cell)'라고 한다. 젊었을 때는 면역 체계가 이를 제거하기 때문에 몸속에 쌓이지 않는데, 나이가 들면 우리 몸에 이러한 노화 세포가 제거되지 않아 점점 늘어난다. 노화 세포에서는 여러 물질이 분비되어 주변 세포로 노화를 전파한다. 노화 세포가 쌓이면서 노화가 진행되기 때문에 노화 세포를 줄이면 젊어질 수 있다고 보는 것이다. 특히 티로신인산화효소 억제제(tyrosine kinase inhibitor)인 다사티닙(dasatinib)이나 PI3K/AKT 억제제인 퀘르세틴(quercetin)을 사용하여 항암 치료와 같이 주기적으로 반복 투여하였을 때 효과적으로 노화 세포를 제거하고 특발성 폐섬유증, 알츠하이머 치매 등의 질환을 앓는 환자에게 큰 부작용 없이 사용할 수 있다는 논문들이 발표되어 관심을 받고 있다. 현재 특정 질환 없이 건강한 노인 또는 노쇠한 노인 등을 대상으로 하는 임상시험이 준비 또는 진행 중에 있어 그 결과가 향후 항노화 전략에 있어 중요한 방향을 제시해 줄 수 있을 것으로 기대해 본다.

노화 연구에서의 실패 사례

앞선 연구에 있어 유의미한 결과가 나온 사례들도 있지만 당연히 실패 사례도 존재한다. 향후 발전을 위하여 기존의 실패 요인을 살펴보고 전략을 고민할 필요가 있다.

첫 번째는 여성 호르몬인 에스트로겐(estrogen)을 보충하여 노화를 억제하고자 했던 시도다. 과거에는 나이가 들어 노화되는 현상을 보면서 몸에서 무언가 빠져나갔기 때문에 이를 보충하면 다시 젊어질 수 있다고 생각했다. 그래서 실제로 젊었을 때보다 부족해지는 호르몬이나 줄기세포 같은 것을 다시 보충해 주는 항노화 전략이 주목받았던 적이 있다. 특히 여성은 폐경 이후에 에스트로겐이 급격히 줄어들며 에스트로겐이 가지는 긍정적인 효과가 줄어들고 고혈압, 골다공증, 심뇌혈관 질환 등이 급격하게 증가한다. 이런 이유로 폐경 전까지는 여성이 남성보다 건강하지만 폐경 이후에는 고혈압, 심혈관 질환이나 뇌혈관 질환, 골다공증, 치매 등의 여러 문제가 여성에서 급격하게 증가하며 건강 상태가 역전되는 현상이 나타난다. 에스트로겐 부족에 의한 노화의 가속화와 노인성 질환의 발생을 예방하기 위해 에스트로겐을 보충하여 문제를 해결하려고 했고 실제로 동물실험 및 소규모 임상시험에서는 매우 효과가 좋았다.

그런데 2002년에 미국 국립보건원에서 지원한 'Women's Health Initiative'라는 연구 결과를 보면 놀랍게도 에스트로겐을 보충했을 때 유방암, 심혈관 질환, 뇌혈관 질환이 거의 30% 이상 늘어났고 혈전 발생 가능성은 두 배가량 증가했다. 기존 소규모 연구에서는 좋은 효과를 보였는데 대규모 임상시험에서는 정반대 결과가 나타난 것이다. 이 연구 결과를 근거로 미국예방정책국 특별위원회(USPSTF, U.S. Preventive Services Task Force)에서는 건강한 폐경 여성에게 호르몬 보충요법을 '하지 말라'고 권고하고 있다. 이러한 뜻밖의 결과가 나온 이유는 젊은 신체와 노화된 신체의 특성이 다르기 때문으로 보인다. 에스트로겐이 암이나 혈전 생성 위험성을 높인다 해도 젊은 사람들에게는 큰 문제가 되지 않는데, 폐경 이후에는 그 부작용이 더 위험하게 나타날 수 있는 것이다. 나이 들면서 부족해지는 물질을 보충해 주는 것만으로는 항노화 효과를 기대하기 어렵고 오히려 예기치 못한 부작용이 생길 수도 있다는 점을 고려해야 한다.

두 번째는 노화과학의 관점에서 중재 치료는 하나의 노화 기전에 대한 중재를 통해 다양한 효과를 기대해 볼 수 있다. 하지만 하나의 기전이 아니라 여러 기전이 작용하는 질환의 경우, 단일 중재 치료의 효과는 미약할 수밖에 없다. 예를 들면 고혈압은 혈압을 높이는 여러 기전이 관여하기 때문에 하나의 약제만으로는 효과적으로 혈압을 조절하기 힘들고 여러 약제를 병합하여 사용해야 한다. 노화도 단일 기전에 의해 나타나는 현상이 아니기 때문에 노화에 관여하는 여러 기전에 작용하는 중재 약물을 어떻게 병합하여 사용할 것인가 하는 전략이 필요할 것이다.

노화 연구에 선행되어야 하는 질문

앞으로 노화 연구가 활성화되고 노화를 중재하고자 하는 시도가 가능해지려면 다음의 네 가지 질문에 대한 답이 필요하다.

첫 번째로는 '누구를 대상으로 할 것인가'에 대한 문제다. 질병에 대한 치료는 그 질병이 있는 사람을 대상으로 하므로 이에 대한 답이 분명하다. 하지만 노화 중재의 대상을 누구로 할 것인가에 대해서는 고민이 필요하다. 모든 사람을 대상으로 할 것인지, 노화가 막 급격히 진행되기 시작한 사람이나 노화로 인해 임상적인 문제가 나타나기 시작한 사람을 대상으로 할 것인지 등 핵심 타깃에 대한 고민이 앞으로도 많이 필요할 것으로 보인다. 두 번째는 노화 중재의 다양한 방법 중에서 어떤 것을 선택할 것인지, 혹은 어떤 조합을 사용할 것인지에 관한 질문이다. 세 번째로는 언제 시작할 것인가에 대한 문제다. 노화가 시작되는 초기에 중재를 시작할수록 효과적이겠지만 평생 유지해야 하는 노화 중재의 특성을 고려했을 때 적정 시점을 결정하는 것은 치료 효과뿐 아니라 비용-효용성 측면에서도 중요한 문제이다. 마지막으로 무엇을 목표로 할 것인지 고려해야 한다. 노화 중재를 통해 수명 연장 또는 불로장생을 기대하기도 하고, 노화를 억제함으로써 젊음을 유지하고 싶은 사람도 있을 것이다. 노화로 인해 발생하는 노인성 질환을 예방하여 건강하고 활기찬 노년 생활을 누리는 것이 목표가 될 수도 있다. 각자 기대하는 바가 다르기 때문에 어떤 목표를 지향하고 노화 중재 연구를 해 나아갈 것인지에 대해서도 고민이 필요할 것이다.

노화는 오랫동안 인류가 지닌 큰 난제였지만 노인 질환이나 노화에 관한 과학적 연구는 상당히 최근에서야 시작되었다. 앞으로 노화라는 난제에 대한 과학적 접근이 하나의 실마리가 될 수 있지 않을까 싶다. 다른 분야에서 더 많은 투자가 이루어지고 또 가시적인 발전을 금방 보일 수도 있지만, 노화 연구 분야는 아직 시작 단계이고 연구 역량이나 기술적인 측면에서 선도국가에 비해 크게 뒤처져 있지 않다. 따라서 앞으로 분야를 선도해 나가는 개척자가 될 수도 있다. 현 단계에서의 다양한 고민과 시도가 인류의 미래를 바꿀 수 있는 중요한 시발점이 되기를 기대한다.

강찬희 교수

노화 세포를 탐색하고 제어할 수 있을까

영화 〈벤자민 버튼의 시간은 거꾸로 간다〉를 보면, 영화의 주인공이 40년이라는 시간을 거슬러 올라가 젊어지는 모습이 그려진다. 영화처럼 나이를 거꾸로 먹진 않더라도, 실제로 노화를 막는 것은 인류의 오래된 관심사였다. 최근에는 노화를 억제하거나 늦추기 위한 과학적인 연구도 많이 이루어졌다. 덕분에 노화 세포를 중심으로 노화 제어의 가능성을 발견하기도 했지만 동시에 아직 답을 찾거나 극복해야 하는 난제들도 다수 남아 있다.

노화를 제어하기 위해 알아야 하는 요소

우리가 노화를 제어하는 방법을 알기 위해서는 우선 인간이 어떻게 늙으며 왜 늙게 되는지, 즉 노화의 특징과 원인이 무엇인지 알아야 한다. 그중에서 노화의 특징은 크게 두 가지로 나뉜다. 노화를 제어하기 위해 되돌릴 수 있는 요소인 '회춘 요소', 그리고 신체가 노화함에 따라 다른 요소들을 지속적으로 악화시키는 '노화 요소'다.

각각의 회춘 요소와 노화 요소에 대하여 파악하여 이를 제어하는 방법을 안다면 노화 연구에 큰 도움을 받을 수 있을 것이다. 대표적으로 2013년 "노화의 징표(hallmarks of aging)"라는 논문에서는 노화의 특징을 다음의 아홉 가지로 정리했다.[1]

노화가 진행될 때 생기는 변화를 살펴보면 첫 번째, 유전체 불안정성이 증가한다. 유전자 염색체의 구조 변화, 유전자의 돌연변이, 또는 전이 인자들의 재활성화에 의해 유전체의 불안정성이 야기된다. 이는 유전자 발현에 악영향을 끼치고 이로 인해 노화가 일어날 수 있다.

두 번째, 텔로미어의 길이가 감소하게 된다. 텔로미어는 유전체 말단을 보호하는 구조인데, 내재적 원인에 의해 짧아진다. 즉, 유전체를 복제하는 DNA 중합 효소는 구조적인 이유로 인해 유전체의 말단을 제대로 인식할 수 없으며, 이에 따라 세포 복제 시 유전체의 말단은 불완전하게 복제된다. 텔로미어가 감소하면 염색체들이 비정상적인 결합이 일어나고, 다음 세포 복제 시 부서지는 것을 반복하며 노화나 세포의 사멸을 일으킬 수 있다.

또한, 후성유전학적 변화는 염색체 구조의 변화를 통해 여러

---

1   Carlos López-Otín et al., "The Hallmarks of Aging", 〈Cell〉(2013), 153(6)

유전자의 이상 발현을 일으키게 되고, 그에 따라 노화가 발생할 수 있다.

더불어 단백질 생성 또는 분해에 문제가 생겨 단백질 항상성이 저해된다. 단백질은 세포 기능의 기본 단위이기 때문에 단백질 기능에 이상이 생기면 세포의 기능이 저해되고, 이에 따라 노화가 발생할 수 있다.

다섯 번째로 영양분 감지 신호에 이상이 생긴다. 특히 성장호르몬이나 아미노산을 인지하는 경로에 이상이 생기는데, 대부분은 해당 경로가 과활성화되는 경우다. 이러한 영양분 감지 신호 이상은 세포 대사에 이상을 초래하여 노화를 촉진할 수 있다.

그뿐만 아니라 세포의 주 에너지 생성원인 미토콘드리아에 문제가 발생한다. 미토콘드리아 DNA에 돌연변이가 생기거나, 혹은 미토콘드리아 단백질에 문제가 생겨 미토콘드리아의 기능이 저해된다. 이 경우 활성 산소가 증가하거나 세포 에너지 생성에도 문제가 나타나며, 이에 따라 노화가 촉진된다. 또 다른 요인은 세포 간의 신호 전달에 이상이 생기는 것이다. 이러한 세포 간 신호 전달의 이상은 주로 염증성 단백질의 발현이 증가하면서 일어난다. 주변 세포에 굉장히 안 좋은 영향을 끼쳐 조직의 항상성을 저하시키고 노화를 유도한다. 게다가 줄기세포의 숫자와 기능도 감소한다. 줄기세포는 조직의 항상성을 유지하는 데 매우 중요한 역할을 하기 때문에 줄기세포가 감소하면 조직 항상성이 떨어지며 노화가 유도된다.

마지막으로 다양한 노화 유도 스트레스에 의해 세포가 노화될 수 있다. 이를 통해 신체 내 노화 세포의 숫자가 크게 축적된다. 노화 세포는 줄기세포의 감소나 염증성 분비체의 발현을 통해 세포 간의 신호 전달을 교란시키고, 결과적으로 노화의 원인이 될 수 있다.

　이러한 노화의 여러 특징 중에서 노화 제어를 위해 되돌릴 수 있는 회춘 요소로는 텔로미어 감소, 후성유전 변형, 단백질 항상성 상실, 영양분 감지 신호 이상, 미토콘드리아 이상, 혹은 줄기세포 감소, 세포 간의 신호 전달 이상과 같은 요소를 꼽을 수 있다. 반대로 유전체 불안정성이나 세포 노화의 경우에는 되돌리기에 너무나 위험성이 큰 요소이기 때문에 제거 요소로 분류해야 한다.

　현재 노화 연구에서는 회춘 요소를 강화시키거나, 혹은 노화 요소를 약화시켜서 노화를 제어하는 여러 가지 방식이 추구되고 있다. 예를 들어 회춘 요소를 강화하여 노화를 제어하는 방법으로는 텔로머레이즈의 재활성화, 후성유전 변화 역전화, 오토파지(autophagy)나 프로테아좀(proteasome)의 활성화, 칼로리 섭취 제한, 미토파지 활성화, 줄기세포 기반 치료 등이 있고, 노화 요소를 제거하여 노화를 제어하는 방식으로는 손상 세포 제거나 노화 세포 제거 등이 제시된다. 다음의 실제 사례를 통해 이를 좀 더 자세하게 설명하고자 한다.

회춘 인자에 의한 노화 제어법

1) 텔로머레이즈 재발현을 통한 노화 제어법과 한계

가장 잘 알려져 있는 노화의 특징 중 하나는 텔로미어가 짧아지는 것이다. 이는 세포 분열에 따라 염색체의 말단이 줄어드는 현상을 말한다. 텔로미어가 짧아지면 DNA의 손상 반응이 일어나 세포 노화 및 사멸이 유도되고 조직의 재생이 저하되며, 결국 개체 노화로 이어진다. 이렇게 텔로미어가 짧아져서 노화가 일어나는 현상은 '복제양 돌리'를 통해 널리 알려진 바 있다. 돌리는 일반 양에 비해 수명이 굉장히 짧은 편이었는데, 그 원인으로 가장 유력하게 제시된 가설 중 하나가 돌리를 만들었을 때 활용한 체세포의 텔로미어 길이가 짧았기 때문이라는 것이다.

사실 짧아진 텔로미어는 텔로머레이즈(telomerase)라는 효소에 의해서 길이를 회복할 수 있다. 그런데 이러한 텔로머레이즈는 줄기세포와 같은 극소수의 세포에서만 발현되며, 대부분의 성체 세포에서는 발현되지 않는다. 그래서 대부분의 성체 세포는 텔로미어가 짧아지는 현상을 겪게 된다. 모든 세포에서 텔로머레이즈가 지속적으로 발현되면 좋겠지만, 그렇게 되면 종양이 형성될 가능성이 굉장히 높아진다. 세포가 늙지 않게 만드는 프로세스를 거치게 되면 자연적으로 대미지를 축적할 기회가 많아지고, 암의 발생 가능성이 늘어날 수 있는 것이다. 진화상으로 텔로머레이즈는 줄기세포 외의 다른 성체 세포에서는 발현되지 않는데, 텔로머레이즈를 재발현시켜 수명을 제어해 보자는 시도가 있었다.

예를 들어, 유전자 변형 쥐 모델로 실험을 진행했을 때 텔로머레이즈를 지속적으로 발현하게 되면 26% 정도 수명이 증가하는 것을 확인할 수 있었다.[2] 다만 텔로머레이즈의 발현 자체가 종양 발생 가능성을 높일 수 있기 때문에 당시 p53, p16, ARF와 같은 강력한 종양 억제 유전자를 같이 발현할 수 있도록 조작했다. 그런데 아이러니하게도 이러한 종양 억제 유전자들은 오히려 노화를 촉진하는 것으로 잘 알려져 있다. 따라서 이런 종양 억제 유전자의 발현 자체가 텔로머레이즈의 재발현 효과를 감소시키는 경우가 생긴다.

그렇다면 텔로머레이즈를 상시적으로 발현하지 않고, 유전자 치료 기반으로 일시적 발현시키면 어떨까? 그렇게 했을 때 실제로 수명 연장의 효과가 나타나기는 했다.[3] 다만 이 경우 효과가 상당히 미미한 수준이기 때문에, 지속적 효과를 누리기 위해서는 값비싼 유전자 치료를 반복할 필요성이 있다. 결론적으로 텔로머레이즈를 상시 발현시키면 암의 위험성이 증가하고, 텔로머레이즈를 일시적으로 발현시키면 수명 연장의 효과가 감소한다는 것이다.

2) 후성유전학적 변화 조절을 통한 노화 제어법과 한계

노화에 따른 후성유전학적 변화는 대부분 DNA나 DNA에

---

2   Tomas-Loba et al., "Telomerase reverse transcriptase delays aging in cancer-resistant mice.", 〈Cell〉(2008)

3   Bernardes et al., "Telomerase gene therapy in adult and old mice delays aging and increases longevity without increasing cancer", 〈EMBO Mol Med〉(2012)

결합하는 히스톤 단백질(histone protein) 수준에서 일어난다. 이에 따라 염색체의 상태에 이상이 발생하고, 평소에 억제되어 있던 점핑 유전자라 불리는 전이 인자의 재활성화가 일어난다. 재활성화된 점핑 유전자는 염색체의 무작위적 삽입을 통해 유전자 돌연변이를 만드는 등 유전체의 불안정성을 증가시키기 때문에 이에 따라 노화가 진행될 수 있다. 실제로 노화에 따라 발생한 후성유전학적 변화를 되돌려 노화를 제어해 보자는 시도 또한 활발하게 이루어지고 있다.

그중에서 가장 유명한 것은 야마나카 인자(Yamanaka factors)를 이용하는 것이다. 야마나카 인자는 일반적으로 완전히 분화가 끝난 성체 세포를 다시 유도 줄기세포로 돌릴 수 있는 인자로 알려져 있다. 야마나카 인자를 주입하면 후성유전학적 변화가 지워지면서 원 상태로 돌아가게 된다. 실제로 노화에 따라 시각이 손상된 쥐에 일부 야마나카 인자를 주입하였을 때 시신경이 어느 정도 회복되는 것을 확인할 수 있었다.[4]

다만 이러한 치료법의 문제는, 야마나카 인자에 포함된 'Myc'라는 인자가 종양이 발생할 위험성을 증가시킨다는 것이다. 앞서 언급했던 실험도 실제로는 야마나카 인자에서 Myc 인자를 빼고 진행한 것이다. 그런데 Myc 인자를 생략하면 야마나카 인자에 의해 일어나는 리프로그래밍의 효율이 극단적으로 떨어지게 된다. 즉 Myc 인자를 넣어 주면 종양의 위험성이 있고, Myc

---

4   Lu et al., "Reprogramming to recover youthful epigenetic information and restore vision", 〈Nature〉(2020)

인자를 빼면 효과가 떨어지기 때문에 해당 치료법이 지속적인 효과를 얻기 위해서는 그 사이에서 균형을 맞추는 것이 굉장히 중요한 문제이다.

3) 줄기세포 숫자와 다양성 강화에 따른 노화제어법

노화에 따라 줄기세포의 숫자와 다양성이 많이 감소한다는 것은 잘 알려져 있다. 이러한 줄기세포의 감소는 조직의 항상성을 저하시켜 노화를 유도하게 된다. 현재 이러한 문제를 해결하고 노화를 제어하는 방법으로는 주로 다음의 두 가지 방법이 제시된다.

우선 줄기세포를 단순하게 이식하는 방법이다. 줄기세포 숫자를 확보하면 어느 정도 다양성이 유지되면서 조직 항상성을 보존할 수 있다. 또 다른 방법은 체내의 줄기세포를 리프로그래밍하여 숫자 자체가 많지는 않더라도 좀 더 기능적으로 잘 작동하는 줄기세포를 확보하는 것이다. 실제로 실험을 통해 늙은 쥐의 근육 줄기세포를 리프로그래밍한 후 활용하게 되면, 그 성능이 젊은 쥐의 근육 줄기세포만큼 재생 효율을 보이는 결과를 확인하였다.[5] 다만 이러한 줄기세포 기반의 치료법은 일시적일 수밖에 없어 계속 주입해 줘야 한다는 단점이 있다.

4) 혈액 유래 인자 조절에 따른 노화 제어법

혈액 유래 인자는 몸속을 돌아다니면서 굉장히 많은 조직에

---

5   Cosgrove et al., "Rejuvenation of the muscle stem cell population restores strength to injured aged muscles", ⟨Nat Med⟩ (2013)

영향을 줄 수 있다. 그래서 시스템 수준에서 노화를 제어하는 데 있어 매우 중요한 인자로 여겨진다. 실제로 노화 과정에서 혈액 유래 인자의 변화를 분석해 보면, 사람과 쥐에서 공통적으로 노화에 따라서 변화되는 인자들을 확인할 수 있다.[6] 그래서 이러한 변화를 되돌려 노화를 억제하고자 하는 다양한 시도가 있었다. 방법은 매우 간단하다. 젊은 혈액을 수혈받아서 그 안에 있는 혈액 유래 인자를 통해 회춘을 유도하는 것이다. 실제로 쥐에서 혈액을 공유했을 때 젊은 쥐의 혈액을 받은 나이든 쥐들의 간 및 근육 재생 능력이 증가하고[7] 기억력이 강화되었으며,[8] 나이에 따라 발생하는 심장 비대증이 감소하는 결과가 확인되었다.[9] 혈액뿐만 아니라 뇌척수액에도 이러한 인자들이 있다고 생각되는데, 젊은 뇌척수액을 투여받았을 때 기억력이 강화된다는 연구도 보고된 바 있다.[10]

이렇게 혈액 공유를 했을 때 단일 인자에 의해 이러한 효과가 나타나는 것인지, 아니면 다양한 인자들의 조합에 의해 효과

---

6   Lehallier et al., "Undulating changes in human plasma proteome profiles across the lifespan", 〈Nat Med〉(2019)

7   Conboy et al., "Rejuvenation of aged progenitor cells by exposure to a young systemic environment", 〈Nature〉(2005)

8   Villeda et al., "Young blood reverses age-related impairments in cognitive function and synaptic plasticity in mice", 〈Nat Med〉(2014)

9   Loffredo et al., "Growth Differentiation Factor 11 Is a Circulating Factor that Reverses Age-Related Cardiac Hypertrophy", 〈Cell〉(2013)

10   Iram et al., "Young CSF restores oligodendrogenesis and memory in aged mice via Fgf17", 〈Nature〉(2022)

가 나타나는지에 대해서는 아직 확실하지 않다. 특정 그룹에서는 GDF11이 젊은 혈액에 있는 회춘 인자일 것으로 주장하였는데, 최근에는 이러한 GDF11의 측정 방법에 문제가 있었다고 의심받고 있는 상황으로, 이 방법 역시 논란의 여지가 크다.

회춘 요소 강화의 한계

노화의 제어 기술로 연구되고 있는 회춘 요소 강화 방법들에는 몇 가지 한계점들이 존재한다. 첫 번째는 효과가 지속적이지 않다는 것이다. 노화된 신체에 있는 나쁜 요소들에 의해 회춘 효소의 효과가 반감되며, 충분한 효과를 얻기 위해서는 회춘 요소의 지속적인 적용이 필요하다는 한계점이 있다.

다만 이렇게 지속적인 회춘 요소의 강화는 종양 발생의 가능성을 크게 높일 수 있기 때문에 더 큰 문제를 야기할 수 있다. 이러한 한계점을 극복하기 위해서는 노화에 해로운 세포들을 제거하여 회춘 요소의 강화가 용이하게 작용할 수 있는 환경을 구성하는 것이 우선이다. 그 후에 회춘 요소들을 강화시키면 훨씬 효율적으로 노화를 제어할 수 있다고 본다.

최근 이러한 방법에 대한 높은 관심은 미국 정부의 연구 투자에서도 확인할 수 있다. 미국의 국립보건원에서는 휴먼 지놈 프로젝트(HGP, Human Genome project)와 브레인 이니셔이티브(BRAIN Initiative) 등의 대형 국책 사업의 후속 연구로 "인간의 노화 세포를 완벽하게 이해하자."라는 목표를 가진 SenNet(Cellular

Senescence Network) 프로그램을 발족한 바 있다.

노화 세포가 노화를 일으키는 원리

세포의 노화라는 것은 세포 증식의 비가역적인 억제로 잘 알려져 있다. 원래는 텔로미어가 짧아지면서 세포가 무한정 증식을 할 수 없게 되는 텔로미어 길이 감소(telomere shortening)에 의해 발생하는 현상으로 알려졌으나, 추가적 연구를 통해 다양한 스트레스(DNA 손상 반응, 종양 유전자 발현 등)에 의해 노화 세포가 유도된다는 것이 확인되었다. 기본적으로는 손상된 세포의 추가 증식을 억제하여 굉장히 강력한 종양 억제 기전으로 작용한다.

다만 많은 사람들이 흔히 생각하는 것과는 달리 노화 세포는 죽은 세포가 아니다. 오히려 대사 활성도 높아서 여러 인자를 많이 생성 및 분비하게 되는데, 그것을 노화 연관 분비표현형(SASP, Senescence Associated Secretory Phenotype)이라고 한다. 노화 세포는 이를 통해 주변 세포들에게 많은 영향을 끼친다. 예를 들어 정상 세포에게 세포 노화를 전이하기도 하고, 조직 재생이나 면역 감시, 만성 염증 반응, 또 개체 노화를 일으키기도 한다.

세포 노화가 결국 노화를 일으키는 원리를 간단하게 정리하면 다음과 같다. 조직 손상 시 직접 손상을 받은 세포는 세포 노화 반응을 일으켜 손상 세포의 추가 증식을 막고, 종양 발생을 억제하게 된다(1차 세포 노화 반응). 다만 이 주변에는 세포 노화가 유도될 만큼 손상을 받지는 않았지만 종양이 될 정도의 손상을 받은 세포들이 있을 수 있다. 그러면 이때 1차 노화 세포로부터 나온 노화 연관 분비표현형 인자들이 해당 세포들에 노화를 전이시켜 2차 노화 세포를 형성할 수 있다(2차 세포 노화 반응).

이렇게 만들어진 노화 세포들은 다양한 면역 세포들을 불러들여 손상된 세포들의 효과적인 제거를 유도한다(면역 감시). 동시에 노화 연관 분비표현형에 포함된 다양한 성장 호르몬들이 주변의 세포들을 자극시켜 분열을 유도하고 이를 통해 조직 재생이 촉진된다(조직 재생).

다만 이러한 반응 자체가 모종의 이유로 잘못 이루어지면 노화 세포가 과도하게 축적될 수 있다. 과도하게 축적된 노화 세포는 만성 염증을 통해 조직 기능을 저하시키고, 그에 따라 개체 노화 및 노화 연관 질환을 유도할 수 있다. 따라서 현재 세포 노화를 표적하는 기술들은 이러한 노화 세포의 과도한 축적을 막거나(senolytics, 세놀리틱스) 혹은 노화 세포로부터 나오는 해로운 인자를 억제하는 방향(senostatics, 세노스테틱스)으로 주로 진행되고 있다.

실제로 이러한 노화 세포의 과도한 축적이 개체 노화를 촉진한다는 사실은 실험 결과를 통해서도 확인할 수 있다. 유전적 시스템을 통하여 늙은 쥐에서 특정 노화 세포를 제거했을 때, 늙은 쥐의 수명이 증가하고 다양한 노화 연관 질환들이 감소하였다. 즉 노화 세포가 개체 노화의 직접적인 원인이 될 수 있다는 것이다.

노화 세포 표적 약물 개발과 한계

노화의 원인이 될 수 있는 노화 세포를 약물로 제거하자는 시도에 따라 두 가지 방법이 이용되고 있다. 노화 세포를 제거하는 세놀리틱스와 노화 세포로부터 나오는 해로운 요소들을 억제하는 노화 연관 분비표현형 억제 방법인 세노스테틱스 혹은 세노몰픽스(senomorphics)이다.

이런 시도는 쥐를 대상으로 적용할 때 다양한 노화 연관 질환들을 억제할 수 있다는 사실이 확인되면서 크게 각광받고 있다. 노화 세포 제거 방식의 경우에는 보통 암 치료에 쓰였던 약물들을 재활용하고 있는데, 이러한 약물들은 실제로 임상시험에 돌입했거나 혹은 돌입할 예정이다. 예를 들어 세놀리틱스인 D+Q(Dasatinib+Quercetin)는 실제 임상시험 결과 지방 조직의 노화 세포 감소 및 폐섬유증 환자의 활동량 개선에 효과가 있는 것으로 나타났다. 또한 노화 세포 제거를 위한 새로운 약물 개발을 위해서도 많은 연구들이 진행되고 있다. 반면 노화 연관 분비표현형 억제를 위한 약물은 급성 염증에는 영향을 주지 않으며 노화에 관련된 만성 염증만을 억제해야 하는 약물인 셈인데, 아직은 그 방법이 뚜렷하지 않아 개발에 어려움을 겪고 있다.

다양한 제약 회사들도 이러한 세놀리틱스 기반의 노화 치료 전략을 수립하는 등 많은 관심을 보이고 있다. 하지만 모든 치료법이 그렇듯 세포 노화를 표적하는 노화 제어 방법에도 큰 문제들이 남아 있다. 크게 분류하면 노화 세포 표적 기술의 특이성 문제와 효율성 문제, 그리고 제거해야 하는 해로운 노화 세포를 명확하게 정의하는 것에 대한 문제다.

1) 세포 표적 기술의 특이성

노화 세포 표적 기술의 특이성 문제는 암 치료제의 문제점과도 동일하다. 현존하는 노화 세포 표적 약물은 대부분 암 치료제와 같은 원리로 개발되었기 때문이다. 예를 들면 세포 노화 과정에서 변화한 유전자를 탐색하고, 그 유전자 중에서 세포 생존와 관련 있는 유전자들이 어떻게 변하는지 확인한다. 이때 특정 노화 세포에서 세포 사멸 저해 단백질(anti-apoptotic proteins) 또는 의존성 수용체(dependence receptors)의 활성이 증가하는 것이 확인되었다. 그래서 나비토클락스(Navitoclax)나 D+Q와 같은 약물을 통해 이런 작용을 억제하고 노화 세포의 사멸을 유도하게 된다.

이는 세포 생존 경로를 억제시켜 노화 세포를 사멸시키는 전략이기 때문에 암 치료제와 비슷한 부작용이 나타난다. 노화 세포만 표적해야 하는데 일반 세포에도 적지만 영향을 주는 것이다. 노화 치료제는 암 치료제에 비해 비교적 장기간 사용되어 더욱 큰 부작용이 생길 수 있다는 점에서 문제가 심각하다.

2) 노화 세포 표적 기술의 효율성

노화 세포 표적 기술의 효율성 문제는 약물 저항성과 관련이 있다. 사실 초창기에는 암 치료제에 비해 노화 세포 표적 약물의 저항성은 크게 고려되지 않았다. 저항성이 생긴 암은 계속 증식하며 그 숫자가 크게 증가할 수 있으나, 노화 세포는 정의상 증식을 하지 않기 때문에 저항성 세포의 숫자가 증가하진 않고 따라서 큰 문제를 야기하기 힘들다고 생각한 것이다. 노화 세포가 발생했을 때 노화 세포를 표적하는 약물 치료를 하게 되면 대부분의 노화 세포가 사멸하지만 동시에 저항성을 가진 세포가 발생한다. 그런데 보통 암 치료제에 저항성을 가진 세포들이 공격적인 암이 되듯이 노화 세포의 표적 약물에 저항성을 갖는 노화 세포들도 그 성질이 변할 수 있다. 그 과정에서 주변 세포에 높은 수준으로 노화를 전이시키고 악영향을 끼치기 때문에, 사실상 노화 세포의 추가 발생이 일어날 수 있는 것이다.

현재 노화 세포 표적 치료 기술의 저항성 문제는 다음의 두 문제로 귀결하게 된다. 첫 번째는 '한 종류의 노화 세포에 효율적인 약물이 다른 종류의 노화 세포에도 효과적일 것인가?'에 관한 문제이고, 두 번째는 '같은 종류의 노화 세포를 완전히 치료할 수 있을 것인가'에 대한 문제다.

첫 번째 문제는 암 치료 케이스를 생각해 보면 간단하다. 모든 종류의 암을 치료하는 치료제가 없는 것처럼 노화 세포도 마찬가지다. 인체 내에는 200가지가 넘는 세포 종류가 있는데, 이처럼 각기 다른 종류의 세포들은 각기 다른 노화 반응을 보인다. 실제 실험에서 서로 다른 종류의 세포에서 세포 노화를 유도했을 때 공통적으로 바뀌는 유전자가 얼마나 되는지 확인했더니, 수천 개의 유전자 중에서 공통적으로 바뀌는 것은 38가지밖에 없었다.[11] 즉 세포 노화 표현형 자체가 굉장히 다르기 때문에 결

---

11 Hernandez-Segura et al., "Unmasking transcriptional heterogeneity in senescent cells", 〈Current Biology〉(2017)

국 한 종류의 노화 세포에 작용하는 노화 표적 약물은 다른 종류의 세포에는 듣지 않을 가능성이 높다. 또 다른 문제는 같은 종류의 세포에서도 다른 노화 반응이 나타날 수 있다는 점이다. 예를 들어 노화를 유도하는 스트레스 종류에 따라 노화 연관 표현형이 달라질 수 있는 것이다.

더욱 어려운 점은 현재 인체 내에서 발생하는 노화 세포가 어떤 원인에 의해 발생하였는지는 분명히 파악하기 어렵다는 문제다. 활성 산소나 DNA 손상 반응, 혹은 복합적인 반응에 의해서 노화가 유도될 수 있기 때문에 해당 노화 세포가 어떤 성질을 가질지 정확하게 파악하기는 실험 전에는 다소 힘들다. 이러한 노화 세포의 이질성은 노화 세포 치료제의 효율성을 낮출 수 있는 심각한 문제이다.

3) 노화 세포 표적 기술 문제

노화 세포를 제거하여 노화를 억제한다고 했을 때, 모든 노화 세포가 제거되어야 하느냐는 질문을 던져 볼 수 있다. 즉, '인체 내 모든 노화 세포는 해로운가?'라는 질문이다. 안타깝게도 그렇지 않다. 모든 노화 세포가 인체에 해롭기만 했다면 애초에 진화 과정에서 세포 노화라는 과정이 보존되기 어려웠을 것이다. 실제로 세포 노화는 조직 재생에 매우 중요한 역할을 하며, 노화되면 오히려 기능이 강화되는 세포도 있다. 따라서 제거해야 하는 해로운 노화 세포와 그렇지 않은 이로운 노화 세포를 분류해야 한다는 것이다.

노화 세포 표적 기술의 발전을 위한 논의

현재까지 노화 세포를 표적하는 기술이 여러 가지로 논의되고 있으나 아직까지 각각의 한계가 존재하는 상황이다. 이러한 한계를 극복하기 위해서는 몇 가지 난제가 남아 있다. 첫째로 신체 내 노화 세포의 정확한 검출 방법의 개발 가능성을 고려해야 한다. 이를 위해서는 신체 내에서 발생하는 각 노화 세포의 성질을 따로 분석할 수 있는 기술이 필요하다. 두 번째로 해결해야 할 문제는 모든 종류의 노화 세포를 표적할 수 있는 약물 개발 가능성이다. 이 문제는 사실상 불가능할 것으로 생각되고 있으며, 인체에 쌓이는 노화 세포 중에서도 어떤 종류의 노화 세포를 표적해야 할 것인가에 대한 논의가 필요하다.

마지막으로 남아 있는 난제는 해로운 노화 세포를 이로운 노화 세포와 구별 방법에 대한 것이다. 더불어 이를 구별할 수 있다고 했을 때, 해로운 노화 세포만을 표적할 수 있는 약물을 개발할 수 있어야 한다.

결론적으로 우리 인류는 노화를 극복하는 문제에 오랫동안 많은 관심을 갖고 연구를 진행했지만 개인적으로는 어떤 한 가지의 치료법만으로 노화를 극복할 수는 없다. 노화 요소를 약화시키는 동시에 회춘 요소를 적절하게, 그리고 복합적으로 사용한다면 보다 효율적인 해결책을 찾을 수 있다고 생각한다. 이것이 가능하다면 그야말로 인류의 가장 큰 난제라 할 수 있는 노화를 효율적으로 제어할 수 있게 될 것이다.

항노화기술에 관한 대담

ㅏ 야마나카 인자 사례와 같이 역분화 줄기세포를 만드는 발생 초기 단계의 현상이 노화 발생 이후에 어떻게 다시 구현될 수 있는가?

강찬희 교수 사실 인체의 모든 세포는 같은 유전체를 갖는데, 그게 각기 다른 역할을 하도록 바꾸는 역할을 하는 것이 바로 후성유전학적 변화다. 그리고 야마나카 인자의 역할 중 가장 잘 알려진 것이 그 후성유전학적 변화를 원 상태로 돌리는 것, 그러니까 거의 발생 초기 상태로 돌리는 역분화다. 그래서 야마나카 인자 발현에 의한 노화 치료 원리는 역분화에서의 작동 원리와 비슷할 것이라고 본다. 결국 노화 세포도 후성유전학적 변화에 의해 유전자 발현이 이상해진 상태가 된 것이니, 이를 야마나카 인자 발현을 통해 되돌려 보자는 취지다. 후성유전학적 변화가 원 상태로 돌아가게 된 이후의 프로세스에 대해서는 잘 알려지지 않았지만, 아마도 자연스러운 발달 과정에서 발생하는 일이 동일하게 일어날 것으로 추측한다. 긴 시간 후에는 해당 세포에 다시 노화가 유도되겠지만 그 동안 시간을 벌 수 있다는 셈이다. 생각보다 해당 방법의 효율이 낮다는 것이 문제인데, 특히 Myc을 뺐을 때 생체 외에서 역분화 성공률은 1%도 되지 않는다.

⊢   여러가지 당뇨 치료제들이 노화 방지에 모두 도움이 되는가?

김광일 교수   당뇨약이 혈당을 낮추는 데 관여하는 기전과 노화를 중재하는 데 효과를 기대할 수 있는 기전은 다르다. 그래서 메트포민은 노화 중재에 효과를 가진 특성을 보이지만 그 이외에 설포닐유레아(sulfonylurea)라든가 GLP-1 작용체(GLP-1 agonist), SGLT2 억제제(SGLT2 inhibitor)와 같은 다른 계열의 모든 당뇨약이 노화에 효과가 있는 것은 아니다. 메트포민은 AMPK 효소를 활성화시키는데, 이 기전으로 인해 노화를 중재하는 효과를 기대할 수 있다.

⊢   노화 세포의 정의는 무엇인가?

강찬희 교수   노화 세포의 초창기 정의는 매우 단순했다. 초창기에는 '분열할 수 있는 가능성이 있었던 세포지만 분열을 영원히 멈춘 세포'를 노화 세포로 정의했다. 기본적으로 노화 세포가 되면 발생하는 특성들이 존재한다. 예를 들면 SA-β-Gal(Senescence-Associated beta-galactosidase)라는 특정 효소의 활성이 급격하게 올라가거나 세포 주기를 억제하는 유전자들이 발현하는 식이다. 다만 이러한 각각의 변화는 노화 세포만의 특성이라기보다 다른 상황에서도 나타날 수 있는 현상이다. 따라서 해당 변화가 공통으로 일어나는 세포들을 보통 노화 세포라고 지칭한다.

다만 최근에는 이러한 노화 세포의 정의가 더 광범위하게 적용되고 있다. 예를 들면 특정 세포로 분화가 완전히 끝난 세포들도 세포 노화 유도 스트레스를 주면 몇몇 세포가 노화하는 특징이 발현하게 된다. 예를 들어 신경 세포는 세포 주기를 영원히 벗어난 세포이기 때문에 스트레스를 받는다고 해서 세포 주기를 억제하는 유전자인 p16이나 p21의 발현이 올라갈 이유가 없는데, 실제로는 발현이 올라가는 현상이 관측된다. 더불어 노화 연관 분비표현형과 같은 특성들도 같이 나타난다. 그래서 최근에는 더 큰 범주로 노화 세포를 정의하는 경향이 있다. 노화 세포를 '분열을 영원히 멈춘 세포'로 한정하지 않고 '다양한 세포 노화의 특성이 나타나는 세포'를 노화 세포라고 보는 것이다. 다만 정확히 어떤 특성이 관측되었을 때 세포 노화 현상이 일어났다고 할 수 있느냐에 대해서는 아직 합의되지 않았다.

사실 노화 세포는 신체 내에서 많은 양을 차지하지 않는다. 아무리 나이가 든 개체라고 하더라도 조직 대부분에서는 노화 세포의 수가 1~5% 이내로 관측되는 정도이고, 지방 조직과 같은 특정 조직에서 과도하게 관측된다 해도 20~30% 수준이다. 노화 세포 자체가 적게 발생하는 데다, 대부분은 면역 시스템에 의해 제거되기 때문에 축적이 쉽지 않다. 다만 면역 시스템을 피해서 살아남는 노화 세포들이 주로 건강상의 문제를 일으키는 것으로 추측하고 있다. 결론적으로 명확한 정답은 없다고 할 수 있지만, 앞으로 어떤 식으로 세포 노화의 특성을 정의하고 그를 통해 노화 세포를 정의할 것인지는 중요한 문제다.

⊢   해로운 노화 세포와 이로운 노화 세포의 구분에도 또 다른 기준이 필요한가?

강찬희 교수   한층 더 나아간 기준이 필요하다. 대부분의 이로운 역할을 하는 노화 세포는 조직에서 일시적으로 나타난다. 예를 들어 조직이 상처를 입었을 때 초창기에 노화 세포가 발생하여 여러 가지 인자를 분비하여 조직 재생을 도운 다음, 적절한 시점에 면역 세포에 의해 제거되어 과도한 활성을 억제하게 된다. 해로운 노화 세포는 아직 정확한 정의가 되지는 않았지만, 개인적인 의견으로는 노화 과정 동안 신체 내에 축적되는 노화 세포일 것이라고 본다. 몇몇 암세포에서 발현되는 면역 체계를 피할 수 있게 해 주는 단백질들이 있는데, 일부 노화 세포가 같은 종류의 단백질들을 발현한다. 즉, 이를 통해 면역 감시를 회피하는 것이다. 이러한 해로운 노화 세포를 제거하면 노화 제어에 도움이 될 것으로 본다.

세포 노화가 오랫동안 지속되면 노화 세포는 자신의 염색체 중 일부를 세포질로 분비하는 과정을 겪게 된다. 이러한 세포질에 위치한 염색체의 일부는 오토파지라는 프로세스를 통해 분해되는 것이 알려져 있다. 그래서 실제로 오랜 시간을 지난 노화 세포는 염색체의 일부를 잃어버린 경우가 많기에 그 특성의 회복이 어려운 세포로 분별할 수 있다. 이러한 특성을 활용하여 해로운 노화 세포를 정의할 수도 있을 것이다.

ㅏ   노화는 결국 진화 과정에서 필연적으로 발생한 현상인데, 근본적으로 이를 치료해야 하는가? 인류의 최적화된 진화 과정을 바꾼다는 관점에서 부작용의 가능성은?

김광일 교수   나 역시 고민하는 문제다. 만약 노화 과정이 없고 영원히 살게 된다면 어떻게 될까? 역사를 보면 이전 세대를 지나 새로운 세대가 나오면서 발전이 이루어지기 마련이다. 개개인의 관점에서는 노화가 치명적인 문제일 수 있지만 다른 관점에서 보면 노화도 이유가 있다고 생각할 수 있다. 그래서 생물학적, 의학적인 측면을 비롯해 사회적이거나 제도적인 측면을 포함하여 다양한 관점으로 고민해 볼 필요는 있을 것 같다. 단지 '수명을 무한정 연장한다'라거나 '죽음을 극복하겠다'라는 목표가 아니라 '건강한 노년 생활, 활기찬 노년 생활에 있어 제한적인 요소를 극복한다'라는 목표를 지향하는 측면에서 노화를 극복하려는 노력이 필요하겠다. 성공적인 노화를 경험한 초장수인들은 질병 없이 건강하게 노년 생활을 유지하며, 또 질병으로 인해서 고통받는 기간이 길지 않다. 궁극적으로 그들처럼 건강하고 활기찬 노년을 목표로 한다면 노화를 극복하고자 하는 시도는 큰 부작용이나 반발 없이 가능할 것이라고 본다.

강찬희 교수 노화를 진화적으로 해석해 본다면 다음과 같다. 생물학적으로 인간은 자손을 번식하려는 목적이 있어, 그때까지 암이 발생해서는 안 되기 때문에 암을 억제하는 프로그램을 발전시켰다. 흥미롭게도 이같은 프로그램은 생식 이후에는 노화를 유도하는 활성을 갖게 된다. 그래서 초창기에는 암을 억제하기 위해 만들어진 프로그램이 생식 작용이 없어진 이후에 일종의 부작용으로써 노화를 유도하게 된 것이다.

실제로 인간 수명을 연장하는 데 한계가 있다고 보는 시각이 있다. 즉, 어느 시점에는 특정한 원인에 의해서 죽는 것이 아니라, 확률적으로 죽음이 결정된다는 것이다. 실제로 많은 과학자들이 인간의 최대 수명은 130세 내외라고 보는데, 일정 시간이 지나면 건강한 사람도 확률적으로 어느 날 죽을 수도 있고 혹은 살 수도 있기 때문이다. 이러한 주장이 일리가 있는 것이, 실제로 그런 특성을 보이는 개체들이 자연상에 존재한다. 예를 들어 벌거숭이 두더지쥐(Naked mole-rat)라는 포유류는 쥐와 비슷한 크기임에도 불구하고 30년을 사는데, 죽기 직전까지 암을 비롯한 여러 노화의 표현형을 거의 보이지 않는다. 갑자기 어느 순간 확률적으로 사망하는 경우가 많다. 이 개체들은 종양 억제 기전이 사람과 전혀 다르기 때문에 사람의 노화 과정과 다른 양상을 띤다.

생물학자의 관점에서 노화가 진화적인 이유가 있어 발생했는지는 알 수 없다. 하지만 사회적인 관점은 또 다른 문제이기 때문에 만약 노화를 극복하게 된다면 그에 맞는 사회 제도적 변화가 필요할 듯하다.

├ 노화 세포와 암세포의 연구는 동일 선상에서 연구되는가?

강찬희 교수 암세포와 노화 세포는 완전히 다른 상태의 세포임에도 불구하고 놀랄 만큼 많은 유사점을 지니고 있다. 암세포는 무한 증식하는 세포이고 노화 세포는 증식이 억제되어 있다는 차이점을 제외하면, 대사 과정(metabolism)의 변화를 비롯해 유사점이 많아 접근 방식이 비슷한 것이 사실이다. 실제로 암 치료에서 쓰이는 방식을 노화 세포에 적용하는 케이스가 많다. 최근에는 암세포 치료에 사용되었던 면역 치료제와 같은 전략이 노화 세포에 그대로 적용되기도 했다.

그런 면에서 암세포 치료법 개발의 역사가 길기 때문에 노화 세포 치료도 빠르게 이를 따라잡을 수 있다고 기대한다. 물론 한편으로는 아직 암이 정복되지 않았듯이 노화 세포를 표적하는 약물도 쉽게 개발되지 않을 것이라고 우려하는 입장도 있다. 그러나 결론적으로 두 가지를 같이 다루었을 때 우리가 얻을 수 있는 이점이 많으리라고 생각한다.

├   항암제 개발의 방식으로 노화 세포에 접근하는 약물재창출이 활발히 이루어지고 있나?

강찬희 교수   실제로 많이 이루어지고 있다. 예를 들어 암 치료에서 현재 각광받고 있는 연구가 암에서 특별하게 바뀌는 대사 과정을 공격해서 암세포를 치료하고자 하는 것이며, 이를 암 대사(cancer metabolism) 분야라 부른다. 이를 표적하는 약물들을 가지고 노화 세포에도 적용하려는 약물재창출 연구가 많다. 실제로 아직 초기 단계이지만 이를 통해 노화 세포를 표적하는 약물이나 암세포와 노화 세포를 같이 표적할 수 있는 약물이 개발되기도 했다. 다만 현실적으로 약물재창출은 무언가 발견한다고 해도 특허를 내기가 쉽지 않기 때문에 제약 회사에서 적극적으로 관심을 갖지 않는 경향이 있다. 그래서 학문적 연구의 역할이 중요하지만, 성공한다고 하더라도 실제로 회사에서 해당 방법을 통해 신치료제를 개발하지 않으면 사회에 기여할 수 있는 기회가 제한될 수밖에 없다.

├   당뇨병 치료제 외에 노화 관련한 약물재창출 사례가 또 있는가?

김광일 교수   근감소증(sarcopenia) 치료제로 유망한 물질들이 있었는데, 2상 및 3상 임상시험 과정에서 근육 기능의 개선을 보여주지 못했다. 기존의 약물 중에서 근육 성장이나 분화 과정에 영향을 미칠 수 있는 유망한 약물을 사용해 보고자 하는 시도가 있다. 당뇨병 치료제 이외 고혈압 약제로 사용되고 있는 안지오텐신 전환효소(ACE, Angiotensin-Converting Enzyme) 억제제나 안지오텐신 수용체 차단제(ARB, Angiotensin Receptor Blocker)도 노화 및 근감소증에 효과를 보여줄 수 있을 것으로 기대하고 임상시험이 진행 중이다.

강찬희 교수 현재 미국 같은 경우에는 미 국립보건원에서 신약개발보다는 오히려 약물재창출을 추천하고 있다. 신약 개발에는 이미 너무 많은 돈을 투자했고, 더 이상 새로운 신약이 개발될 수 있을지에 대해서 다소 회의적으로 보는 것이다. 반면, 우리나라에서는 이에 대해 아직 충분한 지원이 이루어지고 있지 않다. 약물재창출은 유망한 분야이긴 하지만 정부 차원의 지원이 없다면 현실적으로 힘들 것이라고 생각한다.

김광일 교수 정부 차원의 노화 중재 연구 지원을 기대하는 것은 회의적으로 보고 있다. 대신 현재 사용 중인 약물로 안전성의 큰 문제가 없다면, '연구자 주도 임상시험(IIT, Investigator Initiated Trial)'을 설계해 보는 것은 가능할 것 같다. 노화라는 주제에 대해서 많은 사람들이 관심을 두고 있기 때문에 연구자 주도 임상시험이 좋은 대안이 될 수 있다고 본다. 이러한 연구로 노화를 중재할 수 있다는 가능성을 확인할 수 있다면 기업에서도 관심을 보이고 '의뢰자 주도 임상시험(SIT, Sponsor Initiated Trial)'이 활발하게 진행될 수 있지 않으리라 생각한다.

ㅏ   연구 과정에 있어 개인적인 어려움이나 극복의 경험이 있다면?

김광일 교수   노인 환자들을 임상시험에 등록하여 연구를 진행하기가 굉장히 어렵다. 임상시험을 진행하기 위해 환자에게 충분한 설명을 하고 연구 참여를 독려해도, 결국 '자녀가 하지 말라더라' 하면서 취소하는 분들이 많다. 노화 연구는 단기간에 승부가 나지는 않을 것이다. 끈기와 인내, 그리고 믿음을 기반으로 연구를 지속하면 결국에는 원하는 성과를 얻을 수 있지 않을까 기대해 본다.

강찬희 교수   노화 연구의 또 다른 어려운 부분은, 많은 사람들이 노화를 인류가 극복해야 하는 난제라고 생각하면서도 막상 연구 지원을 요청하면 '노화는 당장 죽는 질병은 아니다'라고 생각한다는 점이다. 사실 한정된 자원으로 당장 위급한 암 환자를 살려야 하는지, 아니면 건강하게 오래 살 방법을 연구해야 하는지를 선택해야 한다면 전자가 선호될 수밖에 없다. 더군다나 노화 연구는 빠른 성과를 기대하기 어렵다는 한계점도 있다. 물론 노화를 억제한다면 다양한 노화 관련 질환의 발병을 늦추고, 건강한 노년을 보낼 수 있다는 점에서 큰 이점이 있다. 한편으로는 당장 치료해야 하는 질병인가에 대해서는 의문점이 남을 수 있다. 이러한 양면성이 있기 때문에 이를 어떻게 극복해야 하는가에 대한 고민도 하게 된다. 후속 세대도 이 부분에 대해 많은 고민을 하고 극복 방법을 찾아낼 수 있기를 바란다.

인류는 아직 우리 몸의 적응 면역계의 메커니즘을 정확히 이해하지 못하고 있다. 만약 이 메커니즘을 완전히 이해할 수 있다면 수많은 질병에 대해 맞춤형 신약을 만들 수 있을 것이다. 획기적인 규모의 항체 데이터베이스를 구축하고, 이를 학습하는 인공지능 알고리즘을 만들 수 있을까? 이를 통해 인간의 적응 면역계 작동 메커니즘을 새롭게 해석하는 것이 가능할까?

10장

인공지능 기반 항체 설계:

단백질 구조 예측을 넘어 항체를 설계하고 생명체의 적응 면역계를 이해하는 인공지능을 만들 수 있을까?

윤태영 서울대학교 생명과학부 교수

생물물리학을 전공하며, 특히 막단백질에 단분자 생물물리 기법을 적용하는 연구를 진행하고 있다. 2011년부터 2020년까지 한국연구재단 미래창조과학부 창의적연구진흥사업 연구단장으로 선정되었으며, 2021년부터 현재까지 과학기술정보통신부 한국연구재단 리더연구사업 연구단장직을 역임하고 있다. 2015년 프로티나를 창업한 이후, 지금까지 단백질 간 상호 작용(PPI) 분석 기술 플랫폼을 개발하고 있다.

백민경 서울대학교 생명과학부 교수

2018년부터 약 1년간 서울대학교 화학분자공학 사업단에서 연수연구원으로 연구한 후, 2019년부터 3년간 미 워싱턴대에서 박사후연구원으로 근무하였다. 이때 데이비드 베이커 미 워싱턴대 생화학과 교수와 함께 개발한 단백질 구조 예측 인공지능 '로제타폴드(RoseTTAFold)'가 2021년 국제 학술지 〈사이언스〉에서 '올해 최고의 혁신연구'에 선정되었다. 한국인 최초로 사이언스지에 '올해 최고의 혁신 연구' 이름을 올린 성과를 인정받아 2023년 포니정 영리더상을 수상하였다.

윤태영, 백민경 교수

알파폴드와 로제타폴드로 항체 신약을 설계할 수 있을까

생명과학은 물리학이나 화학과 달리 보편적인 법칙을 찾아 수식으로 표현하기가 여전히 어려운 분야다. 그래서 지금까지는 정량적 모델링보다 정성적인 이해 위주로 연구되었고, 그래서 생명 현상을 예측하거나 설계하기가 어려웠다. 하지만 최근 알파폴드(AlphaFold)나 로제타폴드(RoseTTAFold)와 같은 단백질 구조 예측 인공지능이라는 생명과학 분야에서 혁신이 일어나 오래된 난제를 해결할 가능성을 선보였다. 이제 우리는 '인공지능이 질병 치료에 도움을 줄 수 있는 항체를 설계할 수 있을 것인가'라는 새로운 난제를 맞닥뜨리고 있다. 항체를 설계하고, 더 나아가 생명체가 가지고 있는 면역계 시스템에 대해서 잘 이해하는 인공지능을 만들 수 있을까.

생명과학에서의 인공지능 혁명

생명과학에서 가장 중요하게 다뤄지는 분자는 단백질이다. 단백질을 이해하기 위해서 그동안 수많은 연구가 이루어졌는데 그중 주된 방법은 실험을 통해서 직접 단백질의 구조를 눈으로 들여다보는 것이다. 기존에 단백질이 어떤 기능을 하는지 이해하기 위해서는 이처럼 항상 직접 실험을 하는 방법을 사용해야 했는데, 이 과정에서 재료도 많이 들고 시간도 오래 걸려서 연구의 속도가 더딜 수밖에 없었다. 하지만 그동안 실험되어 온 결과들이 쌓여 생명과학 분야에 빅데이터들이 만들어지고 있으며, 요즘 각광받는 기술 중 하나인 인공지능을 활용하여 실험을 거치지 않고 인공지능으로 단백질의 구조를 높은 정확도로 예측할 수 있는 시대에 이르렀다.

이 흐름에 따라 최근에는 실제 실험뿐만 아니라 컴퓨터와 인공지능 기술을 활용한 생물학 연구가 진행되면서 '디지털 바이오'라고 하는 새로운 분야가 떠오르고 있다. 특히 바이오 혁명을 불러오기 시작한 것이 바로 단백질 구조 모델링을 할 수 있는 인공지능의 등장이다. 그 정점에 있는 것은 바로 구글의 딥 마인드가 개발한 알파폴드와 백민경 교수가 개발한 로제타폴드라는 단백질 구조 예측 인공지능이다. 〈사이언스〉에서는 2021년 한 해 동안 나온 모든 과학기술 중에서 단백질 구조 예측이 가장 혁신적인 성과라고 발표하기도 했다. 특히 단백질 구조 예측 인공지능은 앞으로 신약 개발에 큰 도움을 주어 바이오 산업뿐만 아니라 의료 제약 산업에도 엄청난 영향을 줄 것이라는 전망이 나오며 전 세계인들의 기대감을 높이고 있다.

단백질의 구조를 알아야 하는 이유

단백질 구조 예측이 이처럼 혁신적인 기술로 여겨지는 것은 단백질이 우리의 생명 현상과 깊은 연관이 있기 때문이다. 단백질은 꼭 섭취해야 하는 영양소이며 동시에 우리 몸을 구성하는 가장 중요한 물질 중 하나이기도 하다. 우리 몸에는 약 2만여 가지의 단백질이 존재한다. 각각의 단백질들이 우리 몸 구석구석에 필요한 물질들을 수송하기도 하고, 음식을 섭취했을 때 에너지를 얻는 과정에서 일어나는 수많은 화학 반응을 촉진시켜 주는 효소의 역할을 하기도 한다. 또 추울 때는 몸이 움츠러들고 더우면 땀이 나는 것처럼 외부 자극에 반응하는 신호 전달 과정에서나, 외부의 병원체가 침입했을 때 맞서 싸우는 면역 체계에서도 항체와 같은 단백질들이 큰 역할을 한다. 이 같은 생명 현상이 왜 일어나는지를 분자 수준에서 이해한다는 것은 단백질이 어떻게 생명 현상들을 수행하는지 이해하는 것과 같은 이야기다.

단백질을 실제로 들여다보면 아미노산들이 연결된 생체 고분자다. 20가지 종류의 아미노산이 적게는 30개, 많게는 수백, 수천 개까지 연결되어 서로 다른 종류의 단백질을 만들어 낸다. 우리 몸에 있는 DNA라는 유전 물질에는 인체 내에서 어떤 단백질들을 만들지에 대한 유전 정보가 담겨 있는데, 이 정보를 바탕으로 몸에서 2만 가지가 넘는 단백질을 만들어 낸다. 이 단백질들은 아미노산의 서열에 따라 특정한 구조를 가지면서 제각기 다른 기능들을 수행하게 된다.

그렇다면 우리가 단백질의 기능을 알기 위해 그 구조를 이해해야 하는 이유는 무엇일까. 단백질의 구조가 중요한 이유는 이를 통해 생명 현상이 왜 일어나는지에 대해서 조금 더 깊게 이해할 수 있기 때문이다. 예를 들어 사람이 왜 코로나바이러스에 걸리는지 알 수 있다면, 반대로 코로나바이러스에 걸리지 않을 방법도 찾을 수 있다. 실제로 코로나바이러스가 문제가 되었을 때, 이 바이러스에 있는 어떤 단백질이 사람을 감염시키는 데 가장 중요한 역할을 하는지를 찾는 것이 중요했다.

연구자들은 코로나바이러스에 있는 모든 유전 물질을 조사해서 단백질을 찾아내고, 그 표면에서 마치 나팔처럼 생긴 특정 단백질, 즉 스파이크 단백질이 문제라는 것을 발견했다. 이 단백질의 구조를 들여다보고 이 단백질이 어떻게 사람의 몸에 들어왔을 때 어느 부분과 결합하는지를 찾아보니, 기관지나 폐에 있는 ACE2라는 단백질과 특정 구조를 이루면서 결합한다는 것을 알 수 있었다. 이처럼 단백질 구조를 들여다보면서 코로나바이러스의 스파이크 단백질이 인체 내의 특정 수용체 단백질과 결합하는 것이 감염의 첫 번째 단계라는 것을 이해하게 된 것이다.

그렇다면 역으로 코로나바이러스에 걸리지 않으려면 어떻게 해야 할까? 단순하게 생각했을 때 코로나바이러스가 몸에 들어오지 못하게 막으면 된다. 혹은 코로나바이러스를 중화시킬 수 있는 항체를 만들어서, 바이러스가 체내 단백질과 결합하지 않고 면역 시스템에 의해 없어지도록 유도하면 될 것이다.

이러한 아이디어를 바탕으로 코로나바이러스와 결합할 수 있는 항체들을 설계하여 치료제를 만들거나 코로나바이러스 표면의 스파이크 단백질을 인식할 수 있는 바이오 센서를 디자인하여 진단 키트를 개발할 수 있다. 혹은 코로나바이러스에서 가장 중요한 스파이크 단백질의 표면 일부를 가져와서 이를 이용한 백신 물질을 만들 수도 있다. 실제로 이것은 SK바이오사이언스에서 만든 스카이 코비원이라는 백신의 핵심 물질 중 하나로 활용되었다.

즉 단백질의 구조와 그 상호 작용 몇 가지를 알면 생명 현상이 일어나는 이유와 코로나바이러스가 사람을 감염시키는 기전을 이해할 수 있고, 이를 바탕으로 바이러스와 맞서 싸울 수 있는 다양한 무기를 개발해 볼 수 있다. 그래서 생명과학 연구 분야에서 어떤 생명현상을 잘 이해하기 위해 단백질의 구조를 들여다보는 것이 매우 중요하다.

진화 역사에 들어 있는 단백질 구조 정보

단백질 구조는 실험적으로 하나씩 밝혀내기에 너무 많은 시간과 비용이 소모된다. 그래서 실험을 하지 않고도 컴퓨터를 활용하여 좀 더 손쉽게 단백질 구조를 예측할 방법이 개발되어 왔는데, 그중에서도 가장 핵심적인 아이디어는 진화의 역사에 착안한 것이다.

한 예로 우리 근육에는 미오글로빈(myoglobin)이라는 단백질이 아주 많다. 이 단백질은 우리 혈액을 타고 온 산소를 근육에 전달하여 근육에서 필요한 산소를 활용할 수 있게 도와주는 역할을 한다. 그런데 미오글로빈 단백질은 사람뿐 아니라 붉은색의 근육을 가진 생명체는 모두 가지고 있어, 심지어 참치도 이 단백질이 있다. 사람과 참치는 생김새만 봐도 전혀 다르듯 진화적으로 굉장히 먼 거리에 떨어져 있는 생명체이다. 그러나 각각의 미오글로빈을 살펴보면 단백질을 구성하는 아미노산의 종류는 다르지만 구조는 거의 똑같이 생겼음을 알 수 있다.

단백질의 진화 과정은 결국 끊임없이 돌연변이들이 발생하는 과정이다. 그 돌연변이 중에서 살아가는 데 아무 문제가 없는 것들만 살아남아 자신의 유전 물질을 후세대에 물려주고, 그것이 쌓이면서 조금씩 다른 종으로 분화하게 된다. 그래서 사람과 참치의 미오글로빈이 분명 돌연변이를 통해 서로 달라지는 방향으로 발전했을 텐데도 구조가 같다는 것은, 진화 과정에서도 '산소와 결합하는 기능'이라는 필수적인 기능을 생물이 계속 유지하려고 했다는 뜻이다. 진화 과정에서 단백질의 구조가 망가진 것들은 자연 선택에 의해 도태되어 없어지고, 기능을 잘 유지할 수 있는 것들만 살아남아 지금의 다양한 생명체들을 이루고 있다. 그래서 성격이 비슷한 단백질들을 찾아 잘 정렬해 보면 각자 진화 과정에서 살아남은 단백질이기 때문에 구조가 비슷하고, 그 안에 구조와 관련된 패턴들이 숨어 있음을 알게 된다.

단백질 구조 예측 문제는 이 진화 데이터 안에 숨어 있는 구조와 관련된 패턴을 찾아내는 문제라고 할 수 있다. 그리고 바로 이 지점에서 인공지능이 새로운 혁신을 가져다주기 시작했다. 그

동안 쌓아 놓은 단백질 구조 데이터, 즉 바이오 빅데이터를 활용하여 서열 진화 정보 안에 숨은 구조에 대한 패턴을 인공지능을 통해 읽어 내고자 한 것이다. 사실 인공지능이 가장 잘하는 일이 바로 패턴을 찾는 것이다. 데이터만 충분히 많이 쌓여 있다면 그 안에서 데이터들이 공유하고 있는 패턴이나 법칙을 찾아내고, 그에 따라 원하는 결과를 예측할 수도 있다. 단백질 구조 예측 문제도 마찬가지로 서열 모음 데이터 안에 숨어 있는 패턴들을 찾아 구조를 예측하고자 하는 문제이기 때문에 인공지능을 활용하기에 가장 좋은 분야 중 하나다.

진화정보를 활용한 구조 예측 인공지능

단백질 구조 예측을 위한 인공지능의 활용은 현재 생명과학 혁명의 핵심 아이디어 중 하나인데, 아이디어 자체는 굉장히 단순하다. 진화적으로 연관이 있는 서열 안에 구조와 관련된 어떤 패턴들이 나타나는데, 그 패턴을 잘 찾으면 3차원 구조 정보를 만들 수 있다. 그리고 바로 이 과정을 인공지능이 처리하도록 하는 것이다.

실제 데이터를 살펴보면 서열 모음은 그냥 알파벳이 쭉 쓰여 있는 텍스트다. 그리고 구조 패턴이라는 것은 아미노산끼리 가까이 있으면 노란색, 멀리 있으면 보라색으로 칠해진 그림처럼 표현할 수 있다고 보면 된다. 이런 구조의 패턴을 바탕으로 단백질 3차원 구조를 만들어 내야 하는데, 인공지능이 어떻게 이 문제를 풀도록 만들 수 있을까?

일단 사람이라면 글을 바탕으로 그림을 어떻게 그릴지 한번 생각해 보자. 만약 누군가 그림을 묘사한 텍스트를 주면서 그 내용대로 그림을 그려 보라고 한다면, 대부분 비슷한 접근을 할 것이다. 글을 쭉 읽으면서 우선 무슨 사물을 집어넣어야 하는지 찾아보는 것이다. 그다음에 사물을 배치하기 위해 위치 정보를 파악할 것이다. 거기에 각 사물의 색깔이나 사람의 행동에 대한 묘사를 통해 디테일을 더하고, 만약 부족한 정보가 있다면 지금까지의 그림을 바탕으로 가장 자연스럽게 나머지 부분을 채워갈 것이다.

이처럼 사람이 글을 읽고 그림을 그리는 과정을 살펴보면 한 번에 모든 것을 이해하고 쭉 완성하는 것이 아니라 조금씩 정보를 찾아서 업데이트하고, 다시 글과 비교하여 새로운 정보나 틀린 부분을 찾아가는 식으로 끊임없이 피드백을 주고받으면서 그림을 완성하게 된다.

단백질의 구조 예측 문제도 마찬가지다. 이는 서열 모음이라는 글을 읽고 그 안에 숨어 있는 구조의 패턴에 대해서 그림을 그리는 과정이라고 볼 수 있다. 그렇다면 서열 모음이라는 글을 읽고 해독하는 인공지능 모델과 구조의 패턴에 대한 그림을 그리는 인공지능 모델을 두고, 그 사이에서 피드백을 주고받으며 만들어진 패턴을 바탕으로 단백질 3차원 구조를 만들면 된다. 실제로 이러한 아이디어를 서로 다른 방식으로 구현해 만든 것이 알파폴드와 로제타폴드다.

알파폴드와 로제타폴드의 혁신

알파폴드는 MSA(Multiple Sequence Alignment)라는 서열 모음, 즉 다중 서열 정렬 정보를 읽고 이해하는 부분, 그리고 이에 대한 그림을 그리는 부분의 두 트랙을 오가면서 구조에 대한 패턴을 그려내고, 마지막에는 정보를 조합하여 3차원 구조를 만드는 형태로 구성되어 있다. 로제타폴드도 마찬가지로 MSA를 읽고 이해하는 부분과 구조 패턴에 대한 그림을 그리는 두 부분으로 구성되고, 추가적으로 단백질의 구조를 3차원으로 바로바로 만들어 보면서 그에 대한 피드백까지도 제공하는 형태로 알고리즘을 개선한 것이다.

두 방식 모두 진화 정보를 잘 모아서 글을 읽고, 그 안에 숨어 있는 구조에 대한 패턴을 찾아 단백질의 3차원 구조를 예측하자는 핵심 아이디어를 바탕으로 하고 있다. 이는 생명과학에서 50여 년간 해결하지 못할 만큼 가장 어려웠던 단백질 구조 예측 난제를 풀어낸 혁신이기도 하다. 단백질 구조 예측 학술대회(CASP)에서 알파폴드와 로제타폴드는 100점 만점에 거의 90점에 달하는 높은 수준의 정확도를 보여 주었다. 실제로 확인해 보면 사람이 직접 눈으로 들여다본 구조와 인공지능이 예측한 구조가 거의 똑같이 생겼다는 것을 알 수 있다. 이제 컴퓨터에서 클릭 몇 번만 하면 누구나 정확도 높은 단백질 구조를 예측할 수 있게 된 것이다.

알파폴드와 로제타폴드는 단백질의 단일 구조뿐 아니라 단백질 사이의 상호 작용에 대해서도 똑같은 방법을 활용하여 예측할 수 있다. 진화 과정에서 단백질이 기능을 유지하기 위한 필수적인 구조를 유지하려고 했고, 그 결과 진화적으로 연관이 있는 서열을 모아 구조와 관련된 패턴을 예측할 수 있게 되었듯이 단백질 사이의 상호 작용에서도 마찬가지다. 단백질이 어떤 기능을 수행하기 위하여 꼭 다른 단백질과의 결합이 필요했다면, 두 단백질은 항상 결합하도록 진화가 이루어졌을 것이다. 그 결과 두 단백질 사이의 진화 정보에는 결합에 대한 정보도 숨어 있게 된다.

알파폴드나 로제타폴드는 결합이나 구조에 대한 패턴을 찾아내는 데 특화되어 있었기 때문에 단백질 사이의 결합에 대해서도 같은 방식으로 예측할 수 있었다. 실제로 이 아이디어를 적용하여 효모(yeast) 세포 안에 있는 모든 단백질 사이의 상호 작용을 예측할 수 있었다. 이를 실험으로 검증해 보았을 때 예측의 정확도가 상당히 높다는 것을 확인하여 2021년에 〈사이언스〉에 게재되기도 했다.

그동안 단백질의 구조와 상호 작용을 미리 예측하고 계산할 수 없었기 때문에 생명체라는 것을 온전히 이해할 수 없다는 것이 생명과학 분야에서의 통념이었는데, 알파폴드와 로제타폴드의 등장은 이러한 통념을 깨기 시작한 중요한 기점이 되었다.

인공지능 기반 항체 신약 개발의 가능성

단백질 구조 예측이 가져온 다양한 가능성 중에서도 산업적으로 가장 비중 있게 기대되는 분야는 바로 항체 신약이다. 단백질에 유도 미사일처럼 알맞게 붙을 수 있는 항체 신약을 개발할 수 있다면 항체 치료제 분야에서 그야말로 근원적인 변화를 불러일으킬 수 있을 것이다.

항체 신약은 단백질 의약품으로 분류된다. 보통 항체는 Y자 모양을 가지고 있고 대부분의 영역은 시퀀스가 정해져 있다. 다만 끝부분에 있는 CDR이라는 상보성결정부위(Complementary Determining Region) 영역이 약 60개의 아미노산으로 이루어져 있는데, 바로 이 부분의 아미노산의 서열을 바꾸어 다양한 항원들을 잡을 수 있게 된다. 그 일례가 바로 최근 암 치료에서 많이 쓰이는 면역 항암제인 키트루다(Keytruda)다. 우리 몸에서 항원 특이적인 적응 면역을 주관하는 T세포에는 솟아오른 PD-1이라는 안테나와 같은 부분이 있는데, 암세포는 이 안테나들을 누르면서 정상 세포인 척 거짓 신호를 보낸다. 그래서 T세포들이 암세포를 공격하는 기능을 제대로 수행하지 못하게 되는데, 키트루다 항암제를 투여하게 되면 암세포가 안테나를 누르지 못하도록 항체가 PD-1 안테나에 먼저 붙는다. 그러면 T세포가 다시 제대로 암세포를 공격하며 면역력을 강화할 수 있는 것이다.

키트루다는 이러한 개념의 면역 항암제로서 최근 10여 년간 항암 치료의 판도를 바꾸었을 뿐만 아니라 벌써 하나의 큰 산업을 이루고 있을 정도다. 2021년에 이미 10조 원 이상의 매출을 올렸고, 올해도 전 세계적으로 20~30조 원 가량의 매출이 예상된다. 항체 의약품의 성공은 사실상 수십조 원 규모의 엄청난 산업 시장을 형성하게 되는 셈이다.

일반적인 신약 개발의 프로세스를 살펴보면 전임상 단계라고 하는 기초 탐색 연구와 비임상 단계까지가 약 6.5년 정도가 걸린다. 어떤 질병에 대해 이해하고, 동물 실험 등을 통해 신약의 후보를 만드는 단계가 이 단계다. 이 단계를 거쳐 신약 후보가 나오면 보통 다국적 제약 회사로 이전되어 1상, 2상, 3상의 임상시험을 거치고 최종적으로 신약 허가를 받는 데까지 다시 약 8년 정도 걸린다. 그리고 보통 이 임상시험 단계에서 5개 중에 한두 개 정도만 최종적인 허가를 받는다.

신약 개발의 성공 확률이 이처럼 낮은 이유는 생물학 분야의 특이성 때문이다. 보통 건축이나 반도체처럼 물리학이나 화학에 기반한 학문은 근본 원리를 바탕으로 설계하여 충분한 시뮬레이션을 거치고 완성도에 대한 확신이 있을 때 결과물을 만든다. 그러나 생물학 분야에서는 지금까지 이러한 전산적인 설계나 예측이 불가능했다. 특히 항체의 경우, 특정 항원에 대한 항체를 만들고 싶다면 그 항원을 엄청난 수의 쥐나 토끼에게 주사한 다음 거기에서 얻어진 항체를 개량하는 방법을 사용했다. 즉 항체가 특정 항원을 붙잡는 원리를 알 수 없을뿐더러 항체 신약 개발에 엄청난 자원과 노력이 들어갈 수밖에 없다. 그런데 이제 인공지능을 통해 항체를 설계할 수 있다면, 마치 건물을 설계하듯 충분한 근거와 확신을 바탕으로 신약을 개발할 수 있는 첫 단계에 접어든다고 볼 수 있다.

항체 의약품 설계에서
기존 단백질 구조 예측 인공지능의 한계

알파폴드와 로제타폴드 같은 단백질 구조 예측 인공지능을 통해서 항체까지도 설계할 수 있을 것이라는 기대와 달리, 안타깝게도 알파폴드와 로제타폴드로는 항원-항체 결합 예측을 하는 데는 한계가 있다.

실제로 항원-항체 결합 예측에서 알파폴드만을 썼을 때에는 정확도가 0%라는 결과가 나왔고, 여기에 단백질 결합 구조에 조금 더 특화하여 학습한 알파폴드-멀티머를 활용한 결과에서도 정확도가 28% 수준에 불과했다. 적어도 90% 정도는 되어야 확신을 가지고 투자와 개발이 이루어질 텐데, 예측 정확도가 너무 낮은 것이다. 각각의 개별 단백질은 놀랍도록 정확히 예측할 수 있고, 또 단백질 간의 결합까지도 예측하는 알파폴드와 로제타폴드가 왜 하필이면 정말 중요한 항원-항체 결합에 대해서는 이렇게 성능이 떨어지는 것일까?

여기에는 두 가지 정도의 근본적인 이유가 있다. 일단 앞서 설명하였듯이 알파폴드와 로제타폴드는 지난 20년간 각 생물체를 통해 얻어진 DNA 시퀀스를 바탕으로 만들어졌다. 그런데 항체 정보는 자손에게 전달되지 않는다. 이를테면 내가 어렸을 때 수두에 걸렸다면 몸속에 수두 바이러스에 대응하는 항체가 생기게 되지만, 아이를 낳게 되면 그 항체 정보는 자식에게 전달되지 않는 것이다. 즉, 그 아이도 자신이 수두에 걸려야만 수두 바이러스에 대응하는 항체 정보 DNA를 얻게 된다. 그러니까 결국 알파폴드와 로제타폴드가 학습한 서열 정보(MSA)에는 항체 정보가 비어 있기 때문에 학습할 기회 자체가 없었다는 것이 한 가지 이유다.

그런데 학습할 기회가 없었다고 해도 인공지능이라면 기존의 학습 내용을 바탕으로 예측이 가능하지 않을까? 여기에 또 하나의 어려움이 있다. 알파폴드와 로제타폴드가 학습한 주된 영역은 바로 항체의 기둥에 해당하는 '몸체' 한정으로 적용된다. 항체의 Y자 형태에서 몸체는 대부분 시퀀스가 정해져 있고 끝에 있는 CDR의 시퀀스가 바뀌면서 다양한 항원을 붙잡는다. 기존의 인공지능 학습 모델에서는 항원-항체 결합에서 핵심이라 할 수 없는, 바뀌지 않는 몸체만을 비교적 정확하게 예측할 수 있는 것이다.

항체라는 건 우리 몸이 적응 면역계를 통해 만들어 낸 것이다. 우리 몸에서 가지고 있는 DNA를 바꿀 수 있는 데에는 한계가 있는데, 그 안에서 굉장히 다양한 바이러스에 대응을 해야 한다. 그러다 보니 생명체가 고정된 구조만을 이용하여 항체를 만들면 대응할 수 있는 가짓수가 너무 적고, 아예 새로운 모양을 만들려면 진화하는 데 에너지가 많이 들 것이다. 그래서 몸체는 거의 고정되어 있으면서, 그 끝부분에 루프 영역(loop region)이라는 나풀나풀한 영역을 진화적으로 만들어 낸 것이다. 이 영역은 모양이 정해져 있지 않고 다양한 항원의 항체와 결합하기 위해 가변적인 구조를 갖는다.

그래서 알파폴드와 로제타폴드는 항체 단백질의 뼈대에 대한 예측은 잘할 수 있지만, 항체 설계에 있어 가장 중요한 루프 영역에 대해서는 학습할 기회가 없었을 뿐 아니라 아예 학습한 영역 바깥의 문제였던 것이다.

항체 의약품 설계 인공지능를 위한 새로운 접근법

기존의 단백질 구조 예측 인공지능의 한계를 극복하기 위해서 연구자들은 새로운 접근법을 시도하고 있다. 그중 하나는 항체에 대한 새로운 데이터를 모아서 인공지능에게 예측하도록 하는 것이다.

항체는 Y자 몸통의 끝에 있는 루프 영역이 다양한 항원과 결합하게 되는데, 우선 이 CDR 부분을 이루고 있는 60개의 아미노산 중에서 한두 군데를 바꾸어 항체를 만들어 본다. 그리고 목표로 했던 항원과 붙여 보고, 실험을 통해 상호 작용이 얼마나 잘 되었는지에 대한 점수를 매긴다. 다음에는 CDR 부분의 몇 군데를 바꾸어 보고 항원과 붙여 보아 점수를 매긴다. 이런 식으로 최대한 많은 개수의 데이터를 모은 다음 인공지능에게 보여 준다. 이렇게 여러 가지 정답지를 보여 주다 보면 나중에 인풋을 가리고 아웃풋만 보여 줘도 인공지능이 추측하여 CDR의 시퀀스가 어떨지 답을 도출하게 된다. 그렇다면 이것은 결국 항체를 설계할 수 있는 능력과 동일하다.

즉 알파폴드와 로제타폴드가 단백질의 뼈대를 예측했다면, 이제 구조가 없는 루프영역까지 인공지능의 예측 영역을 넓혀가야 하는 단계이다. 이제 누가 CDR의 시퀀스를 정교하게 바꾸면

서 더 빨리 만들어 내는가, 또 만들어 낸 항체를 항원과 붙여서
상호 작용의 결합력을 빨리 측정하는가의 싸움이라고 볼 수 있다.

1) DNA library, FACS, NGS를 결합한 방법

우리나라뿐 아니라 미국과 유럽의 선진국에서도 같은 방
향성을 두고 여러 연구가 진행되고 있다. 그중에서도 캐나다의
AbSci라는 회사가 유명하다. 여기에서는 항체 시퀀스를 많이 만
들어 내기 위해서 약 수천에서 수만개의 CDR 서열을 커버할 수
가 있는 DNA 라이브러리를 만드는 방법을 채택했다. DNA들을
일군의 세포들에게 발현시키면, 그 세포들 중의 일부는 표면에
특정 CDR 서열을 갖는 항체들이 생기고, 또 어떤 세포들에게는
또 다른 CDR 서열을 갖는 항체들이 다같이 생겨나게 된다.

여기에 형광 표지가 되어 있는 항원들을 붙여보면, 결합이
잘 된 경우에는 형광 물질이 세포에 더 많이 묻게 될 것이다. 이
때 FACS(Fluorescence Activated Cell Sorting)라는 기술을 사용하여 항
원이 더 많이 결합한 항체들과과 덜 결합한 항체들, 또 거의 항
원이 붙지 않은 항체들을 나누어 분류한다. 그러면 세포에 DNA
시퀀싱을 하여 어떠한 항체가 그 세포 안에 있었는지를 알아내
게 된다면, 한 번에 수천 개나 혹은 그 이상의 항체들에 대한 항
원 결합점수를 알 수 있게 되는 것이다. 즉 DNA 라이브러리,
FACS, 마지막으로 시퀀싱하는 NGS(Next Generation Sequencing)를
결합하는 방법이다.

그런데 이 과정 중에서 바로 FACS 단계에 문제가 있다. 위
에서는 세 단계까지 분류할 수 있는 것처럼 설명하였지만 실제

로는 2단계 분류도 어렵다는 점이다. FACS를 통해 분류한 것과 실제 실험으로 결합력을 정밀하게 측정한 것을 비교해 보면, 특히 FACS에서 높은 점수를 받은 것들에 대해서는 예측 정확도가 거의 랜덤한 수준으로 볼 정도로 낮다. 결국 결합이 안 되는 경우를 제거할 수는 있지만, 실제로 결합이 이루어 졌을 때, 결합력에 대한 정량적인 데이터를 만들어낼 수는 없는 것이다. 그래서 데이터를 쌓는 속도는 굉장히 빠르지만, 대부분은 'OX' 정도만 표현할 수 있을 정도의 해상도가 낮은(low-resolution) 데이터라 할 수 있다. 이를 바탕으로 올해 초에는 인공지능 개발을 선언하면서 바이오 아카이브에 논문을 올리기도 했지만, 아직은 여러 면으로 개선할 점이 많을 것으로 보인다.

2) 초저온 전자현미경(Cryo EM)을 사용하는 방법

또 다른 사례로는 보스톤에 위치한 회사인 Generate Biomedicines사가 있다. 여기에서는 직접 항체를 만들어서, 항원과 결합시킨 정확한 구조를 초저온전자현미경으로 모두 파악하겠다는 야심찬 프로젝트를 진행하고 있다. 결합 정도를 70점, 82점 식으로 점수로 측정하는 것이 아니라 결합구조에 대한 정밀한 정답지를 데이터로 만들겠다는 것이다. 최근에는 Amgen이라는 회사에서 1.9조 정도의 투자를 받기도 했다. 다만 엄청난 투자금과 인력이 동원된다고 해도 현실적으로 한 달에 20~30여 개의 데이터를 만들어 내는 것도 어려운 목표 수치일 것으로 생각된다.

기존 연구 방법의 한계와 보다 강력한 항체 설계 인공지능

현재 논의되고 있는 방법들은 속도가 빠르면 데이터의 정확도가 떨어지고, 데이터의 정확도가 높으면 속도가 느리다는 문제점이 있다. 우리나라에서는 항체 신약 산업에 많은 투자가 이루어지고 있지만, 항체 설계보다는 주로 생산에 집중되어 있는 상황이다. 그렇다면 한국이 발달되어 있는 제조업을 잘 이용하여 우리 나름대로의 빅데이터를 쌓고, 그걸 바탕으로 새로운 항체 설계 인공지능을 만들면 어떨까? 이러한 고민에 착안하여 단백질 상호 작용을 비롯해 다양한 융합 작용에 관해 연구를 진행했고, 최근 우리만의 분석 칩과 장비를 만드는 데 성공했다.

궁극적으로 특정한 항체를 만들었을 때 항원과의 상호 작용을 정확하고 빠르게 분석하는 것이 핵심인데, 우리 연구팀이 개발한 분석 시스템은 미량의 표적 단백질(여기서는 특정 CDR 서열을 갖는 항체를 의미한다)을 정제 없이 분석할 수 있다. 이를 통해 CDR 서열을 갖는 항체의 항원 결합력이 높은지 낮은지를 빠르게 확인할 수 있다.

이 기술을 기반으로 최근 굉장히 빠른 속도로 일주일에 250개의 데이터 포인트를 만들고 있다. 즉 250여 개의 서로 다른 CDR 시퀀스를 가진 항체를 만들고 항원과의 결합력을 측정할 수 있다는 것이다. 무엇보다 칩과 장비를 만드는 기술을 우리가 직접 보유한 상황이기 때문에, 올해 말까지 훨씬 많은 항체 항원을 한 번에 측정할 수 있는 대용량 칩도 설계하고 있다. 최종적인 목표는 2023년 하반기까지 일주일에 데이터 포인트 1천 개를 생성하여 빅데이터를 만들어 내는 것이다.

　이렇게 매주 데이터 포인트 1천 개씩 1년 동안 생성한다면 수만 포인트가 모일 것이고, 더욱 속도를 올릴 수 있다면 최종적으로 데이터 포인트가 약 1백만 개 정도 만들어질 것으로 전망한다. 그러나 CDR에는 60개의 아미노산이 있고 여기에 각각 20종류의 아미노산을 골라 넣으면 20^{60}이라는 어마어마한 가짓수가 존재한다. 그렇다면 과연 1백만 개 데이터로 20^{60}이라는 엄청난 규모의 CDR 서열 조합을 효율적으로 탐험할 수 있는 인공지능 프로그램을 만들 수 있을까?

　유력한 접근방법은 약 1천여 개의 항원-항체 결합 구조가 담긴 단백질정보은행(PDB, Protein Data Bank)라는 단백질 구조 데이터베이스를 출발점으로 삼는 것이다. 여기에서 루프 영역의 서열을 바꿔가며 계속 데이터를 추가해 간다면 다양한 타깃에 대해 좀 더 그럴 듯한 데이터를 모아볼 수 있을 것이다.

　구체적으로 말하자면, 이제까지의 연구 결과를 통해 타깃 항원에 잘 결합하는 항체의 구조를 알고 있다. 이를 지형에 비유한다면, 결합력이 좋은 항체는 산의 꼭대기나 그 주변이라고 생각할 수 있다. 여기에서 아미노산 하나를 바꿔 보면 결합력이 더 강해지거나 혹은 더 약해지는 반응을 확인할 수 있다. 혹은 아미노산의 길이를 바꿔보거나 일부를 빼는 등, 주변에 어떤 영향을 주는지 산봉우리에서 퍼져 나가듯 조금씩 넓게 탐색해 보자는 것이다.

　이 방식으로 인공지능을 학습시키면 어느 정도 산봉우리의 주변을 이해하는 인공지능이 나올 것이다. 그러면 일단 아무 항체나 한번 설계해 보도록 한다. 운이 좋으면 그 주변에서 좋은 항체들을 발견하겠지만, 실험을 해 보니 결합하지 않는 항체들이 나올 수도 있다. 그렇다면 인공지능에게 '80점짜리라고 설계해 준 항체가 실제로는 30점밖에 안 된다'라고 피드백을 주면서 잘 못 학습한 내용을 수정한다. 이런 식으로 조금씩 데이터를 확장해 간다면, 조금 더 효율적이면서도 분명히 항체를 설계하는 인공지능을 만드는 데 핵심적인 데이터들을 모을 수 있을 것이라고 생각한다.

이 연구 방식에서 우리가 달성하고자 하는 목표는 100만 데이터 포인트를 모으는 것이다. 그 과정에서 10만 데이터 포인트를 모은 시점에는 단순한 Y자 항체를 대상으로 훨씬 강력한 설계 능력을 가진 인공지능을 만들 수 있으리라 기대하고 있다.

적응 면역계를 이해하는 인공지능으로의 확장 가능성

우리 몸의 적응 면역계의 바이러스 대응 기전을 살펴보면, 적응 면역계의 핵심은 바로 B세포와 T세포다. 항체는 B세포가 바이러스에 대응하며 우리 면역 체계를 활성화시키는 방법인데, T세포도 T세포 수용체(TCR, T-cell receptor)라고 부르는 일종의 안테나를 통해서 자신이 아닌 다른 물질을 식별하고 공격하는 일을 한다. 만약 항체를 설계하는 인공지능을 만들 수 있다면 우리 몸의 적응 면역계의 절반, 즉 B세포의 기전을 이해하게 된다고 볼 수 있을 것이다. 만약 같은 방식으로 T세포의 안테나가 작용하는 기전도 알 수 있다면 어떨까. 이 두 가지를 모두 알 수 있다면 우리 몸의 적응 면역계를 완전히 이해할 수 있는 날이 올지도 모른다.

놀랍게도 항체와 T세포 수용체의 구조를 보면 거의 똑같이 생겼다. 생김새뿐 아니라 결합하는 방식이나 원리도 매우 유사하다. 즉, 항체와 항원 사이의 결합을 잘 이해할 수 있는 데이터를 통해서 배운 인공지능은 기본적으로 이 루프를 중심으로 상호 작용하는 패턴에 적용할 수 있을 것이다. 물론 추가적인 연구가 필요하겠지만, 항체를 이해하는 인공지능이 만들어진다면 적응 면역계의 다른 한 축인 T세포 기반의 적응 면역계 전반에도 큰 도움을 줄 것으로 기대된다.

이렇게 우리 몸의 적응 면역계를 잘 이해하여 항체뿐 아니라 T세포 수용체까지도 설계할 수 있는 인공지능이 만들어진다면 어떤 파급 효과가 발생할까. 기본적으로 단일 항체 기반의 의약품, 바이러스 치료제나 면역 항암제를 훨씬 효율적으로 만들 수 있을 것이다. 효율성이 높아지다 보면 조금 더 개개인의 특성에 맞는 맞춤 의약품을 설계하는 것도 가능할 수 있다. 또한 단일 항체 외에도 최근에는 Y자의 항체 양쪽에 각각 다른 단백질이 결합하도록 설계한 이중 항체 신약이 있다. 평소에는 멀리 있는 서로 다른 두 개의 타깃을 끌어당겨 추가적인 반응을 촉진하는 역할을 하는데, 단일 항체보다 개발하기가 더 어렵다. 그런데 항체 설계 인공지능이 만들어진다면 이중 항체 개발을 효율적으로 설계할 수 있는 플랫폼도 등장할 수 있다. 마지막으로, 최근에는 세포 치료제라는 차세대 의약품이 주목받고 있다. 항체뿐 아니라 적응 면역계의 다른 한 축인 T세포의 수용체를 잘 설계할 수 있다면, 암세포를 공격하는 자가면역 질환의 치료제로서도 많은 활용을 기대해 볼 수 있다.

항체 설계 인공지능 개발의 난제

결론적으로 항체 설계 인공지능이 등장하게 된다면 의학 산업 전반에 매우 큰 파급력이 기대되지만, 이를 개발하기 어려운 이유는 기본적으로 항원과 항체 결합은 유전되지 않아 진화 정보를 찾을 수가 없기 때문이다. 또 결합 구조가 가변적이기 때문에 결합 구조에 대한 데이터가 부족하다는 것도 어려운 요인 중 하나다. 이 문제를 해결하려면 결국 우리가 물리화학적 원리를 명확히 알고 있거나, 데이터로부터 배울 수 있어야 한다. 물리화학 원리를 모두 밝혀내는 것은 현실적으로 불가능하다 보니, 많은 데이터를 쌓아서 접근하는 방향으로 해결책을 찾고 있다.

이제 우리가 항원과 항체 결합에 대한 대규모 실험 데이터를 만들어 내고, 인공지능이 필요한 원리를 학습할 수 있도록 생물학, 화학, 인공지능, 데이터 사이언스와 같이 유관 분야의 전문가들이 협업한다면 '항체 설계 인공지능 개발'이라는 난제 해결에 한 발짝 다가갈 수 있을 것이라고 본다. 이를 통해 B세포 기반의 항체뿐 아니라 T세포 기반의 면역을 이해할 수 있다면 이후 적응 면역계 전반을 활용하는 의학 산업에도 큰 혁신을 기대할 수 있을 것이다.

인공지능 기반 항체 설계에 관한 대담

├ 단백질 구조 패턴을 이해할 수 있다면 그 이면에 있는 작동 논리까지도 이해할 수 있는가?

백민경 교수 사실 인공지능의 가장 큰 문제는 마치 블랙박스처럼 그 안에서 일어나는 일을 설명할 수 없다는 것이다. 인공지능은 어떤 예측을 했을 때 이유를 설명하지 못해 그 결과를 온전히 신뢰하기가 어렵다. 그래서 인공지능이 데이터를 바탕으로 학습한 패턴을 어떻게 활용하고 있는지 역으로 밝혀내려는 연구가 많이 진행되고 있다. 앞으로 항원-항체 결합을 설계하고 예측하는 인공지능을 만들기 위해서는 인공지능의 예측 결과를 신뢰할 수 있는 결과를 도출할 수 있는 인공지능 분야의 최신 기술을 함께 접목해야 할 것이다. 그렇다면 그 과정에서 우리가 놓치고 있던 새로운 생물학의 원리도 밝혀질 수 있으리라고 기대한다.

윤태영 교수 사실 생물학이나 의학에서는 아직 원리를 모르는 것들이 많다. 많은 전통적인 약들이 왜 효과가 있는지, 또 특정 항암제가 왜 효과가 있는지에 대해서도 알려지지 않았는데 최근에는 그 원리가 더 심층적으로 밝혀지고 있다. 결국 생물학의 복잡성을 감안한다면 아직까지 장님 코끼리 만지듯 조금씩 파악하는 과정에 있고, 그 측면에서 인공지능을 배척하기보다 적극적으로 활용해야 할 것 같다.

├ 연구를 진행하면서 여전히 어려운 부분이나, 후세대가 도전해야 할 과제가 있다면?

윤태영 교수 한국은 여태까지 선진국을 쫓아가는 모델로 발전했기 때문인지, 새로운 시도를 할 때 선진국의 선례가 없으면 불안해하는 경향이 있다. 선례가 없더라도 충분히 과학적으로 가능성이 있고 기대가 되는 문제라면 과감하게 투자할 수 있는 분위기가 형성되길 바라는 마음이 있다. 앞으로 한국 과학이 발전해 나갈 때 다른 국가에서 무엇을 하는지보다는 큰 과학의 구조 안에서 어떤 연구가 필요한지를 봐야 하지 않을까.

백민경 교수 과학적인 관점에서 보자면, 생명 현상은 물리나 화학 실험과 달리 명확한 원리에 기반하여 결과가 나오는 것이 아니라 일단 관찰에 근거하는 경우가 많다. 관찰 결과에 따라서 가설을 세우고, 가설이 맞는지 끊임없이 검증하는 형태로 가장 발달해 온 게 생명과학이다. 그래서 사실 굉장히 지루할 수 있지만 오랜 관찰의 시간을 가져야 할 수밖에 없다. 특히 인공지능에서는 데이터가 많을수록 설계하기 쉬운데, 생명과학과 인공지능이 접목했을 때 가장 어려운 점이 데이터가 쌓이는 속도가 굉장히 느리다는 것이다. 인공지능이 데이터를 잘 쓰려면 표준화된 형태로 정리가 잘 되어 있어야 하는데, 데이터의 표준화가 잘 안 되어 있고 특히 실패에 대한 데이터가 없다. 인공지능은 실패 데이터를 통해서도 효율적으로 배울 수 있기 때문에 생명과학 연구들에서 이러한 데이터가 잘 정리된다면 연구의 진전 속도가 더 빨라질 수 있을 것이다.

ㅏ   빅데이터뿐만 아니라 스몰 데이터에서 작동하는 인공지능이 개발된다면 본 그랜드 퀘스트를 풀어가는 데 도움이 되는가?

백민경 교수   우리 연구실에서는 항상 양쪽으로 안테나를 세우고 있다. 한쪽으로는 생명과학 쪽에서 어떤 데이터가 쌓이고 있으며 그것을 어떻게 이해할 수 있는가, 또 한쪽으로는 인공지능 분야에서 어떤 연구가 이루어지며 그중 어떤 기술을 가져다 쓸 수 있는가를 살피는 것이다. 실제로 최근에는 데이터 부족 문제를 극복하면서 좋은 인공지능 모델을 만들기 위한 기술도 많이 연구되고 있다. 쏟아져 나오는 논문들을 추적하면서 연구 흐름이 어떻게 바뀌고 어떤 기술들이 각광받고 있는지 따라가는 한편, 생물학에 대한 도메인 지식도 쌓아야 하다 보니 이를 어려워하는 학생들도 많다. 하지만 다양한 기술을 융합적으로 접목시킬 수 있어야 하기 때문에 최신 연구 트렌드의 변화와 새로이 개발되는 기술을 끊임없이 탐색하면서 연구 계획을 수정하고 진행해나가고 있다.

ㅏ 챗GPT처럼 비지도학습을 적용할 수 있는 방법은 없는가?

백민경 교수 챗GPT 같은 언어 모델은 비지도학습이라기보다 자기 자신을 아웃풋 삼아서 학습한다. 이를테면 어떤 문장을 만들 때 첫 단어가 '나'로 시작했다면 다음 단어는 무엇일까 하는 식으로 자기 자신을 라벨 삼아서 학습하기 때문에 비지도학습이라고 하기도 하고, 준지도학습이나 자기 지도학습이라고 부르기도 한다. 어떻게 보면 큰 틀에서는 경계에 있는 형태라고 할 수 있다. 우리가 생각하는 항체 설계 방법도 챗GPT와 비슷하게 학습할 수 있는 방법은 많다. 항체 결합에 대한 데이터는 없지만 항체의 서열에 대해서는 몇십만 개의 데이터가 있기 때문에, 챗GPT의 답변에 대해 점수를 매기고 피드백을 주는 식으로 인공지능의 항체 설계를 검증하여 학습시킬 수 있을 것이다. 실제로 챗GPT의 학습 방법과 비슷한 아이디어를 적용하여 활용하려는 연구도 진행되고 있다.

├   mRNA 백신 쪽으로도 또 다른 가능성이 있는가?

윤태영 교수   mRNA에 대해 우리 면역계가 어떻게 반응하는지 이해하는 것이 mRNA 기술을 완성하는 한 축일 것 같다. 아직은 면역계가 어떻게 가동하는지 잘 이해하지 못하고 있기 때문에, 이후 적응 면역계에 대해 완전한 이해를 하게 된다면 개인에 맞춰 설계된 백신을 적용할 수 있을 것 같다.

├   100만 데이터를 만든다고 해도 여전히 제한적인데 인공지능 설
    계를 위해 어떻게 극복 가능한가?

백민경 교수   항체 설계 인공지능을 위해 수학적으로 완벽히 새로운 알고리즘을 개발하려는 것은 아니다. 기존에 이미 활용되는 알고리즘이나, 알파폴드와 로제타폴드의 기반이 되었던 다양한 알고리즘을 적절히 활용하는 것이 좋은 전략이 될 것이다. 사실 알파폴드나 로제타폴드도 완전히 새로운 알고리즘을 만든 것이 아니라, 자연어 처리나 3차원 데이터를 다루기 위해 쓰이던 아이디어를 단백질에 특화되도록 조금씩 변형하여 만들어 낸 것이라고 보면 된다. 지금의 연구도 마찬가지로 실생활과 밀접한 언어 모델이나 3차원 모델링 인공지능 등에서 우리가 사용할 만한 알고리즘을 이용해 항체 설계에 특화되도록 잘 변형시키는 게 융합 연구를 하는 사람들의 몫이라고 생각한다.

├ 인공지능은 학습할 때 성공적인 데이터와 실패한 데이터 중 어
  느 쪽에 더 가중치를 두는가?

백민경 교수 만약에 모든 항체가 주어진 항원에 대해서 항상 결
합하는 데이터만을 인공지능에게 훈련시킨다면 지금까지의 인풋
에 따라 이 인공지능은 어떤 데이터를 주더라도 무조건 결합을
할 것이라고 잘못된 예측을 하게 된다. 그래서 실패에 대한 데이
터도 중요하다. 물론 아무렇게나 설계해서 실패한 것이 아니라,
정말 될 것이라고 기대하면서 최선의 조합을 만들었는데도 불구
하고 실패하는 데이터를 말한다. 이러한 데이터가 없다면 인공지
능도 결국 똑같은 아이디어를 냈다가 똑같은 실패를 경험할 수
밖에 없을 것이다. 결론적으로 거의 성공과 실패의 데이터가 서
로 절반씩 섞여 있을 때 인공지능이 밸런스 있게 학습할 수 있을
것이라고 생각한다.

├ FACS에 비해 지금 진행하는 연구는 해상도가 어느 정도로 개선
  되었나?

윤태영 교수 일단 FACS는 항원의 형광 물질이 많이 묻었는지
안 묻었는지 판별하는 방식으로는 'O', 'X'밖에 판별할 수 없다.
그런데 단백질 상호 작용 분야에는 해리상수(dissociation constant)
라는 개념이 있어 이를 기준으로 객관적인 결합 정도를 판단한
다. 우리가 개발한 플랫폼에서는 이 해리상수를 상당히 정확하게

구할 수 있다. 모든 사람들이 이해하고 받아들일 수 있는 데이터가 나온다는 게 우리 플랫폼의 상당한 강점이다.

또한 주당 250여 개의 항체를 만들고 검사할 수 있을 만큼 빠른 속도가 가능한 이유를 간략하게 언급하자면, 기존에는 DNA 합성 후 클로닝(Cloning)이라는 과정을 거쳐 DNA를 부풀리게 된다. 그리고 DNA를 세포에게 전달하면 거기에서부터 많은 항체를 고순도로 만들게 되는 것이다. 그런데 우리 플랫폼은 한 종류의 항체를 고순도로 많이 만들어 내는 것보다 다양한 항체를 빨리 만드는 것이 중요하기 때문에 이러한 증폭 과정이 없다. 우리 원래 굉장히 미량의 단백질을 임상 검체에서 검진하려고 만들어서 미량으로 만든 항체를 별도의 정제 과정 없이도 볼 수가 있기 때문에, 결론적으로 많은 과정을 생략하고 시간을 절약할 수 있었다.

├ 학습 데이터 부족 외에 다른 문제는?

백민경 교수 보통 실험은 우리의 몸 안에서 진행하는 게 아니라 좀 더 잘 통제할 수 있는 실험실 환경에서 진행을 하게 된다. 부족한 데이터를 쌓아가긴 하겠지만, 그 대부분이 사실 실험실 환경에서의(in vitro) 데이터일 것이다. 그런데 우리가 어떤 항체를 설계했을 때 분명 실험실 환경에서는 문제가 없었다고 해도, 몸 안에 들어가게 되면(in vivo) 환경이 다르다 보니 또 어떤 요소가 영향을 미칠지는 모른다. 이 역시 매우 어려운 난제 중의 하나다. 또 학습 데이터를 쌓는 과정에서는 고순도로 만들 필요가 없지만 실제 신약에서는 고순도로 만들 수 있어야 하기 때문에 생산이 용이한 항체인가, 몸속 환경에서도 실험실에서 기대했던 것만큼의 역할을 할 수 있는가 등 해결해야 할 실제적인 문제들은 무수히 많다. 특히 사람마다 특성이 다 다르기 때문에 개개인의 환자에게 어떤 영향을 줄지 예측하는 것이 그다음 단계가 될 것이라고 본다.

├   융합적인 연구 분야의 장단점은?

백민경 교수   나는 학부는 화학을 공부했지만 실험 대신 컴퓨터를 이용하는 연구에 관심을 갖다가 지금은 생명과학부 교수가 됐다. 당연히 예전에는 내가 이런 분야의 연구를 하게 될 줄 몰랐는데, 그때그때 가장 재밌는 일 혹은 새로운 지식을 배울 수 있는 것들을 찾다 보니 여기까지 오게 된 것 같다. 그러다 보니 아무래도 새로운 기술이 나왔을 때 그에 대한 거부감이 없고, 오히려 적극적으로 공부해 보거나 이해가 안 되면 직접 개발자나 관계자분들을 만나 설명을 들어 보기도 한다. 이처럼 다양한 분야를 연결지으면서 연구하다 보니, 전혀 다른 분야의 사람들과 이야기할 때도 최대한 쉽게 풀어서 비유하거나 이야기할 수 있게 됐다. 남들이 연구하는 내용을 내가 이해할 수 있는 상황으로 빗대어서 손쉽게 이해하는 능력을 키우게 된 것도 장점이다. 빠른 시대 변화에 발맞춰 새로운 기술을 받아들이고, 나 역시 가능한 폭넓은 시야를 가지고 다양한 시도를 해보려고 한다.

윤태영 교수 나는 원래 전자과에서 액정 디스플레이를 연구하다가 단순히 생물학에 관심이 생겨서 여기까지 오게 됐고, 그때마다 항상 좋은 선생님들을 만나 큰 도움을 받았다. 정해진 길을 가기보다 새로운 것을 추구하다 보면 길이 열리게 된다는 것을 경험으로 느꼈다. 그러한 과정이 흥미진진하면서도 한편으로는 아직도 이게 내 길이 맞나 싶은 불안이 있다는 건 단점이라고 할 수 있겠다.

양자과학 기술은 100m 경주가 아니라 마라톤과 같은 긴 흐름을 봐야 하는 분야이다. 기존의 정보과학 기술의 판도를 완전히 바꿔 놓을 만큼 많은 가능성이 기대되지만 아직은 하드웨어 기술을 어떻게 구현할지를 넘어서 활용 가능 범위에 대해 명확한 해답도 나와 있지 않은 상황이다. 양자과학 기술을 활용한 양자컴퓨터가 실용적으로 쓰이기 위해서는 고전 컴퓨터만큼 오류가 낮아야 하지만, 이 문제를 해결하는 것이 하드웨어 구현 측면에서 현재 가장 어려운 난제다. 큐비트의 조작 용이성과 계산의 신뢰성을 동시에 만족시키는 범용 양자컴퓨터를 구현하는 데 있어 반도체 집적 회로 분야에서 축적된 한국의 역량을 활용할 방법은 무엇일까? 집적 회로 기반의 양자 컴퓨팅 플랫폼을 만들기 위해서는 어떤 문제를 풀어야 할까?

11장

양자정보과학:

집적 회로를 기반으로 양자컴퓨터를 만들 수 있을까?

박제근 서울대학교 물리천문학부 교수

세계 최초로 '2차원 자성체' 분야의 이론을 입증할 수 있는 자성 반데르발스 물질을 발견함으로써, 양자 정보 소재 합성 연구 분야에서 독자적인 연구 영역을 구축하며 2023 포스코청암상 과학상을 수상하였다. 이 연구 성과를 기반으로 전기적·자기적 성질 조절이 가능한 '차세대 광소자 기술'을 세계 최초로 구현해 냈다. 최근 발표한 세 편의 논문은 국제 학술지인 〈네이처〉에 연이어 소개됐으며, 저탄소 사회의 핵심 기술인 차세대 광소자 기술을 연구하며 학계의 주목을 받고 있다. 2015년 한국물리학회 학술상, 2016년 한국 과학상을 수상하였으며, 2017년 한국과학기술한림원 정회원에 선정되었으며, 현재 연구재단과 삼성미래기술육성 사업의 지원을 받아서 서울대학교 양자물질연구단 단장으로 활동하고 있다.

김도헌 서울대학교 물리천문학부 교수

양자컴퓨터를 구현하기 위한 후보 기술인 반도체 방식을 연구하고 있다. 2022년 서울대학교 학술연구교육상(교육부문)을 수상하였으며, 한국연구재단 반도체 양자 컴퓨팅 연구단장, 한국과학기술한림원이 발표한 '2022년도 한국차세대과학기술한림원(Y-KSAT) 회원으로 선정되었다. 2021년 삼성미래기술육성사업을 통해 세계적인 석학 및 전문가 9명과 공동 작업한 리뷰 논문이 국내 최초로 국제 학술지 〈사이언스〉에 게재되며, 대한민국의 미래를 책임질 젊은 과학자로 손꼽히고 있다.

박제근 교수

양자과학 기술의 현재와 미래

보통 양자컴퓨터를 이야기할 때 자주 쓰이는 IBM의 양자컴퓨터 사진이 있다. 마치 샹들리에를 닮았다고 해서 '샹들리에'라는 별명으로도 부른다. 수십 mK의 보통 희석냉동기라 부르는 극저온 냉동기에 부분적으로 금이 들어간 부품을 넣는다. 다만 앞으로 이런 샹들리에 구조는 보기 어려울 것이다. 2022년 11월 IBM에서 외부제어기와 정보를 주고 받는 제어용·피드백용 라인들이 한층 더 단순한 연결띠로 된 오스프리(Osprey) 양자컴퓨터를 발표한 것이다. 앞으로 양자 컴퓨팅 기술은 이같은 방향으로 발전하리라 예상한다.

굉장히 뜨거운 불확실성의 시간

양자과학 기술에 대한 기대를 방증하듯, 〈파이낸셜 타임스(Financial Times)〉나 〈블룸버그(Bloomberg)〉뿐만 아니라 국내 언론에서도 양자과학 기술로 인한 엄청난 붐이 곧 일어날 것처럼 다루고 있다. 그러나 양자과학은 아직 불확실성이 크다. 작년부터 미국을 중심으로 퀀텀 버블을 걱정하고 있고, 실제로 전문가들 사이에서도 양자과학이 어떤 경로와 속도로 발전할지에 대해 의견이 분분한 상황이다.

기본적으로 양자과학 기술을 다루려면 먼저 양자 얽힘(quantum entanglement)이라는 개념을 이해해야 한다. 대물리학자 리처드 파인만(Richard Feynmann)이 우스갯소리로 양자 얽힘을 정확하게 이해하는 사람은 없다고 할 만큼 이해하기 어려운 요소가 많지만, 그럼에도 양자 얽힘은 앞으로의 세상에서는 중요한 개념이 될 것이다. 이를 이용해 구현하는 기술 중 하나가 바로 양자컴퓨터이다.

흔히 양자과학 기술을 양자컴퓨터와 동일한 의미로 쓰는 경우가 많지만, 양자과학이 단지 컴퓨터에 한정될 기술이었다면 이처럼 세상을 바꿀 기술로서 대대적으로 이야기되지는 않을 것이다. 양자컴퓨터는 양자과학 기술이 쓰이는 한 사례에 불과하다. 이외에도 통신, 네트워크, 암호, 물질, 센서 등 우리가 알고 있는 거의 모든 기술 분야들의 패러다임이 양자과학 기술로 인해 바뀔 것이다. 그뿐만 아니라 물리, 화학, 생물, 재료과학 등 기초과학 역시 분야를 막론하고 양자과학 기술의 발전에 큰 영향을 받을 것이다. 지금은 누구도 예측할 수 없지만, 머지않은 미래에 양자과학 기술은 이처럼 넓은 분야에 영향을 미치게 될 것이다. 이 때문에 20여 년 전부터 미국을 중심으로 전 세계 주요 국가들이 양자과학 기술에 관심을 기울이기 시작했다. 대표적으로 미국 백악관 소속 과학기술정책실(Office of Science and Technology Policy)은 2009년 〈양자정보과학에 관한 연방정부의 비전(A federal vision for quantum information science)〉을 발표하였고, 2016년에 〈양자정보과학의 발전을 위한 국가적 도전과 기회(Advancing quantum information science: National challenges and opportunities)〉를 제시한 바 있다.

양자과학 기술의 등장과 주요 사건

양자과학 기술은 최근에 갑자기 등장한 것은 아니다. 우리가 알고 있는 오늘의 양자과학 기술은 제2의 양자 혁명에 해당한다. 대부분의 기초적인 양자 지식은 1900년부터 1920년 사이, 즉 제1 양자 혁명 때 알려졌다. 에너지 양자화 개념에 기반한 새로운 기술은 반도체, 레이저, MRI 등의 획기적인 산업혁명을 가져왔고, 지금 우리 손안에 있는 휴대전화 속 반도체 칩에 이미 사용되고 있다.

하지만 지금 우리가 고민해야 하는 양자정보과학, 또는 제2 양자혁명은 보다 최근의 일이다. 지난 20~30년 동안 양자과학 기술의 흐름을 살펴보면 양자컴퓨터와 관련된 혁명의 가능성을 발견하게 된 몇 가지 사건들이 있다. 그 중 가장 중요한 행사가

1981년 미국 MIT의 엔디콧 하우스(Endicott House)에서 열린 계산 물리학 학회(The Physics of Computation Conference)이다. 이 행사에 모인 46명의 물리학자와 컴퓨터공학자들이 지금 양자정보과학기술로 알려진 새로운 기술을 기반으로 혁신적인 패러다임 변화를 모색한다. 이 학회에서 기조강연을 한 리처드 파인만이 "컴퓨터를 사용한 물리학 시뮬레이션(Simulating physics with computer)"이라는 논문을 저술하며 새로운 개념의 컴퓨터로 물리 이론을 모사적으로 표현할 수 있다는 이론적 비전을 제시했고, 이후 양자암호(quantum cryptography), 범용 컴퓨터(universal computer)와 같은 중요한 개념들이 등장했다. 뒤이어 1994년 양자정보과학에서 핵심적인 역할을 한 쇼어의 알고리즘(Shor's algorithm)이 제시된 이후, 지금까지 이 이론적 개념들을 현실로 구현하는 노력들이 축적되었다.

양자 컴퓨팅을 비롯하여 양자과학 기술을 발전시키기 위해서는 양자과학의 기본 단위인 큐비트(Qubits)를 제어하는 기술이 중요하다. 고전 컴퓨터의 단위 비트(bit)가 0과 1이라는 두 가지 상태로만 이루어진 것과 달리, 큐비트는 0과 1이 중첩된 상태를 나타낼 수 있어 물리적으로 구현하기가 훨씬 까다롭다. 1998년 IBM과 영국의 옥스퍼드 대학, 미국의 MIT가 두 개의 큐비트를 실제로 제어한 것을 시작으로 세계적으로 내로라하는 기술 기업들이 양자컴퓨터 개발에 본격적으로 나서기 시작했다. 2006년 MIT가 12 큐비트, 2017년 IBM이 50 큐비트, 2018년 구글이 72 큐비트, 2019년 리제티(Rigetti)사가 128 큐비트를 구현했고, 2021년 하버드와 MIT 그룹이 256 큐비트에 도달했다. 2022년

말에는 IBM이 433 큐비트의 오스프리 양자프로세서를 제시하기도 했다.

1998년 2 큐비트에서 2022년 433 큐비트까지, 20년 동안 큐비트 수가 200배 늘어났다. IBM의 로드맵에 따르면 2023년에 출시될 콘도르(Condor)가 1000 큐비트를 넘길 것으로 전망되고 있다. 실제로 상당히 많은 발전이 빠른 시간 내에 이루어진 셈이다.

과학기술 산업의 판도를 바꿀 양자과학 기술

양자과학 기술은 세상에 없던 기술이 아니다. 어떤 과학기술도 단독으로 존재하지는 않았듯, 양자컴퓨터도 이미 고전적으로 알려진 기술들을 요소기술로 사용하고 있다. 물론 양자 얽힘과 양자 중첩(quantum superposition)이라는 개념이 핵심 역할을 하는 것은 맞지만 그것만으로 양자컴퓨터가 만들 수는 없다. 기존에 있던 기술을 적극적으로 활용하고, 확장해서 채용하겠다는 넓은 시야가 필요하다.

현재 양자컴퓨터 분야 중 응용 단계의 가장 선두에 있는 대표적인 기술은 초전도기술과 이온트랩기술이다. 이 외에 중성원자를 이용하는 기술, 반도체 기반 기술, 광자를 이용하는 기술이 발전 단계에 있으며 위상(topology) 기반, 자성분자 기반, 밸리자유도 기반 등이 초기 단계에 있다. 이처럼 양자컴퓨터를 구현하려는 다양한 시도 또는 플랫폼이라 부르는 여러 아이디어가 제시되는 현재 상황으로 미루어 볼 때, 초전도나 이온트랩 기반 기술이 20년 뒤 최종적으로 시장을 지배할 것인지도 확신할 수 없다. 지금 발전하고 있는 각각의 기술 플랫폼은 저마다의 장단점을 가지고 있지만, 어느 기술이 산업화 단계에서 독점적인 기술이 될지는 아무도 모른다.

거시적 관점에서 본 양자과학 기술

모든 기술의 발전 과정에는 도입기와 성장기, 성숙기가 있다. 양자과학 기술은 지금 어디쯤 와 있을까? 현재로서는 양자과학, 더 좁게는 양자 컴퓨팅 기술이 아직 도입기에 머물러 있다고 볼 수 있다. 먼저 개발이 시작된 기술 플랫폼마저도 많은 연구가 필요한 데다, 아직 성공을 장담할 수 없어 많은 투자가 이루어지고 있는 실정이다. 참고로 18개월마다 메모리 집적도가 두 배씩 발전하는 무어의 법칙은 반도체 칩 산업에서 지금까지 잘 들어맞았다. 요즘은 거의 10억 개 이상의 트랜지스터가 1인치 속에 들어가게 되는 수준에 이르렀다. 양자컴퓨터의 경우 제어할 수 있는 양자의 수를 기준으로 생각해 볼 수 있을 텐데, 많은 전문가들이 적어도 100만 큐비트까지는 도달해야 실용적으로 쓰일 수 있을 것이라는 점에 동의하고 있다.

그런데 올해 IBM이 콘도르를 통해 목표를 달성해도 1,000 큐비트에 도달하며, 100만 큐비트 수준에 도달하려면 큐비트를 1천 배 이상 늘려야 한다. 반도체 산업에 적용되던 무어의 법칙을 단순히 적용해 본다면, 지금부터 최소 15년이 걸릴 것이다.

사실 큐비트의 수가 18개월마다 두 배씩 늘어날 것이라는 가정도 무척이나 낙관적인 전망이다. 개인적으로 양자우월(quantum advantage)의 범용 양자컴퓨터가 세상에 나오기까지는 15년이 아니라 앞으로 20년, 30년 이상 긴 시간이 필요할 것이라고 생각한다. 1970년대만 해도 현재의 반도체 칩과 컴퓨터를 상상조차 하지 못했으며, 모바일 휴대전화도 지금의 모습을 갖춘 지 불과 10년이 채 되지 않았다. 양자컴퓨터도 그만큼 빠른 속도로 발전할 것이라 기대하지만, 그럼에도 불구하고 오랜 시간이 걸릴 수 있다는 점을 이 분야의 학술-산업 생태계를 만들 때 반드시 고려해야 한다.

기술 성장의 디딤돌이 될 초기 응용 시장

반도체 산업이 발전하는 데는 개인용 컴퓨터(PC)라는 응용 분야가 중요했다. 개인용 컴퓨터 자체가 발전하는 과정에서도 스프레드시트라는 응용 애플리케이션이 결정적인 킬러 애플리케이션 역할을 했다. 1980년대 초, 애플 II 개인용 컴퓨터의 비지캘크(VisiCalc)와 IBM 개인용 컴퓨터의 로터스(Lotus) 1-2-3이라는 초기 스프레드시트 프로그램이 개발되며 많은 기업이 개인용 컴퓨터를 구매하게 하는 핵심적인 계기를 만들었다. 스프레드시트 프로그램을 바탕으로 사람들이 개인용 컴퓨터를 구매하면서 컴퓨터 산업의 발전이 이루어졌고, 이에 따라 반도체 산업의 발전도 더불어 이루어졌다. 이처럼 어떤 새로운 기술이 구체적인 산업으로 발전하기 위해서는 킬러 애플리케이션이 반드시 필요하다. 킬러 애플리케이션이란 컴퓨터·인터넷 등과 같이 등장과 함께 시장과 산업 전반을 변화시키는 발명품 혹은 서비스를 뜻한다. 컴퓨터 산업보다 컴퓨터 기술을 응용한 서비스가 시장의 확장과 산업 발전을 촉진하였듯이, 양자컴퓨터도 마찬가지로 고전 컴퓨터를 능가할 수 있는 구체적인 킬러 애플리케이션이 등장해야 한다. 그래야 새로운 플랫폼들의 스케일이 증진되어 다양한 영역에 영향을 끼치는 선순환 작용으로 빠르게 발전할 수 있을 것이다.

양자과학 기술 발전을 위한 국가 전략

양자과학 기술이 얼마나 폭발적으로 발전하는지 보여 주는 여러 가지 지표가 있다. 이를 단적으로 나타내는 수치 중 하나는 바로 앞으로 필요한 인력 규모다. 이미 2023년 해당 분야의 전 세계 인력 규모는 최대 2만 명 정도이며, 향후 2040년에는 60만 명으로 늘어날 것으로 전망하고 있다. 단순 계산으로 대한민국이 이 분야에서 존재감을 가지기 위해서는 적어도 전세계 대비 대략 1~2%의 전문가가 필요하고 대략 앞으로 7년 안에 대략 6천 명에서 1만2천 명의 전문가가 필요하다. 즉, 매년 최소 800명의 석박사급을 배출해야 한다. 하지만 통계적으로 현재 한국에 200~400명 정도의 양자과학 인력 풀이 있음을 감안한다면 이런 규모의 신규 인력을 양성하는 것은 우리 앞에 놓인 엄청난 도전이다. 물론 양자과학 기술이 더 더딘 속도로 성장할 수도 있지만 분명한 것은 향후 10년에서 20년 이내에 가시적인 성과들이 나올 것이라는 점이다. 이 흐름에 뒤처지지 않으려면 우리나라도 지금부터 최대한 에너지를 쏟아부어야겠지만, 마라톤 경주를 하듯 체력과 에너지를 적절하게 안배해 장기적으로 투자하는 국가적 체제를 갖추는 것이 무엇보다 중요하다. 즉, 우리나라 양자연구개발의 중점은 현실적으로 구현 가능하고, 정교한 전략적 접근이 필요하다는 것이다. 마구잡이로 돈을 쏟아붓는 식의 투자는 오히려 정상적인 생태계 발전을 왜곡시킬 우려가 있어 어떤 경우에도 지양해야 한다.

김도헌 교수

집적 회로 기반 양자 컴퓨팅

전 세계적으로 양자과학 기술의 대표 활용 사례인 양자컴퓨터를 만들기 위해 많은 노력을 기울이고 있다. 우리나라는 반도체 집적 회로에 대한 공정 기술이 뛰어나다. 한국의 강점을 살려 집적도 높은 집적 회로 기술을 기반으로 양자컴퓨터를 만들 수 있을지가 양자컴퓨터 분야에서 핵심적인 물음이라고 할 수 있다.

양자컴퓨터의 하드웨어 현황

양자컴퓨터를 이루는 가장 기본 단위는 큐비트이다. 시카모어(Sycamore) 칩은 2020년에 구글에서 만든 칩으로 큐비트가 53개 들어갔다. 하지만 2020년, 이 칩이 발표되었을 때만 해도 양자컴퓨터 기술의 실용성에 관하여 수긍하지 못하는 사람들이 많았다. 시카모어 칩이 탑재된 양자컴퓨터는 기존 슈퍼컴퓨터가 푸는 데 1만 년이 걸리는 문제를 100초 만에 풀 수 있었지만, 이 문제는 전혀 실용적이지 않은 특수 사례였기 때문이다. 그로부터 3년 후, IBM이 놀라운 성과를 발표했다. 분자들이 구조를 이루고 있을 때 그 에너지 값을 찾는 등 실용적인 문제에 대해서도 양자컴퓨터가 해답을 줄 수 있다는 연구 결과를 선보인 것이다. 지금은 고전 컴퓨터가 할 수 없는 계산 중 실용적인 문제를 양자컴퓨터로 해결하려는 시도가 이루어지는 단계에 있다고 볼 수 있다.

이에 힘입어 여러 기업과 정부 등에서도 양자컴퓨터의 규모, 즉 큐비트의 수를 늘리기 위한 경주에 나서고 있다. 이처럼 양자컴퓨팅은 발전 가능성을 보이고 있지만, 문제는 이 추세가 궁극적으로 활용 가능성의 정점을 향하고 있는지 확신하기보다는 희미하게 짐작하고 있다는 것이다. 이론적으로 보면 양자컴퓨터의 계산 능력은 계속 올라가고 있지만, 아직 실용화를 위한 문턱에 서 있는 정도이기 때문에 앞으로 긴 여정이 남아 있는 상태인 셈이다.

양자컴퓨터 개발의 핵심 과제: 오류율 조정

양자컴퓨터를 개발하기 위해서는 큐비트의 개수를 늘리는 것도 중요하지만 무엇보다 오류율을 낮춰야 한다는 난제를 해결해야 한다. 오류율을 낮추지 못하면 아무리 큐비트의 개수를 늘려도 양자컴퓨터 기술의 성능을 성공적으로 개발했다고 보기 어렵다.

예를 들어 큐비트 한 개를 잘 만들어서 오류율 10^{-4}이 되어 1만 번 계산에 1번 정도의 오류가 나오도록 했다면 그 상태에서 사용해도 된다고 생각할 수 있다. 그러나 큐비트당 오류율이 10^{-4}이었다고 해도, 큐비트의 숫자를 늘리면 오류율을 그대로 유지하며 성능만 올라가지 않고, 대부분 오류율이 증가하면서 성능이 떨어지게 된다. 가장 지향하는 바는 큐비트의 숫자를 늘리면서 동시에 오류율을 줄이는 것인데, 문제는 이 두 가지 목표를 동시에 달성하는 게 너무 어렵다는 것이다. 오류율을 줄이지는 못한다 해도 오류율을 유지한 채 큐비트 개수를 늘려나갈 수만 있어도 좋을 텐데, 그마저도 쉽지 않다.

오류율을 유지하면서 개수를 늘리는 것조차 어려운 이유가 뭘까. 여기에서는 기초적인 이론을 살펴봐야 한다. 양자컴퓨터는 고전 컴퓨터와 계산하는 방식이 전혀 다르다. 예를 들어 고전 컴퓨터에서 사칙 연산을 한다고 하면 두 개의 입력을 받아 논리 회로를 거쳐 하나의 답을 내놓게 된다. 계산을 한번 하면 입력에 따른 출력이 정해져 있고, 출력을 계산하는 방식을 우리가 알고 있기 때문에 이를 바탕으로 회로를 꾸밀 수가 있다. 그러나 양자컴퓨터는 고전 컴퓨터로 답을 찾기 어려운 문제를 해결하기 위해 탄생했기 때문에 고전 컴퓨터와 계산 방식이 다르다.

입력값이 아주 큰 소인수분해 계산식도 고전 컴퓨터로 해결하기 어려운 대표적인 문제에 속한다. 숫자를 곱하는 과정은 우리가 계산 방법을 알고 있기 때문에 입력값이 아무리 커도 계산할 수 있다. 그러나 인수분해는 계산 방법을 모르기 때문에 곱셈 식보다 값을 도출하기 어렵다. 이 때 인수분해 문제를 풀려면 모든 숫자를 하나씩 넣어 정답인지 확인하는 수밖에 없다. 문제는 그 입력값이 클수록 시도해야 하는 보기의 개수와 연산 횟수가 기하급수적으로 증가한다는 점이다.

양자컴퓨터는 이 과정을 고전 컴퓨터보다 현저히 작은 횟수의 시도만으로도 높은 확률로 답을 찾도록 하는 장치라고 볼 수 있다.

양자상태의 중첩과 얽힘

양자컴퓨터로 복잡한 계산을 쉽게 할 수 있는 이유가 무엇일까? 고전 컴퓨터와 양자컴퓨터는 근본적으로 구조가 다르다. 고전 컴퓨터의 기본 단위 비트는 상태가 항상 0이나 1로 정해져 있다. 그러나 양자컴퓨터는 소위 '중첩의 상태'에 있다고 말한다. 언제나 0이거나 언제나 1인 상태도 있지만, 0과 1이 확률적으로 나오는 중첩의 상태도 있기 때문이다. 이것을 여러 상태를 표현할 수 있는 최소 단위를 큐비트라고 하는데, 큐비트는 개수가 늘어날수록 표현할 수 있는 정보의 양이 기하급수적으로 증가한다는 특성이 있다. 또 이것들은 마치 각각의 파동이 만나는 것처럼 큐비트의 정보가 서로 겹쳐질 때 파동이 더 커지거나(보강간섭) 상쇄되는(상쇄간섭) 간섭 현상을 보이게 된다. 양자컴퓨터는 이 현상을 이용해 얽힘 상태를 만들어 계산을 수행한다.

예를 들어, '이 큰 숫자를 소인수분해하는 숫자를 찾아라'라는 문제가 있다고 하자. 큐비트 100개를 가진 양자컴퓨터가 있을 때, 첫 번째 단계에서 그 큐비트 100개의 상태 각각을 다 측정해 보면 특정한 숫자가 대안적인 답으로 주어진다. 이때는 각각의 숫자가 최종 출력될 확률이 모두 동일한 중첩 상태가 되는데, 많은 경우 이를 초기 상태로 시작한다. 양자 알고리즘으로 양자 회로를 꾸민다는 것은 연산의 단계가 지나갈수록 특정한 숫자가 실제 답으로 나올 확률은 점점 올라가고, 답이 아닌 것이 나올 확률은 점점 줄어들게 하는 양자 연산 과정을 꾸미는 것이다. 그래서 최종적으로 모든 단계를 거치며 정답이 출력될 확률이 크게 나오도록 만들어 주는 장치가 바로 양자컴퓨터다. 계산 과정에서 모든 확률 진폭이 각각 물결파처럼 존재하는데, 그것이 서로에게 간섭 현상을 일으키는 것을 이용한 장치라고 보면 된다. 물론 굉장히 단순화한 설명이기 때문에 실제로는 좀 더 복잡하지만, 간단히 요약하면 가능한 모든 경우의 수를 동시에 준비했다가 최종적으로는 정답에 확률을 몰아주는 것으로 볼 수 있다.

　이러한 원리의 양자컴퓨터 회로를 도식적으로 표현해 보면, 우선 큐비트들이 있고 그 큐비트의 상태를 바꾸는 논리 게이트가 존재한다. 그리고 제어큐비트의 상태에 따라 타깃큐비트의 확률 또는 위상을 바꿀 것인지를 조건부로 결정하는 조건부 게이트가 있다. 이 2가지 논리 게이트와 조건부 게이트가 양자컴퓨터의 가장 기본적인 요소로, 이를 조합하면서 결과를 도출하는 것이다.

양자컴퓨터를 구현하는 것은 왜 이렇게 어려운가

단순하게 생각해 보면 고전 컴퓨터에서는 비트를 모두 0인 상태로 두고, AND나 OR의 논리 회로를 통해 계산을 수행한다. 근원적으로는 0인 상태를 1로 바꾸거나 1을 0으로 바꾸는 식으로만 비트를 뒤집어(비트 플립) 연산을 진행하고 최종적으로 답이 나오는 방식이다. 여기서 중요한 것은 이 0과 1 사이의 비트 플립이 기본적으로 디지털이라는 것이다. 즉 기준선을 두고 그 기준선 아래의 값은 모두 0이고 그 위의 값은 모두 1로 취급했을 때, 그 값에 약간의 요동이 있더라도 기준선까지 오차의 여분이 있다. 그래서 어느 정도까지는 0을 1로 잘못 읽거나 1을 0으로 잘못 읽는 오류의 가능성에서 자유로운 데다가 이 연산 과정에서 오류가 발생할 가능성 자체가 매우 적다. 실제로 요즘 쓰는 고전 컴퓨터에서 오류율은 10^{-16} 정도라, 오류를 그다지 걱정하지 않아도 된다. 설령 오류가 나더라도 그 결과에 미치는 영향이 더 큰 오류로 파급되거나 누적되지 않는다.

하지만 양자컴퓨터에서는 얘기가 달라진다. 모든 게 중첩 상태이고, 파동의 간섭 현상을 이용하기 때문에 근원적으로 디지털이 아니라 아날로그 제어라는 것이 큰 특징이다. 아날로그는 조금만 요동이 생겨도 모두 오류로 이어지게 된다. 더 큰 문제는 양자 회로에서는 계산 과정에서 조금만 틀어져도 그 여파가 회로를 따라 퍼져나간다는 점이다. 간섭 현상을 통해 다른 큐비트에도 영향을 미치고 오류가 누적되면 마지막에 나오는 값은 무작위에 가까운 숫자가 나올 수도 있다.

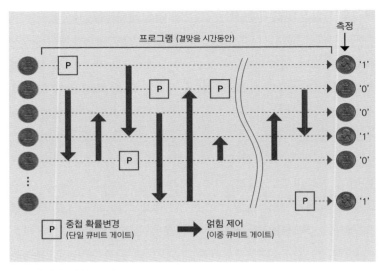

프로그램 (결맞음 시간동안)   측정

'1'
'0'
'0'
'1'
'0'
'1'

P 중첩 확률변경
(단일 큐비트 게이트)

→ 얽힘 제어
(이중 큐비트 게이트)

▶ **양자컴퓨터 회로 도식**

　개발하는 입장에서 봐도 양자컴퓨터와 고전 컴퓨터는 근원적으로 차이가 있다. 고전 컴퓨터는 일단 '작게 만들면 최고다'라는 슬로건을 따르면 된다. 작게 만들면 같은 면적에 많은 디지털 소자를 넣을 수 있을 뿐만 아니라, 작게 만들기만 해도 속도가 빨라지고 전력 소모가 줄어드는 등 이외의 여러 문제가 해결되는 시너지 효과가 있다.

　양자컴퓨터는 그렇지 않다. 양자컴퓨터에서는 큐비트 상태를 초기화하고, 측정하고, 간섭 현상을 이용해 연산을 수행하는 세 가지 과정이 근원적으로 상충관계에 있다. 이를테면 상태 측정을 빠르게 잘 할수록 연산 성능은 나빠질 수밖에 없다. 상태를 잘 측정한다는 것은 큐비트의 중첩 상태를 잘 들여다본다는 것을 뜻하는데, 이는 중첩 상태 자체를 파괴하는 것을 의미한다. 따라서 측정을 잘하려고 할수록 결국 큐비트의 중첩과 간섭 현상이 손실되기 때문에 연산 능력이 떨어지는 것이다. 그래서 모든 특성을 다 향상시킬 수가 없고, 일정 선에서 타협하면서 최적점을 찾아야 한다.

다양한 양자 컴퓨팅 플랫폼

양자컴퓨터에서 이루어지는 세 가지 과정 간에 최적점을 찾기 위해서 많은 플랫폼에 대한 연구가 이루어지고 있다. 현재는 이온트랩기술과 초전도 회로가 주로 관심을 모으고 있는 상황이다. 이온트랩은 원자 하나하나를 원하는 위치에 가둬 놓고, 각각의 원자들을 양자 비트로 사용한다. 초전도 회로는 아직 해결해야 할 문제가 많이 있지만 집적 회로를 이용한다는 특징이 있다. 그 외에도 탄소로 이루어진 다이아몬드에 불순물로 다른 원자를 주입하면 이것이 큐비트로 기능하는 성질을 이용한 기술도 있고, 날아다니는 광자를 칩 안에서만 돌아다닐 수 있도록 가두어 큐비트로 활용하는 방식도 있다.

지금까지 이야기한 것은 큐비트를 담는 그릇에 관한 것이다. 그러나 양자컴퓨터를 만들기 위해서는 그릇만 잘 만든다고 되는 것이 아니다. 결국 큐비트를 읽고, 쓰고, 제어하고, 중첩 확률을 계산하는 등의 일을 해줘야 하고, 최종적으로 우리가 보는 컴퓨터 화면에서 프로그래밍할 수 있는 환경도 만들어 줘야 한다. 이

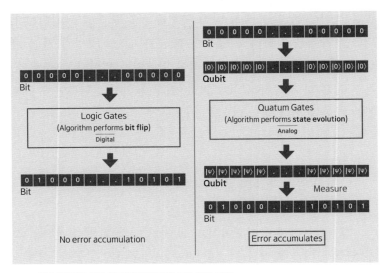

렇게 생각하면, 양자컴퓨터를 실질적으로 구현하기 위해 가장 중
요한 것은 익숙한 고전 물리의 세계와 큐비트들이 존재하는 양
자 물리의 세계를 잘 연결해야 한다는 점이다. 두 세계를 어떻게
연결하느냐에 따라서 앞서 언급한 양자의 세 가지 문제를 최적
화할 수 있기 때문이다. 달리 표현하면 거시 세계의 범용 문제를
양자 세계의 법칙으로 풀기 위해 두 세계를 넘나들며 정보를 교
환할 수 있는 기술이 핵심이라고 할 수 있다.

양자 오류 보정

양자컴퓨터의 최적화가 잘 이루어져서 큐비트가 고전 컴퓨터와 마찬가지로 10^{-16}으로, 즉 10^{16}번 연산을 했을 때 오류가 한번 나오는 정도의 매우 낮은 오류율을 갖는 게 가장 이상적이다. 하지만 현재 기술로는 이 단계를 구현하기가 불가능하다는 게 문제다. 대안으로 최대한 오류율이 작은 큐비트를 만들면서 규모 확장 시 오류를 보정하는 방법, 즉 양자 오류 보정이 중요한 기술로 대두되고 있다.

오류율이 현저히 낮은 고전 컴퓨터에도 당연히 오류 보정이라는 개념은 있다. 양자 오류 보정은 고전 컴퓨터 오류 보정 방식의 양자컴퓨터 버전이라고 보면 된다. 간단히 개념을 살펴보면, 0을 쓰고자 했는데 1이 되지 않았는지 오류를 확인하기 위해 가장 흔히 쓰는 방법은 비트의 상태를 측정해서 내가 원하는 상태가 아니라면 다시 원하는 상태로 돌려놓는 것이다. 그런데 양자 세계에서는 그럴 수가 없다. 측정을 확인하는 순간에 이미 중첩의 상태를 유지할 수 없게 되기 때문이다. 그래서 양자 오류 보정의 핵심은 양자 회로를 잘 짜서 큐비트의 중첩 상태를 깨트리지 않고도 오류 여부를 확인하는 것이다. 연구의 결과 오류 여부를 판단하기 위해서 반드시 상태를 측정할 필요가 없다는 점을 발견한 것이다.

실제로 이러한 양자 오류 보정 방법은 이온트랩이나 초전도 회로와 같은 플랫폼에서 이미 시도되고 있다. 그런데 여기에서 또 하나의 난제를 만나게 된다. 지금까지 현존하는 오류 보정에 대한 방법론은 대체로 '큐비트에 오류가 있기는 하지만 개별 오류 간에는 공간적으로나 시간적으로 서로 연관성이 없다'라는 전제가 깔려 있다. 하지만 초전도 회로 등을 살펴보면 실제로는 큐비트들의 오류끼리 연관성이 있다. 이처럼 서로 연관성을 가진 오류가 있을 때 어떻게 오류 보정을 해야 하는지는 아직 해결되지 않은 난제로 남아 있다.

양자컴퓨터를 위한 제어계측 분야

양자컴퓨터에서 제대로 된 오류 보정이 가능하다면, 다음 문제는 우리의 궁극적인 관심사인 '집적 회로로 양자컴퓨터를 할 수 있을까'라는 것이다. 오류 보정을 하면서 큐비트를 늘릴 수 있다고 해도 아직 다른 문제들이 남아 있다. 고전 컴퓨터의 구조를 아파트라고 가정한다면 가장 아래층에는 비트들, 즉 트랜지스터들이 있다. 그리고 2층, 3층에는 트랜지스터를 연결하는 브릿지들만 존재한다. 그런데 트랜지스터는 손톱만 한 크기에 비트, 즉 트랜지스터가 10억 개씩 들어가야 하기 때문에 비트들을 연결하다 보니 연결선이 엄청나게 많고 위로 올려야 하는 층수도 너무 많아지게 된다.

고전 컴퓨터에서 이와 같은 연결선 문제를 나타낸 것으로 '렌트의 법칙(Rent's rule)'이 있다. 무어의 법칙과 렌트의 법칙 모두 반도체기술을 설명하는 법칙이지만 바라보는 관점이 다르다. 무어의 법칙은 트랜지스터의 개수(집적도) 증가 속도를 설명하는 법칙인 반면, 렌트의 법칙은 원하는 수준의 컴퓨터를 구현하기 위한 트랜지스터 개수와 연결 라인 개수의 답을 구하는 법칙이다. 이 공식인 $T=tq^p$에서 q는 비트의 개수, P는 지수, t는 실험적인 비례상수, T는 전체 제어에 필요한 라인의 개수를 뜻한다. P가 만약 1보다 크면 연결 라인의 수가 급격히 증가하기 때문에, P는 최대한 1보다 작은 숫자여야 한다. 예를 들어 100만 개의 큐비트를 가지고 있을 때 p=2이라면 라인의 수가 10^{12} 수준으로 커져야 하므로 현실적으로는 구현이 힘들다는 것을 의미한다.

오랫동안 발전해 온 고전 컴퓨터에서는 필요한 라인의 개수를 최소화하는 엔지니어링 법칙이 잘 알려져 있고, 실제로 최적화하기가 그리 어렵지 않다. 하지만 양자컴퓨터는 큐비트의 개수에 따라 큐비트를 제어하는 라인을 얼마나 적게 만들 수 있는지는 잘 알려져 있지 않다. 그렇기 때문에 큐비트 개수만 막연히 늘린다고 해서 현실에서 쓸 수 있는 양자컴퓨터를 만들 수 있는 것은 아니다.

양자 물리의 세계도 일부는 고전 물리의 영역과 겹치기 때문에 기존에 있던 컴퓨터나 계측기로 어느 정도는 통제할 수 있다. 다만 큐비트를 컨트롤하기 위해서는 엄청나게 크고 부피를 많이 차지하는 비싼 장비들이 상당수 필요하다. 예를 들어 IBM이 만든 양자컴퓨터의 경우, 큐비트는 모두 샹들리에 모양의 냉장고 안에 들어 있지만 제어하는 기기들은 모두 바깥에 위치한다. 이 때 샹들리에 안에 72개의 큐비트가 있다면 240대의 고속 AWG 장비, 84대의 Up-converter, 12대의 Down-converter, 24개의 고속 아날로그-디지털 컨버터(ADC), 168개의 상온-4K 간 연결 케이블, 168개의 4K-10mK 간 초전도 케이블, 초당 3 테라비트 이상의 초고속 데이터 송수신기를 구비해야 한다.

AWG는 파형을 만드는 장비인데 그것만 해도 한 대에 1억 원을 오르내린다. 고작 큐비트 72개를 컨트롤하는 데 너무 많은 비용과 장비가 드는 것이다. 그리고 애초에 이런 형태는 우리가 생각하는 양자컴퓨터의 모습은 아닐 것이다. 결국 앞으로는 이 모든 걸 집적 회로로 만들 수밖에 없다. 추후 양자컴퓨터가 발전했을 때 얼마나 실용적인 쓰임이 있을지도 중요하지만, 지금의 비대한 형태가 아닌 집적 회로를 이용한 확장형 양자컴퓨터를 만들어야 하는 것이 선제적 과제다.

플랫폼별 확장성 확보를 위한 노력

양자컴퓨터의 여러 문제를 해결하기 위해 지금도 많은 분야에서 노력이 이루어지고 있다. 우선 제일 유명한 IBM의 초전도 큐비트는 맨 아래층에 큐비트를 두고, 이를 연결하는 라인은 초전도 재료 위에 제어 회로를 붙이는 방식을 사용했다. 그런데 제어 회로 자체는 고전 물리의 영역이기 때문에 동작을 하는 순간 열을 낼 수밖에 없다. 큐비트가 작동하기에 가장 적절한 온도는 절대온도(K)보다 0.01도 정도가 높은 밀리켈빈(mK) 범위로, 아주 정밀한 온도 조절이 필요하다. 제어 회로가 내는 열을 감당하면서도 밀리켈빈 수준의 온도 범위를 유지하기 위해서는 제어 회로 자체를 초전도로 만들어야 한다. 이 부분은 고전 물리에서도 또 새로운 분야이기 때문에 계속해서 연구가 필요한 상황이다.

이온트랩의 경우 모듈 방식을 쓰고 있는데, 이온 하나하나를 가두어 제어하는 것이 핵심 원리이기 때문에 하나의 모듈에 이온을 100만 개씩 넣을 수는 없다. 그래서 100개씩 나누어 넣고 이를 광자를 이용해 연결하는 모듈 방식을 쓰고 있다.

광자 자체를 큐비트로 하는 기술에서는 포토닉 칩이라는 새로운 방식을 시도하는데, 광자들이 이차원 표면인 반도체 칩 안에서 돌아다닐 수 있도록 회로를 만드는 방향으로 개발이 진행되고 있다.

초전도, 이온트랩, 그리고 광자 방식과 달리 잘 알려진 재료, 즉 실리콘을 이용한 반도체 방식이 있는데, 이것이 앞으로 대한민국이 양자컴퓨터 하드웨어 분야에서 빠르게 선두를 차지할 수 있는 분야 중 하나다. 실리콘은 기존 컴퓨터를 만드는 데 쓰이는 주된 재료이기도 하지만, 양자컴퓨터를 만드는 스핀큐비트를 만드는 데도 매우 좋은 재료라는 사실이 밝혀졌다. 특히 반도체 방식의 장점은 우리나라 반도체 공장의 기존 공정을 그대로 이용하여 큐비트를 만들 수 있다는 점이다. 초기 발전 단계이기는 하지만 반도체 방식은 애초에 집적 회로 공정 기술을 이용하므로 우리나라로서는 잠재력이 있는 분야다. 반도체 방식을 응용하여 만든 제어 회로는 고전 물리 법칙을 따라 만들어 열이 발생하여 온도가 수 K까지 오르더라도 양자 상태의 결맞음을 어느 정도 유지할 수 있다는 장점이 있다. 그로 인해 큐비트가 온전히 존재할 수 있는 결맞음 시간을 유지할 수 있어, mK 상태를 유지해야 하는 초전도 양자플랫폼 기술의 약점을 보완할 수 있다.

이처럼 플랫폼마다 각각의 방향성을 추구하며 연구가 이루어지고 있다. 각기 장단점이 있기 때문에 어떤 방식이 먼저 지배적으로 시장을 넓혀 갈지는 알 수 없어 여전히 무궁한 가능성이 존재한다고도 볼 수 있겠다.

　결론적으로 크기를 줄이는 데 주력했던 고전 컴퓨터와 달리 양자컴퓨터는 서로 상충하는 요소를 최적화하는 플랫폼을 찾아야 한다. 큐비트를 많이 만드는 것뿐 아니라 서로 연결하는 제어 회로를 만들어 시스템 전체를 집적 회로로 구현하는 것이 중요하다. 궁극적으로는 집적 회로 공정 기술을 이용한 양자컴퓨터를 개발해야 하며, 우리나라가 가지고 있는 기술과 노하우를 바탕으로 기술을 확장시킬 수 있다면 강력한 경쟁력의 원천이 될 것이다.

집적 회로 기반 양자 컴퓨팅에 관한 대담

├ 반도체 집적 회로 기술로 양자컴퓨터를 구현할 수 있는가가 난 제인데, 이를 풀기 위해 당면한 구체적인 문제들이 무엇인가?

김도현 교수 '서로 상충하는 기능적 목표가 있다'는 점이 궁극적인 어려움이라고 할 수 있다. 오늘날 반도체 산업을 지배하는 룰이나 집적 회로 공정 기술은 트랜지스터 개수를 늘리는 데 최적화되어 있다. 이런 기술 발전의 패러다임 하에서는 양자 비트가 양자 비트일 수 있는 특성, 즉 간섭성을 유지할 수 있는 특성에 대해서는 별로 신경을 쓰지 않는다. 고전적 비트를 만드는 데 특화되었기 때문이다. 그런데 양자 비트에서는 결국 간섭 효과를 보일 수 있는 능력이 가장 중요하다. 그 능력을 영어로 'coherence'라고 하고 우리말로는 '결맞음'이라고 한다. 기존에는 고려할 필요가 없었지만, 앞으로는 결맞음 상태를 유지하는 방식뿐만 아니라 결맞음을 유지하는 동시에 집적하는 방식을 고민해야 한다.

결맞음을 유지하는 데 영향을 주는 여러 원인이 있을 수 있고, 이것들을 하나하나 조사하면서 최적 공정을 만들기가 쉽지 않다. 예를 들어 재료만 하더라도 실리콘 동위원소를 식별해서 걸러내는 추가적인 과정이 필요하다. 이것이 필요한 이유는 자연계에는 95%가 28번 실리콘이고, 동위원소로 29번 실리콘이 있기 때문이다. 기존의 트랜지스터를 만드는 관점에서는 이 동위원소의 존재를 신경쓰지 않고 순수한 실리콘으로 웨이퍼를 만들면 된다. 그러나 양자 큐비트를 스핀으로 만드는 경우를 살펴보면, 이 스핀은 언제나 이웃한 스핀이나 자기장 자체에 영향을 받을 수밖에 없다. 이때 실리콘 웨이퍼의 여기저기 박혀 있는 29번 실리콘 원자가 이 과정에 영향을 주기 때문에 이 동위원소 실리콘을 걸러내는 추가 과정을 생각해야 한다.

절연막 기술에 관한 것도 해결하기 어려운 문제로 생각해 볼 수 있다. 기존의 트랜지스터는 '채널'이라고 하는 실리콘이 있고, 거기에 전류가 잘 흐를 수 있는지 조절하는 '게이트'라는 것이 있다. 그리고 채널과 게이트 사이에 전류가 통하지 않는 '게이트 옥사이드(Gate Oxide)'라고 하는 절연막이 있다. 고전 컴퓨터를 만드는 입장에서는 트랜지스터를 작게 만드는 것이 목표이므로 절연성을 높이기 위해 유전율이 높은 절연막을 선호해 왔다. 그러나 양자 비트를 만드는 입장에서는 다르게 판단한다. 연구를 통해 밝혀진 바에 따르면 절연성이 높은, 즉 유전율이 높은 유전체일수록 양자 스핀에 영향을 줄 수 있는 불순물이 많다는 것이다. 그래서 반도체 집적 회로로 양자 비트를 구현하는 입장에서는 오히려 70~80년대에 쓰이던 유전율이 낮은, 불순물이 더 적은 절연막 기술을 선호한다.

두 가지 문제를 통해 알 수 있는 것은 고전 회로를 만들 때 전혀 고려하지 않았던 문제도 양자컴퓨터에서는 고려해야 하며, 또한 고전 컴퓨터를 잘 만들기 위해 발전해 온 반도체의 최신 공정기술이 양자컴퓨터를 만드는 데 있어서는 오히려 도움이 되지 않을 수도 있다는 점이다.

├ 양자컴퓨터가 고전 컴퓨터를 대체할 것인가?

박제근 교수　고전 컴퓨터와 양자컴퓨터가 어떤 산업 생태계를 구성할 것인지는 중요하고 현실적인 질문이다. 양자컴퓨터가 고전 컴퓨터와 서로 못하는 부분을 보완해 주는 방식으로 공존하게 될 것이다. 대표적으로 고전 컴퓨터, 특히 슈퍼컴퓨터에 양자컴퓨터를 같이 사용하는, 소위 하이브리드 방식이 현재 적극적으로 고려되고 있다.

김도헌 교수　부연하자면, 양자컴퓨터의 회로 자체는 원리상 고전 컴퓨터가 하는 모든 계산을 할 수는 있다. 다만 고전 컴퓨터도 충분히 해결할 수 있는 문제를 굳이 양자컴퓨터로 할 필요가 없을 뿐이다. 고전 컴퓨터로는 결코 할 수 없는 일을 양자컴퓨터로 하는 것이 의미가 있다.

ㅏ   양자컴퓨터의 발전에서 초기 사례, 즉 킬러 애플리케이션이 중
　　요한 이유가 무엇인가?

김도헌 교수　최근 IBM에서 큐비트 150여 개를 이용해 실용적이
며 의미가 있는 계산 결과를 내놓았다. 그 계산 결과를 검증하는
것조차 지금의 슈퍼컴퓨터로는 불가능한 수준이다. 시간이 지나
면서 이러한 예시들이 좀 더 많이 나와야 할 것이다. 그래서 양
자컴퓨터 성능이 향상되었을 때 많은 분야에 실질적으로 도움이
된다는 믿음이 확산되면 기업 투자도 활성화되고, 난제 해결도
앞당겨질 것이다.

박제근 교수　양자컴퓨터의 선도 기업인 IBM은 최근에 양자컴퓨
터 사업 부문을 'IBM 퀀텀'이라는 이름으로 분사시켰다. 일단 양
자컴퓨터를 만들었으니 이제 응용해야 하는 시점으로 보고 있는
셈이다. 재작년부터 미국에서 계속 언급되는 키워드가 '애플리케
이션 스페이스(application space)'다. 양자컴퓨터가 아직 범용적으로
사용될 수준은 아니지만 일단 활용 가능한 몇 군데에서라도 써
보는 단계로 넘어가자는 것이다. 그래서 IBM은 양자컴퓨터를 사
용하는 여러 대학 및 기업들과 IBM 파트너십을 구축하고 있다.
전 세계 메이저 대학들은 다 들어가 있고, 포춘 500대 기업 중
150개 이상 기업이 참여하고 있다. IBM 입장에서는 앞으로 만들
어질 양자컴퓨터 시장을 선점하겠다는 목적도 있지만, 무엇보다
다양한 이용자 그룹과 협업하면서 어느 쪽이 가장 가능성이 높
은지 보겠다는 전략이다. 이렇게 응용 정보가 모이고 나면 이를

기반으로 IBM이 다음 비즈니스를 전개해 나가는 전략을 다시 만들 것으로 전망한다. 이 과정에서 킬러 애플리케이션이 등장할 것이다.

참고로 IBM이 지금껏 투자를 해 왔지만, 앞으로 실용적인 수준인 100만 큐비트에 이르기까지 '묻지마식' 투자를 하리라고 보기는 어렵다. 무엇보다 시장 규모가 일정 수준 같이 성장해야 하는데, 현재는 어느 쪽으로 응용 시장이 열릴지 알아보는 단계다. 지금으로서는 누가, 얼마나 도전적이면서도 다양한 시도를 많이 하느냐가 중요하다.

대한민국은 양자컴퓨터 분야에서 상당한 후발주자다. 그러나 응용 분야를 개척한다는 측면에서 볼 때 미국조차도 탐색을 시작한 지 얼마 되지 않았기 때문에 시간 차가 크지 않다. 우리에게도 충분한 기회가 있다.

⊢ 이온트랩, 초전도, 그리고 집적 회로 기반의 반도체 등 세 가지 양자컴퓨터 플랫폼기술의 장단점을 비교한다면?

김도헌 교수 이온트랩은 만들어진 큐비트의 성능과 에러율 측면에서 가장 우수한 것으로 알려져 있는데, 그 외에 또 다른 장점도 있다. 이온트랩은 통상적으로 한 줄로 원자들을 잡아놓게 되는데 예를 들어서 50개 정도를 일렬로 배열하면 가장 처음의 원자와 가장 끝에 있는 원자까지 임의로 원자 조합을 만들어 조건부 게이트를 직접 할 수가 있다. 배열된 원자들이 모두 다 서로 연결되어 있기 때문에 아무거나 골라서 한 번에 조건부 게이트를 할 수 있다.

이처럼 원자들이 서로 연결되어 있을수록 더 성능이 좋은데, 이온트랩과 달리 초전도나 반도체는 양자들이 직접 연결되어 있지 않다. 예를 들어 일렬로 서 있다고 할 때 2번 양자는 바로 옆에 있는 1번과 3번 양자와만 연결되어 있는 셈이다. 따라서 1번과 10번 양자를 연결하려면 차근차근 옆으로 열 번 이상 연결해야 조건부 게이트가 성립한다. 연결마다 오류율이 있을 수밖에 없다. 이온트랩은 임의의 양자 간 연결을 한 번에 할 수 있는 장점이 있기 때문에 초전도에 비해 구현된 큐비트의 개수가 훨씬 적음에도 불구하고, 큐비트를 가지고 풀 수 있는 문제에 한해서는 가장 좋은 성능을 보이고 있다. 물론 허공에 원자들이 포획되어 있어 그 자체로 집적 회로라고 하기에는 애매한 점이 있다. 하지만 최근에는 포획 장치 자체를 칩으로 만들려는 노력도 이루어지고 있기 때문에 이온트랩도 집적 회로로 구현하는 분야라고 이야기할 수도 있다.

반도체와 초전도 기술은 둘 다 집적 회로 기반이다. 초전도가 가지는 장점은 어느 정도 최적화가 잘되어 있다는 점이다. '얼마나 빨리 연산을 할 수 있는가'와 '결맞음 시간이 얼마나 긴가'의 두 문제는 한쪽이 좋으면 다른 쪽이 좋지 않은 상충관계에 있다. 초전도는 이온트랩만큼 결맞음 시간이 길지는 않지만, 연산 속도가 훨씬 빠르다. 결맞음 시간 동안의 연산 가능 횟수가 이온트랩보다 약간 낮긴 하지만, 그럼에도 불구하고 전반적인 성능이 우수한 수준이라고 볼 수 있다.

반도체 기반 기술의 경우, 세 가지 플랫폼 중에서 결맞음 시간이 가장 짧다. 이론적으로 '실리콘으로 큐비트를 잘 만들면 이 정도까지 결맞음 시간이 나올 수 있다'라고 예측된 결과는 초전도보다 더 길지만, 아직 초기 발전 단계이므로 초전도보다 결맞음 시간이 조금 짧게 관측되고 있다. 대신에 초전도나 이온트랩보다도 연산 속도가 훨씬 더 빠르다는 장점이 있다.

양자컴퓨터에서도 이 연산 속도가 중요하다. 고전 컴퓨터에서 CPU 성능을 말할 때 클락 스피드(clock speed)가 얼마나 빠른지로 나타내는데, 양자컴퓨터에서는 큐비트를 0에서 1로 바꾸거나 중첩 상태를 바꾸는 속도가 고전 컴퓨터에서의 클락 스피드에 해당한다고 할 수 있다. 현재 이온트랩의 경우에는 이 속도가 MHz(메가헤르츠)에 미치지 못하고, 초전도는 10MHz 정도이지만, 반도체 기반 기술은 100MHz 정도의 속도를 보인다. 고전 컴퓨터가 푸는 데 1억 년 걸릴 문제를 1만 년에 해결하는 양자컴퓨터가 있다고 가정해 보자. 이 양자컴퓨터는 고전컴퓨터보다 지수적으로 빠른 컴퓨터이지만 인간에게 도움이 되는 컴퓨터라고 보기 어렵다. 1만 년은 인간 사회에 유의미한 파급 효과를 미칠 수 없는 시간이기 때문이다. 이 1만 년을 다시 몇 시간, 몇 분이라는 짧은 시간으로 낮추는 것이 바로 클락 스피드에 의해 정해지는 문제다. 그만큼 양자컴퓨터에서도 속도를 개선하는 것이 주요 목표 중 하나인데, 반도체 기반 기술이 속도 면에서 확실히 장점이 있다.

├ 반도체기술 기반의 양자플랫폼을 구현하는 문제의 본질은 제조 공정상 어려움 때문인가, 근본적인 이론상의 어려움 때문인가?

김도헌 교수 제조 공정의 문제가 크다. 공정 자체가 근본적으로 어려운 것은 아니다. 큐비트를 만드는 회로의 집적도는 지금 반도체 공장에서 만들어지는 트랜지스터들보다 훨씬 낮은 수준이다. 그러므로 제조 공정상의 근본적 문제라기보다 최적화의 문제라고 볼 수도 있다. 기존의 트랜지스터는 하나하나를 섬처럼 띄엄띄엄 만드는 것이 중요하다면 큐비트는 서로가 다 연결되어 있는 것이 중요하다. 그런데 집적 회로의 디자인이 달라지면 기존의 제조 공정 라인을 그대로 이용할 수 없는 경우가 많다. 예를 들어 기존의 반도체 공정에서는 라인 하나를 만들 때 3nm(나노미터)까지 가늘게 그을 수 있지만, 라인과 라인 사이의 간격은 100nm 이상 떨어져야 한다는 룰이 있다. 반면, 큐비트를 만들 때 각각의 라인은 50nm로 굵게 그려도 되지만, 대신 라인 간 간격을 좁혀서 50nm 이내에 다른 라인이 있어야 한다는 디자인 요구 조건이 있다. 이 두 가지 디자인 요구는 호환이 되지 않기 때문에 기존의 생산공정을 그대로 쓸 수 없는 경우가 많다.

├ 반도체 기반의 양자플랫폼에 한국이 도전해 볼 필요가 있다고 보는 이유는?

박제근 교수 대한민국의 제조업이 가진 강점들을 봤을 때 만약 양자컴퓨터를 기술과 가장 관련성이 높은 것이 반도체기술이다. 향후 양자컴퓨터 시장을 2천조의 규모로 본다면, 한 국가와 기업이 독점하기는 어려울 것이다. 한국이 가진 장점을 잘 살릴 수 있는 전략을 세워야 한다. 그 전략이 양자컴퓨터를 구현하는 실리콘 반도체 관련된 기술을 발견하거나, 킬러 애플리케이션을 개발하는 등 한국이 실리콘 반도체기술로 양자컴퓨터를 성공시킬 수 있다면, 국제 무대에서 유리한 협상력을 가지게 될 것이다.

대한민국이 가지고 있는 자원과 재원은 한정되어 있기 때문에 우리가 가진 장단점에 대한 냉철한 분석뿐 아니라 20년, 30년 이후를 바라보고 시간과 자원을 잘 배분해야 한다. 그 안에서 어떤 목표를 가질지도 중요하며, 동시에 어느 국가나 기관과 파트너가 되어 공동 연구와 개발을 할지도 중요한 요소다. 솔직히 반도체가 양자컴퓨터의 궁극적인 플랫폼이 될 것이라는 확신은 없다. 반도체기술에도 엄연한 한계와 단점이 있기 때문에 많은 노력이 필요하겠지만, 국가 차원에서 봤을 때 대한민국이 선택할 수 있는 최선의 전략과 가장 가까운 것은 사실이다.

ㅏ 반도체 기반 양자기술의 국제적 동향은 어떠하며 한국의 수준은 어느 정도인가?

김도헌 교수 반도체 기반 양자컴퓨터 기술은 초전도나 이온트랩 등 다른 플랫폼에 비하면 초기 단계라고 볼 수 있다. 글로벌 기업들은 간접적으로 투자하는 경우가 많다. 예를 들어 인텔은 초전도와 반도체 기반 기술 두 가지를 모두 다루고 있는데, 네덜란드의 델프트 공대에 투자해서 큐텍(QuTech)이라는 큰 연구소를 만들었다. 연구소 내에는 양자컴퓨터 플랫폼별로 연구진이 있으며, 반도체 기반 기술 분야에서 가장 앞선 곳 중 하나다. 현재 실리콘 큐비트를 여섯 개까지 완벽히 컨트롤했다는 논문을 발표했으며, 또 자체적으로 동위원소를 정제한 실리콘 재료도 만들어낼 수 있게 되었다. 그 재료가 전 세계 연구자들에게 전달되고 있다. 또한 반도체를 만들 때 실리콘 대신 저마늄(Germanium)을 활용해서 큐비트 네 개로 얽힌 상태를 시연하기도 했고 양자점 개별 컨트롤은 16개까지 시행한 것으로 발표하기도 했다.

우리나라에서는 연구재단의 지원을 받아 반도체 기반 양자컴퓨터를 연구하기 시작해 초기 단계에 머무르고 있다. 현재 우리 연구팀에서 다섯 개 큐비트를 컨트롤하고 있다. 큐비트 다섯 개라면 글로벌 수준이 아닌지 의문스러울 수 있지만, 안타깝게도 이 연구 재료 자체를 한국에서는 구할 수 없어서 재료를 큐텍에서 공수해 온다. 큐텍은 이러한 개방적 협력 연구 문화가 잘 형성되어 있어서 연구 협약 등 복잡한 행정절차를 거치지 않는다. 하지만 최근에는 국가적으로 양자과학 분야의 중요성이 부각되면서 유럽을 경계 삼아 협력 연구에 대한 심사를 강화하는 등 분위기가 바뀌는 추세이다.

├ 난제와 관련된 개인적 경험과 후속 세대에 대한 조언은?

김도헌 교수 개인적으로 연구할 때 재료를 얻는 데 시간이 많이 들었다. 미국에 있을 때는 실리콘 재료가 있어서 연구할 수 있었는데, 한국에 오니 재료를 구할 수 있는 공급처가 없었다. 갈륨아세나이드(GaAs)라는 3족, 5족의 화합물을 이용한 초기 버전의 반도체 기반 큐비트를 어쩔 수 없이 연구했다. 이것이 실리콘보다 상대적으로 구하기 쉬웠기 때문이다. 당시에는 이미 반도체 기반 양자컴퓨터에서 실리콘이 주목 받기 시작하던 때라 갈륨아세나이드의 연구 분야는 죽어 가는 상태였다. 그래서 아무리 연구를 잘하고 실험 결과가 좋아도 논문을 내면 실험은 잘했는데 왜 죽어 가는 분야를 다루고 있느냐는 반응이 많았다. 큐텍으로부터 실리콘을 받을 때까지는 연구에 어려움이 있었지만 다행히 지금은 재료를 구할 수 있어서 연구를 진행할 수 있는 단계에 있다.

박제근 교수 내 분야는 양자 물질이자 소재다. 최근 우리 연구실의 논문이 언론에 크게 보도되기도 했지만, 되돌아보면 6~7년 전만 해도 거의 포기하기 직전 상태였다. 사실 난제라는 것은 필연적으로 실패한다는 전제를 깔고 간다. 그래서 우리 연구원들에게도 실패마저 즐길 수 있어야 이 일을 할 수 있다고 자주 이야기한다. 그러다 보면 몇 년 후에 결과가 나올 것이라고 기대도 해 볼 수 있고, 또 실패를 했기 때문에 그 길로는 가지 않게 하는 교훈을 얻을 수 있으니 실패가 꼭 나쁜 건 아니다. 그러니 끊임없이 실패할 각오를 하고 도전하라고 젊은 후배들에게 전하고 싶다.

감사의 글

　'그랜드 퀘스트' 프로젝트를 위해 많은 사람들이 노력을 더하였습니다. 총괄위원회와 분과위원회의 여러 교수들이 값으로 따지기 어려운 귀한 시간을 기꺼이 내어 주었고, 통찰을 더하였습니다. 특히 서울대학교 미래전략원 '과학과 기술의 미래' 클러스터의 박상욱, 이준환, 이종수 교수는 기획 단계에서부터 문제 도출 단계까지 직접 참여하여 조언을 아끼지 않았고, 이수형 박사과정을 비롯한 많은 학생 연구원들이 바쁜 시간을 쪼개어 함께하였습니다. 총괄위원회와 분과위원회의 참여자들은 다음과 같습니다.

〈총괄위원회 명단(가나다순)〉

강명주(서울대학교 수리과학부), 박상욱(서울대학교 과학학과), 성제경(서울대학교 수의학과), 안성훈(서울대학교 기계공학부), 이종수(서울대학교 공학전문대학원). 이준환(서울대학교 언론정보학과), 정택동(서울대학교 화학부)

〈분과위원회 명단(가나다순)〉

강기석(서울대학교 재료공학부), 강찬희(서울대학교 생명과학부), 김광일(서울대학교 의과대학), 김도헌(서울대학교 물리천문학부), 김상범(서울대학교 재료공학부), 김용대(서울대학교 통계학과), 김장우(서울대학교 전기정보공학부), 김현진(서울대학교 항공우주공학과), 박제근(서울대학교 물리천문학부), 백민경(서울대학교 생명과학부), 성영은(서울대학교 화학생물공학부), 안정호(서울대학교 지능정보융합학과), 윤성로(서울대학교 전기정보공학부), 윤태영(서울대학교 생명과학부), 이인아(서울대학교 뇌인지과학과), 장병탁(서울대학교 컴퓨터공학부), 조규진(서울대학교 기계공학부), 천정희(서울대학교 수리과학부), 최장욱(서울대학교 화학생물공학부), 현택환(서울대학교 화학생물공학부)

그랜드 퀘스트 2024

초판 1쇄 발행 2023년 11월 8일
초판 3쇄 발행 2025년 1월 23일

지은이 서울대학교 국가미래전략원
펴낸이 박영미
펴낸곳 포르체

출판신고 2020년 7월 20일 제2020-000103호
전화 02-6083-0128 | 팩스 02-6008-0126
이메일 porchetogo@gmail.com
포스트 https://m.post.naver.com/porche_book
인스타그램 www.instagram.com/porche_book

ⓒ 서울대학교 국가미래전략원(저작권자와 맺은 특약에 따라 검인을 생략합니다.)
ISBN 979-11-92730-88-2 (04300)
ISBN 979-11-92730-87-5 (세트)

여러분의 소중한 원고를 보내주세요.
porchetogo@gmail.com